毛泽东论坛

·2024·

李佑新 主编

人民出版社

顾问委员会（按姓氏笔画排序）

　　　　　石仲泉　李　捷　杨瑞森

　　　　　沙健孙　梁　柱

主　　编　李佑新
副 主 编　王向清　颜佳华　黄显中　陈　龙
编　　辑　暴红博

目 录

名家访谈

特　稿

"毛泽东与中国式现代化"笔谈

论文转载

论点摘编

研究综述

要目一览

名家访谈

我们为什么怀念和研究毛泽东

——访李捷教授

李 捷 黄显中①

黄显中：您从事毛泽东研究 30 余年，最大的感受是什么？

李 捷：最大的感受是，毛泽东生平和思想的研究，是一项取之不竭、用之不尽、常学常新的课题。这个课题，有着深厚的历史文化底蕴，那就是绵延 5000 多年的中华文明；有着坚实的实践基础，那就是中国共产党百年奋斗历程；有着最为广阔的民心根基，那就是老百姓对共同富裕、公平正义、廉洁奉公的美好向往与追求。所以，这是一门需要用扎实严谨的实事求是科学态度来严肃对待的学问，是需要投入真感情以毕生的心血来浇灌的学问，也是值得以此安身立命的神圣事业。我能在这个事业里做一点力所能及的事，并以此为乐、以此为荣，可谓三生有幸。

黄显中：毛泽东研究和一般人物研究有什么不同？

李 捷：毛泽东研究，是"大我"的研究，不是"小我"的研究。这是两者的最大不同。所谓"大我"研究，就是要把毛泽东作为中国共产党的代表人物来研究，把毛泽东作为中华民族的杰出代表来研究。所谓"小我"研究，则是把毛泽东研究、毛泽东著作研究作为孤立的个体研究或个案研究，把毛泽东研究、毛泽东著作研究简单地等同于一般学术史上的人物研究，或者是一般政治人物来研究。毛泽东是中国共产党的人格化身，是当代中华民族的人格化身，同时也是时代的化身。毛泽东是大思想家、大学问家，但不能把他同一般的思想家、学问家等量齐观。毛泽东是属于党、国家、人民、民族这个"大我"的。虽然在执政过程中，毛泽东也

---

① 李捷，《求是》杂志社原社长，中国史学会会长，教育部人文社科重点研究基地湘潭大学毛泽东思想研究中心特聘教授；黄显中，教育部人文社科重点研究基地湘潭大学毛泽东思想研究中心副主任，湘潭大学马克思主义学院教授、博士生导师。

会犯错误，但他是在追求"大我"中犯的错误，而不是在"小我"格局中打小算盘、搞小圈子、从个人恩怨出发搞所谓"权力斗争"犯的错误。这是研究中的一个根本原则，如果搞混淆了，就会南辕北辙。

黄显中：有人会问，都 21 世纪了，你们为什么还要怀念毛泽东、研究毛泽东？您怎么看这个问题？

李　捷：我们都是炎黄子孙，中华民族有个不朽的传统美德——"吃水不忘挖井人"。更何况，毛泽东不仅仅是"挖井人"，他还是党、人民军队、新中国的缔造者，是掀开人民当家作主新纪元的人民领袖，是用毛泽东思想哺育了一代又一代人的思想导师。

列宁说："忘记了过去，就意味着背叛！"习近平总书记说，"一切向前走，都不能忘记走过的路；走得再远、走到再光辉的未来，也不能忘记走过的过去"。如今，我们已经踏上了全面建设社会主义现代化国家的新征程。党的二十大向全党发出夺取中国特色社会主义新时代伟大胜利的号召。我们要坚定不移听党话、跟党走，敢于和善于同前进路上各种阻挡中国人民前进步伐的力量做坚决斗争，就必须不忘初心和使命，把毛泽东主席等老一辈无产阶级革命家未竟的事业进行到底。这就是我们怀念毛泽东、纪念毛泽东的目的。

黄显中：在您看来，毛泽东对党、对民族、对国家最伟大的历史贡献有哪些？

李　捷：简言之，就是毛泽东缔造了一个顶天立地的党，缔造了一个顶天立地的人民军队，缔造了一个屹立于世界的人民共和国，开创了一个属于人民的时代，并用毛泽东思想哺育了一代又一代无产阶级革命事业接班人。这些历史功绩，都是利在当代、功在千秋的，都是无与伦比的。当然，我们这里说的，是作为"大我"的毛泽东，不是"小我"的毛泽东。"小我"的毛泽东只是一种虚幻的存在。因为，毛泽东永远和中国共产党在一起，永远和人民在一起，永远和最广大的发展中国家在一起。这是毛泽东的力量所在，也是他的威力所在。

黄显中：请您先说说第一点，毛泽东对缔造中国共产党的贡献。

李　捷：1921 年 7 月，中国共产党在国家蒙辱、人民蒙难、文明蒙尘的危难中诞生，成为中国历史上开天辟地的大事变。中国共产党的建立和发展深刻改变了近代以后中华民族发展的方向和进程，深刻改变了中国人民和中华民族的前途和命运，深刻改变了世界发展的趋势和格局。在这一过程中，毛泽东是中国共产党创建的积极推动者和参与者。这是不争的历史事实。同样一个不争的事实是,在中国共产党的创建过程中,李大钊和陈独秀起了极其关键的作用。然而,在中国共产党的发展历程中,党的创建、党的早期活动以至于领导和推动轰轰烈烈的大革命固然都十分重要,但真正把中国共产党锻造成为一个政治上成熟、思想上清醒、组织上坚强、得到最广大的人民群众拥护、能够独立自主解决复杂问题的马克思主义先进政党,当属毛泽东。我们正是在这个意义上,把毛泽东称为中国共产党的缔造者。这不是什么"个人崇拜",而是不可磨灭的历史事实。

在中国这样农民占绝大多数的国度里,建设一个强大的无产阶级革命政党,谈何容易,势必会遇到各种各样艰难复杂的问题。这些难题都在毛泽东的领导下圆满地解决了。按照马克思、恩格斯、列宁奠定的无产阶级政党建设一般原理,无产阶级政党既然是无产阶级的有纲领有组织的先进部队,这个政党的主要成分就应当由工人阶级先进分子所组成。中国共产党在创建初期也是以此作为自己的组织原则。然而在大革命失败后,随着农村革命根据地的建立和发展,党的组织发展不能不扎根农村,党员的主要成分也不能不来自农民,形形色色的非无产阶级思想也影响到党内。这就给中国共产党的自身建设提出了严峻的问题。如何在开辟中国革命正确道路的同时,开创中国共产党加强自身建设的新思路,成为关系中国革命成败的一道难关。如同创建井冈山革命根据地开辟了中国革命正确道路一样,是毛泽东带领中国共产党闯过了这道难关,使中国革命"柳暗花明又一村"。在闯过这道难关时,不可避免地会出现党内不同意见,不可避免地会遇到正常的思想斗争,这就是在进军赣南、闽西时红四军党内的意见分歧,最终证明毛泽东的主张是正确的,使红四军上下"九九归一"、口服心服,才有了 1929 年 12 月著名的古田会议决议。收入《毛泽东选集》第一卷的《关于纠正党内的错误思想》,在这个决议中居于首要的位置。正是在古田会议决议里,确立了思想建党原则,确立了党对人民军队绝对领导的原则,解决了作为中国革命胜利的三大法宝中的前两个——党的建设和武装斗争的核心问题。1921 年创建的中国共产党和 1927 年八一南昌起义创建的人民军队,自此得到革命性重塑,才成其为所向披靡、无坚不摧、攻无不克的无产阶级革命政党和忠诚于党、忠诚于人民的人民军队。

黄显中: 请您再谈谈第二点,毛泽东对缔造人民解放军的贡献。

李　捷: 毛泽东说:"没有一个人民的军队,便没有人民的一切。"这是从成千上万先烈们用鲜血付出的代价中总结出来的颠扑不破的真理。中国共产党领导的人民军队,是在以蒋介石、汪精卫为代表的国民党反动派血雨腥风中诞生的,是在武装反抗国民党反动派的南昌起义、秋收起义、广州起义等一系列中国共产党领导的武装斗争中诞生的。打响了这一系列起义的第一枪的是南昌起义,创建人民军队的艰难历程也以南昌起义为开端。这些起义都失败了,从失败中开辟一条正确道路,使革命武装不仅保存下来,还有了大的发展,能做到这一点者,唯有毛泽东。

人民军队要成为以弱胜强、永远不败的铁军,不能没有灵魂。人民军队的灵魂是什么? 就是决定人民军队性质和本色的最高原则。一是人民军队忠于党,二是革命理想高于天,三是一不怕苦、二不怕死的革命精神。这些都是毛泽东为人民军队铸造的,是人民军队区别于其他任何军队的本色。

人民军队要成为以弱胜强、永远不败的铁军,不能没有铁的纪律。这个铁的纪律,就是毛泽东为人民军队制定的《三大纪律八项注意》。"革命军人个个要牢记,三大纪律八项注意。第一一切行动听指挥,步调一致才能得胜利;第二不拿群众一针线,群众对我拥护又喜欢;第三一切缴获要归公,努力减轻人民的负担。……遵守纪律人人要自觉,互相监督切莫违反了。革命纪律条条要记清,人民战士处处爱人民。保卫祖国永远向前进,全国人民拥护又欢迎。"朴实无华的语言,胜过多少大道理,诠释了人民军队铁的纪律。

人民军队要成为以弱胜强、永远不败的铁军,不能没有高超的战略战术。毛泽东的战略战术,不是从教科书里推演出来的,而是从实战中锤炼出来的,它的逻辑起点就是保存自己才能消灭敌人。由此出发,毛泽东和朱德总结出"敌进我退,敌驻我扰,敌疲我打,敌退我追"十六字诀。在此基础上,毛泽东通过三次反"围剿"和长征中的四渡赤水、巧渡金沙江等成功范例,总结形成机动灵活、诱敌深入、避敌锋芒、攻其不备、运动战与歼灭战相结合的人民战争战略战术。到了全民族抗日战争时期和解放战争时期,更是把人民战争战略战术的优势发挥得淋漓尽致,诞生了为世界各国政治家和军事家所仰止的毛泽东军事指挥艺术。毛泽东则反复告诫我们,这种高超的军事指挥艺术,不是建立在一两件新式武器基础上,而是建立在正义战争基础上,建立在"兵民是胜利之本"的人民战争基础上。

新中国成立后,毛泽东凭借敢于斗争、善于斗争,战略上藐视敌人、战术上重视敌人的驾驭全局的本领,指挥彭德怀率领中国人民志愿军打败了武装到牙齿、不可一世的以美国军队为首的"联合国军",让长期受帝国主义凌辱的中国人民真正扬眉吐气,中华民族从此感受到站起来的尊严。毛泽东全力推进包括国防现代化在内的"四个现代化",迅速实现从单一陆军向陆海空军合成军种的转变,彻底结束旧中国"有边无防""有海无防"的被动挨打局面,建立起新中国牢固的现代化国防,并在最短时间里独立自主地实现原子弹、氢弹、导弹、人造地球卫星"零的突破",彻底打破了美苏核垄断,使新中国有实力、有能力、有地位在完全平等的基础上谋求以中美关系正常化为突破口,逐步发展同西方国家的关系,由此奠定了新中国独立自主的大国地位。"军民团结如一人,试看天下谁能敌!"

黄显中:我们再来谈谈第三点,毛泽东对缔造真正属于人民的共和国的贡献。

李　捷:创建一个属于人民的共和国,是中国近代以来一切反对封建专制主义的爱国人士梦寐以求的伟大梦想。这个梦想始终与中华民族伟大复兴中国梦相伴而行。第一个打开这个历史闸门的,是伟大的民主革命先行者孙中山先生。孙中山先生领导辛亥革命取得成功,推翻了封建帝制,创建了中华民国。这是他的伟大之处,因此被毛泽东称为"站在正面指导时代潮流的伟大历史人物"。但他无力推翻帝国主义、封建主义的反动统治,无力改变旧中国半殖民地半封建的社会性质,"中华民国"只是徒有其名,不可能成为名副其实的人民共和国。

孙中山先生的努力,没有成功,却没有白费。他告诉我们,资产阶级共和国方案在中国行不通。正如毛泽东所说:"就是这样,西方资产阶级的文明,资产阶级的民主主义,资产阶级共和国的方案,在中国人民的心目中,一齐破了产。资产阶级的民主主义让位给工人阶级领导的人民民主主义,资产阶级共和国让位给人民共和国。"

毛泽东的伟大之处,也是他超越孙中山先生的地方,便是领导中国共产党和中国各族人民经过28年浴血奋斗,创建了真正属于人民的中华人民共和国。为了实现人民当家作主,毛泽东明确人民共和国的国体是人民民主专政,以区别于苏联的无产阶级专政。在人民民主专政的国体下,实现由中国共产党领导的,以工农联盟为基础的,各个革命阶级的联合专政。人民民主专政,是对人民的高度民主与对敌对势力的专政的有机统一。人民的国家,属于人民,保护人民。在人民内部实行民主制度,而由工人阶级团结全体有公民权的人民,首先是农民,向着敌对势力实行专政。我们的目标,是想造成一个又有集中又有民主,又有纪律又有自由,又有统一意志、又有个人心情舒畅、生动活泼,那样一种政治局面,以利于社会主义革命和社会主义建设,较快地建设我国的现代工业和现代农业。实行这样的方针,党会经常保持活力,人民事业会欣欣向荣,文学艺术、科学技术会繁荣发达,中国会变成一个大强国而又使人可亲。

为了实现人民当家作主,毛泽东明确人民共和国实行人民代表大会制度,并亲自主持起草第一部共和国宪法,把充分体现人民当家作主的各级人民代表大会制度郑重地写入宪法。毛泽东在进行国家根本政治制度的顶层设计时,贯穿了两个原则。一是人民民主原则,二是社会主义原则。毛泽东强调,我们的民主不是资产阶级的民主,而是人民民主,人民民主的原则贯串在整个宪法中。一个团体要有一个章程,一个国家也要有一个章程,宪法就是一个总章程,是根本大法。用宪法这样一个根本大法的形式,把人民民主和社会主义原则固定下来,使全国人民有一条清楚的轨道,使全国人民感到有一条清楚的明确的和正确的道路可走,就可以提高全国人民的积极性。

为了实现人民当家作主,毛泽东为新中国选择了不同于苏联模式的中国社会主义现代化道路,这就是必须打破常规,尽量采用先进技术,在一个不太长的历史时期内,把我国建设成为一个社会主义现代化强国,全面实现农业、工业、国防和科学技术的现代化,使我国经济走在世界的前列。这条社会主义现代化道路,贯穿其中的,一是赶超战略,二是独立自主、自力更生的发展战略。没有前者,中国永远只能亦步亦趋地跟在西方国家后面,摆脱不了被动挨打的局面。没有后者,中国在关键领域、核心技术(包括核技术)上只能仰人鼻息,将自身的命运寄托在别人的"善心"上,丧失自身发展的主动权。在决定中华民族前途命运的关键时刻,毛泽东敢于挑战美国等西方发达国家的经济封锁,敢于挑战苏联大国沙文主义的撕毁合同、撤走专家,独立自主地搞工业、搞农业、搞科技、搞国防,最大的底气就在于他相信人民群众的智慧和能力。毛泽东是当之无愧的中国历史上最伟大的民族英雄!

毛泽东探索的中国社会主义建设道路,从本质上来说,也就是社会主义现代化道路。在此之前,整个世界上的现代化道路无外乎两种类型。一种是西方资本主义国家的现代化道路,尽管就其具体内容也是千差万别,但总体来说是同一种类型。另一种是苏联社会主义现代化道路。苏联社会主义现代化道路,取得了极大的成功,成为苏联打败德国法西斯的强大物质基础。但是,这条道路也有其严重的弊端,特别是以牺牲农业为代价,直接满足人民生活的轻工业生产也长期不过关。可以说,苏联的社会主义现代化发展,在很大程度上偏离了社会主义生产是为了最大限度地满足人民日益增长的物质文化需求这一根本目的。毛泽东看到了这些问题,因此着力探索一条适合中国国情的社会主义工业化、现代化发展道路。毛泽东在1957年2月发表的《关于正确处理人民内部矛盾的问题》中,专门有一部分是探讨"中国的工业化道路"的。他认为,在我国这样一个大农业国里,发展工业必须和发展农业同时并举,工业才有原料和市场,才有可能为建立强大的重工业积累较多的资金。他还特别强调,轻工业和农业有极密切的关系。没有农业,就没有轻工业。重工业要以农业为重要市场。在第二个五年计划和第三个五年计划期间,如果我们的农业能够有更大的发展,使轻工业相应地有更多的发展,这对于整个国民经济会有好处。农业和轻工业发展了,重工业有了市场,有了资金,它就会更快地发展。这样,看起来工业化的速度似乎慢一些,但是实际上不会慢,或者反而可能快一些。这一思想是前无古人的。

中国是在人口众多的国度里搞现代化建设的。人口多、底子薄、资源紧张,成为中国搞社会主义现代化建设的拦路虎。为了解决这个矛盾,毛泽东提出"统筹兼顾"的思想,要求各级人民政府作计划、办事、想问题,都要从我国有六亿人口(这是20世纪50年代我国的实有人口)这一点出发,千万不要忘记这一点。如何克服这个困难,并把这个不利因素转变为有利因素呢?毛泽东不愧是辩证法大师。他提出中国社会主义现代化建设的基本方针是,调动一切积极因素,团结一切可以团结的人,并且尽可能地将消极因素转变为积极因素,为建设社会主义社会这个伟大的事业服务。这实际上就是中国式现代化的雏形。

黄显中:一个党,一个军队,一个共和国,您谈的这三点贡献是显而易见的,也是世所公认的。那么,您刚才提到的第四点贡献,对时代的贡献,指的是什么呢?

李　捷:说到这个问题,毛泽东作为一代伟人,首先是属于一个时代。这个时代,是个旧时代,也就是人们普遍希望从根本上改变的半殖民地半封建社会悲惨命运的旧时代,是弱肉强食、强权即公理的旧时代。同时,作为一位世纪伟人,毛泽东并不屈服于这个旧时代,而是要从根本上改变这个旧时代,而代之以人民当家作主新时代。毛泽东的这个奋斗,恰好代表了人类发展的根本方向,代表了中华民族伟大复兴的普遍愿望,代表了最广大人民群众的根本利益,他也就实现了将"小我"

融入"大我"的转变和升华,才能干出创造新时代的改天换地的大事业来。

如果说,资产阶级在其革命时期,为了反对封建神权和封建王权,曾经把大写的"人"写在自己的旗帜上,用人权对抗神权和王权;那么,无产阶级及其政党特别是中国共产党对人类文明进步的最大贡献,莫过于把大写的"人民"写在自己的旗帜上,把人民作为主宰自己命运、推动历史前进的主人,依靠人民、教育人民、全心全意为人民服务。将这一思想深深印记在中国共产党的旗帜上和行动中的,正是毛泽东。

前面说到,毛泽东为中国人民缔造了一个以全心全意为人民服务为唯一宗旨的中国共产党,缔造了一支忠于党、忠于人民的人民军队,缔造了人民当家作主的人民共和国,还创立了保障人民当家作主的人民代表大会制度。与此同时,毛泽东还总结人民群众在实践中创造出来的新经验,探索形成人民群众广泛参与、自我教育、高度自治的基层治理制度,这就是毛泽东所倡导的"两参一改三结合"。"两参",即干部参加生产劳动,工人参加企业管理;"一改",即改革企业中不合理的规章制度;"三结合",即在技术革新和技术革命运动中实行企业领导干部、技术人员和工人三结合的原则。

这些从根本上把中国带入了人民当家作主的新时代,开创了中国历史乃至世界历史的新纪元。

不仅如此,毛泽东在新中国成立后,带领全党全国人民白手起家、自力更生、艰苦奋斗,把一个贫穷落后的旧中国建设成为初步繁荣昌盛的新中国,使人真正感受到"中国人从此站立起来了"。

毛泽东领导中国共产党给人民一个廉洁高效的人民政府。早在延安时期,毛泽东就提出让人民起来监督人民政府,使政府避免"人亡政息"的历史周期率的思想。新中国成立后,他反复强调,要牢记我们手中的权力是人民给的,要时刻警惕因腐化堕落而失去人民群众信任的危险,时刻警惕因染上官僚主义习气而脱离人民群众的危险,决不能成为"糖衣炮弹"的俘虏,"拒腐蚀、永不沾"。正因为如此,当刘青山、张子善贪污案发生后,毛泽东力排众议,将其处以极刑。毛泽东斩钉截铁地说:正因为他们两人的地位高,功劳大,影响大,所以才要下决心处决他们。只有处决他们,才可能挽救犯有各种不同程度错误的干部。也正因为如此,才使20世纪五六十年代成为党风政风社会风气最好的时期,令人怀念。

　　毛泽东高度关心人民生活。早在中央苏区时期,毛泽东就提出:"我们应该深刻地注意群众生活的问题,从土地、劳动问题,到柴米油盐问题。妇女群众要学习犁耙,找什么人去教她们呢? 小孩子要求读书,小学办起了没有呢? 对面的木桥太小会跌倒行人,要不要修理一下呢? 许多人生疮害病,想个什么办法呢? 一切这些群众生活上的问题,都应该把它提到自己的议事日程上。应该讨论,应该决定,应该实行,应该检查。要使广大群众认识我们是代表他们的利益的,是和他们呼吸相通的。"新中国成立后,毛泽东更是不遗余力地要彻底改变"一穷二白"的落后面貌,"一万年太久,只争朝夕"。当时,党和国家肩负着两个重担,一个是建设,需要大量的资金和资源;另一个是生活,同样需要大量的资金和资源。毛泽东吸取了苏联重建却把老百姓的生活搞得很苦的教训,努力使建设与生活同步增长。1952年至1978年,我国国内生产总值从679亿元增长到3679亿元(居全球第11位),初步建成独立的比较完整的工业体系和国民经济体系。同时,人民生活水平有了较大提高,初步满足了基本生活需求。全国居民的人均消费水平,农民从1952年的62元增加到1976年的125元,城市居民同期从148元增加到340元。全国人口的死亡率从1949年的20‰下降到1976年的7.25‰;人均预期寿命,1949年为35岁,1975年提高到63.8岁。

　　毛泽东高度重视人民教育。改造中国,是毛泽东从青年时代起立下的志愿。对毛泽东来说,有两个心病,叫作"一穷二白"。"穷"就是人民生活水平低,"白"就是文盲还没有消灭。毛泽东一生,都在为根本改变中国"一穷二白"的落后面貌而斗争。早在革命战争年代,毛泽东就强调,要建立完备的小学教育制度,要发展消灭文盲运动;要广泛发展民众教育,组织各种补习学校、识字运动、戏剧运动、歌咏运动、体育运动,创办敌前敌后各种地方通俗报纸,提高人民的民族文化与民族觉悟;办理义务的小学教育,以民族精神教育新后代。到了和平建设时期,毛泽东明确提出:"我们的教育方针,应该使受教育者在德育、智育、体育几方面都得到发展,成为有社会主义觉悟的有文化的劳动者。"他认为,中国教育史有人民性的一面。但是就教育史的主要侧面说来,几千年来的教育,确是剥削阶级手中的工具,而社会主义教育乃是工人阶级手中的工具。因此,毛泽东强调教育要与社会实践相结合,要与生产劳动相结合。要改变教育脱离劳动的传统习惯,把教育和生产劳动结合起来。

毛泽东悉心指导人民医疗。1958 年党的生日的前一天,毛泽东从《人民日报》上看到江西省余江县消灭了血吸虫病的消息,"浮想联翩,夜不能寐",写了《七律·送瘟神》。他在诗中感慨旧中国"绿水青山枉自多,华佗无奈小虫何",赞颂新中国"春风杨柳万千条,六亿神州尽舜尧","借问瘟君欲何往,纸船明烛照天烧"。关心人民疾苦、给人民以健康中国的人民领袖情怀,跃然纸上。毛泽东不赞成单纯卫生观点,认为把卫生工作看作孤立的一项工作是不对的。卫生工作之所以重要,是因为有利于生产,有利于工作,有利于学习,有利于改造我国人民低弱的体质。新中国成立之初,就有西医与中医的争论。毛泽东运用辩证思维,提出"中西医结合"的正确方针,提出要以西方的近代科学来研究中国的传统医学的规律,发展中国的新医学。医疗工作,究竟是以治病为主还是以防病为主,也一直存在争论。毛泽东始终强调要以预防为主,并把大搞群众性爱国卫生运动同预防疾病结合起来,成为人民医疗的一大特色。他提出要养成人人讲卫生、家家爱清洁的良好习惯。讲求清洁卫生的根本精神,是为了消灭疾病,人人振奋,移风易俗,改造国家。在毛泽东主持起草的《全国农业发展纲要》四十条里,特别强调"基本上消灭危害人民最严重的疾病"。新中国的医疗工作,始终存在处理好城乡关系的问题。为了扭转广大农村缺医少药的局面,毛泽东提出"把医疗卫生工作的重点放到农村去","中国百分之八十五的人口在农村,不为农村服务,还叫什么为人民服务!"

毛泽东全力推动人民体育。毛泽东从青年时代起,就高度重视体育,为彻底改变"东亚病夫"形象而不懈努力。早在湖南一师求学时,毛泽东写了《体育之研究》一文,开篇便充满了忧国忧民的情怀:"国力苶弱,武风不振,民族之体质日趋轻细,此其可忧之现象也。"他认为,应当以德育、智育、体育并重,"体者,为知识之载而为道德之寓者也",因此"善其身无过于体育。体育于吾人实占第一之位置,体强壮而后学问道德之进修勇而收效远"。可见毛泽东后来提出的培养德智体全面发展的社会主义建设事业接班人的教育思想,源远流长。新中国成立后,毛泽东为中华全国体育总会成立大会题词"发展体育运动,增强人民体质",明确了人民体育事业的根本方针。1960 年 3 月,毛泽东亲自起草关于发动爱国卫生运动的党内指示,特别提出"凡能做到的,都要提倡做体操,打球类,跑跑步,爬山,游水,打太极拳及各种各色的体育运动"。毛泽东身体力行,到祖国的江河湖海去游泳,使游泳运动蔚然成风。

综上所述,毛泽东开创的人民当家作主新时代,是全面的、立体的、渗透到国计民生的方方面面。尽管那个时候的物质生活水平提高还受到很大的客观条件制约,人民群众已经切实感受到了当家作主的尊严。

黄显中:请您再谈谈第五点,毛泽东思想对一代又一代人的哺育。

李　捷:说一千,道一万,毛泽东对当代中国最为深刻、最为深远、最为持久的影响,莫过于思想,莫过于人。毛泽东为新中国留下的最宝贵的财富,是毛泽东思想。毛泽东思想从革命年代到建设时期,哺育了一代又一代中国共产党人。

毛泽东是博览群书的大思想家、大学问家,思接千载、贯通古今,对中华优秀传统文化了如指掌、运用自如。毛泽东思想融汇了中华优秀传统文化的思想精华,又将其推向了新的阶段。

毛泽东是创造性地运用和发展马克思列宁主义的典范,纯熟地领悟和把握了马克思列宁主义的思想精髓和思想精华,并在同教条主义的斗争中,在总结中国革命和建设的独创性经验中创立了毛泽东思想,为马克思主义中国化开辟了正确的思想通道。

上述历史特点,对毛泽东思想打下了深刻的时代烙印。毛泽东思想完全是马克思主义的,是马克思主义的立场、观点、方法在中国的创造性运用和发展,是马克思主义基本原理同中国具体实际相结合、同中华优秀传统文化相结合的创造性运用和发展,是马克思主义话语体系中国特色、中国风格、中国气派的创造性表达。毛泽东思想也完全是中国的,是中国历史、中国文化、中国思维、中国智慧的集大成,是中国近代以来历史经验、革命经验的科学总结,是实现中华民族伟大复兴第一步、开始第二步的科学指南。毛泽东思想又完全是中国共产党的理论独创和实践独创,中国革命怎么搞、党怎么建、军队怎么建、怎样夺取中国革命彻底胜利、怎样向社会主义过渡并建设社会主义,这些关系国家前途命运和民族前途命运的重大课题,在老祖宗的书本里找不到现成答案,在俄国和苏联经验里找不到现成答案,只能以毛泽东思想为指导。

毛泽东的领导地位,毛泽东思想的指导作用,并不是自然而然被全党所接受的。在大革命失败后,直至遵义会议召开前,中国共产党内一度盛行的把马克思主义教条化、把共产国际决议和苏联经验神圣化的错误倾向。这种错误倾向,在很大程度上是党在思想上、政治上、组织上不成熟的表现。这种错误倾向发展的顶点,便是以王明为代表的"左"倾教条主义,使历经千辛万苦发展得来的革命根据地损失了90%,使中国革命几乎陷于绝境。

中共中央政治局遵义会议,开启了党独立自主解决中国革命实际问题新阶段,在党的历史上是一个生死攸关的转折点,也是中国共产党走向成熟的标志。以毛泽东同志为主要代表的马克思主义正确路线,在最危急关头挽救了党、挽救了红军、挽救了中国革命。

在延安时期,毛泽东领导整风运动,创造性地用马克思主义思想教育运动来解决党内的路线问题和思想问题,最终达到了弄清路线是非、肃清教条主义影响、实现全党大团结的目的。作为整风运动的成果,第一个历史决议深刻总结中国共产党建党以来,特别是六届四中全会至遵义会议前这一段党的历史及其基本经验教训,高度评价了毛泽东运用马克思列宁主义基本原理解决中国革命问题的杰出贡献,肯定了确立毛泽东在全党的领导地位的重大意义。这就为胜利召开中国共产党第七次全国代表大会,把毛泽东思想确立为党的指导思想,做了充分的思想准备、政治准备和组织准备。正是在这一过程中,毛泽东思想哺育出堪当夺取全民族抗日战争和全国解放战争伟大胜利的一代中国共产党人。也正是在这一过程中,毛泽东思想也团结教育了曾经在党的历史上犯过错误,又勇于承认错误、勇于彻底改正错误的党内领导同志,继续作为党中央的重要领导成员发挥作用。这些都是毛泽东思想真理力量的集中体现。

毛泽东思想既有有形的形式与内容,也有无形的形式与内容。从有形的方面来说,毛泽东思想的科学体系,毛泽东著作以及相应的党的重要会议、重要文献,毛泽东思想指导和决策下的重大成就、重大事件,还有其他领导人的科学著作,都属于毛泽东思想的组成部分。同一时期贯穿于中国共产党全部实践活动中的理想信念、革命精神、光荣传统、优良作风、政治品格、纪律规矩,特别是作为毛泽东思想活的灵魂的实事求是、群众路线、独立自主,也是毛泽东思想的集中体现。

从无形方面说,受毛泽东思想影响形成的中国共产党人的思维方式,影响了一代又一代共产党人,至今仍然发挥着重要作用。例如,确定党的主要任务和中心工作时,运用对主要矛盾的分析方法;每当遇到问题时,或者需要作出重大决策时,运用调查研究的工作方法,也就是改革开放时期说的"摸着石头过河";总结工作时,运用一分为二的分析方法,运用总结经验的工作方法;遇到挫折或出现意见分歧时,运用分清主流与支流、成绩与错误的分析方法;处理问题和解决问题时,运用透过现象看本质的分析方法,运用具体问题具体分析、不同性质的问题区别对待的方法;同志间交换意见时,召开党内民主生活会时,运用批评与自我批评的方法,运用谈心交心的方法;解决党内矛盾和问题时,运用惩前毖后、治病救人的方法,坚持解决问题、弄清思想、团结同志的原则;等等。这些思想方法和工作方法,已经化作无形资产、无形财富,潜移默化地融入党和国家各级领导干部的思维方式之中,成为全体党员和绝大多数知识分子思考问题、认识问题、分析问题、处理问题、解决矛盾的基本思维方式。这部分无形资产和无形财富,实际上已经成为当代中国人的思维方式,具有永恒的时代价值和思想价值,是毛泽东思想对中华民族最大的贡献,留给中华民族的最大财富。为什么呢?道理很简单,就是马克思主义必须本土化,必须同中国实际和中华优秀传统文化相结合,化作中国人的思维方式和行为习惯,才有超越时空的永久生命力。

一个历史巨人,只有以"大我"情怀为人民掌好权用好权,才能产生隽永的口碑。一个历史巨人,只有以博大精深的思想启迪民族的思维与眼界,才能产生恒久的影响。毛泽东就是这样一位顶天立地的历史巨人。我们永远怀念毛泽东。

时代在发展,在前进。在中国特色社会主义新时代,我们缅怀毛泽东,就要把毛泽东未竟的理想和事业继续向前推进。我们要紧密团结在以习近平同志为核心的党中央周围,把认真学习贯彻党的二十大精神作为头等政治任务,踔厉奋发、勇毅前行、团结奋斗,为全面建设社会主义现代化国家、全面推进中华民族伟大复兴而不懈奋斗!

| 特　稿 |

伟大的预见家毛泽东

杨冬权[①]

很多人都知道,毛泽东是一位革命家、政治家、军事家、战略家、思想家、外交家、诗词家、书法家……但却很少有人知道,他还是一位伟大的预见家、预言家、预测家。我以前也不知道。2018 年至 2019 年,我在写作《抗日旗帜毛泽东》一书时,发现毛泽东对中国抗战居然作出过十多个方面、一百多个准确的预见。之后,我就利用已公开的毛泽东文稿,专门研究毛泽东一生当中的预见。结果,居然发现毛泽东一生中,曾经作出过五六百个后来被历史证实了的、我们这些人已经遇见过的预见。于是,我把这些预见结集出版,书名叫《遇见:毛泽东预见的历史验证》。毛泽东的预见,有以下几个特点。

第一是准确。

毛泽东的预见,有短期预见,如一天、几天、一个月、几个月、一年;有中期预见,如两年、三年、八年、十年;有长期预见,如十几年、几十年、五十年到一百年。其短期的预见,有的在当天就被证实。比如,1943 年 7 月 6 日,在接到董必武关于国民党当局禁止《新华日报》刊载纪念中共成立 22 周年的社论并派人监视报馆的电报后,毛泽东复电董必武,要求他将"办事处一切秘密文件速即烧毁,以防突然查抄"[②]。果然,当天夜里,国民党当局就派军队包围报馆,"突然查抄"《新华日报》。真是毛泽东防什么,国民党就来什么。更为神奇的是,毛泽东的预见,国民党总是会来验证;而且这一次,还是如此高效率地"验证不过夜"。

其中,长期的预见,说一两年、两三年、七八年的,就在所说时间范围内被证实。比如,1941 年 12 月 8 日,日本和美国之间爆发了太平洋战争。中共中央政治会议

① 杨冬权,中央档案馆原馆长。
② 《毛泽东年谱(一八九三——一九四九)》中卷,中央文献出版社 2013 年版,第 450 页。

讨论时局,毛泽东分析战争走势说:"日美战争前途,最初对日会有利,战争会延长,将要二三年后英、美准备好才能决战。"①果然,日军于 1941 年冬天偷袭美军基地珍珠港、发动太平洋战争后,到 1942 年夏天,半年内先后占领了美、英控制的马来亚、新加坡、缅甸、菲律宾、印度尼西亚、关岛、威克岛、新几内亚及其他南太平洋岛屿。这是战争对日有利的阶段。1942 年 5 月上旬珊瑚海战役中,美军对莫尔斯比港日军进行打击,日军南进势头才开始受到遏制。中途岛海战中,美军击沉日军四艘航母,日军被迫由此而转入防御。1943 年,美国及其盟国在太平洋上开始进行有限的反击。1944 年 6 月,美军在马里亚纳海战中,歼灭了日本海军的核心力量,摧毁其 92% 的舰载机和全部岸基飞机,使其失去制空权,对日军造成毁灭性打击。之后,盟军在海陆空三个方面同时对日军进行全面战略进攻,直到日本投降。太平洋战争的进程,果如毛泽东在战争开始时预见的那样发展着:开始对日本有利,战争刚开始的半年就是如此;如果把 1944 年 6 月的马里亚纳海战摧毁日本海军核心力量看作是美、英对日决战开始的话,那么,美、英对日决战,则是在战争开始的两年半以后。这正好在毛泽东预见的"二三年"这个时间范围内。由此可见,毛泽东不但准确地预见到日美战争的走势,而且还准确地预见到战争转折的具体时间点。恐怕战争的双方——日美两国领导人,都不曾这么准确地预见到吧? 更何况其他人呢?

其长期的预见,说 10 年、15 年、18 年、25 年、50 年的,也都在所说时间范围内被证实。比如,1939 年 3 月 8 日,延安举行纪念三八妇女节大会,毛泽东在会上号召中国女子大学的同学们,将来到各地方去,"照延安这样办","这样办他十年八年,那时候,全中国人民都能得到解放"。"二万万二千五百万女子也得到了解放。为达此目的,短时间是不可能的,要花上十年八年的工夫"。② 巧的是,或者说准的是:十年以后,1949 年,中华人民共和国成立,"全中国人民"真的得到了翻身解放,全中国也真的"照延安的法子"办了,像延安时期一样,两亿多妇女真的不但像男子一样,得到了政治、经济的解放,而且得到了自身的解放,实现了男女的真正平等。这是中国几千年历史上的第一次。从结局看,这段预见,不但趋势和结果是准的,就连具体时间也是准的,说是要花十年八年工夫,最后就真的花了十年工夫。

---

① 《毛泽东年谱(一八九三——一九四九)》中卷,中央文献出版社 2013 年版,第 343 页。
② 《毛泽东文集》第二卷,人民出版社 1993 年版,第 171 页。

再比如,1964年9月27日,毛泽东会见柬埔寨国家元首西哈努克。当西哈努克谈到要把蒋介石赶出联合国时,毛泽东说:"美国人尽做些蠢事。大约要过几年、十年,他们不能不把蒋介石的代表赶出联合国,现在倒不一定能做到。"①新中国成立后,1950年9月,在美国的操纵下,第五届联合国大会否决了恢复中华人民共和国在联合国的合法权利的提案。1961年,第十六届联大总务委员会通过了讨论中国在联合国席位问题的议题,但美国又强行把恢复中国代表权作为必须由联大以2/3多数票赞成才算通过的重要问题,使得美国即使在联合国处于少数时,仍可阻挠中国进入联合国。之后,尽管每届联大都有一些亚非拉国家提出提案,但在表决时都未获得2/3的多数票。1971年10月25日,第二十六届联大终于以超过2/3的赞成票通过决议,恢复中国在联合国的一切合法权利,并立即把蒋介石集团的代表驱逐出联合国的一切机构。这时距毛泽东作此预见不到10年,而是7年多,正好在他预见的要过几年、最多十年的时间范围内。

有的说得更长远的,虽然现在还没到那时,但就已过去的几十年历史看,他的预见直到目前,还是能据实以对,毫无偏差。例如:1961年10月5日,毛泽东在钓鱼台迎宾馆同尼泊尔国王谈话时说:"我们的国家还是个穷国,要搞得好一些至少要五十年到一百年。一个世纪不算长,欧洲、美洲花了几个世纪才到今天的程度,我们用一个世纪超过就算好了。"②总的意思是,中国可以在50年到100年间,超过欧美各资本主义国家。不久,1962年3月20日,毛泽东在审阅林彪在扩大的中央工作会议上的讲话稿时,加写了一段话,说:"要超过世界最强大的美国,尽多一百多年,也就可以了","资本主义需要三百多年才能发展到现在这样的水平,我们肯定在几十年内,至多在一百多年内,就可以赶上和超过它。"③更加明确地把美国作为了资本主义强国的代表,作为在50年以上、100年以内超过的目标。

当时,在毛泽东等人的心目中,超美欧主要是超工业。因为那时还没有第三产业的概念。中国工业总产值超过欧美的时间为:1996年超过意大利,2000年超过英、法、德,2008年超过日本,最后在2015年,超过世界最大的资本主义工业国——美国。时距毛泽东作此预见时才54年,刚好在毛泽东预见的50年至100

① 《毛泽东年谱(一九四九——一九七六)》第五卷,中央文献出版社2013年版,第412页。
② 《毛泽东年谱(一九四九——一九七六)》第五卷,中央文献出版社2013年版,第36页。
③ 《毛泽东年谱(一九四九——一九七六)》第五卷,中央文献出版社2013年版,第92页。

年这一时间范围内。历史的车轮滚滚向前,60 年后的 2021 年 7 月 1 日,习近平总书记在庆祝中国共产党成立 100 周年大会上庄严宣告,我们在中华大地上全面建成了小康社会。现在全党全国各族人民已经迈上全面建成社会主义现代化国家新征程。

第二是明确。

毛泽东的预见,大都有明确指向、明确内容,有明确的人物或事件、地点等,甚至不少还有着明确的时间和数字。它不是像《推背图》中那些所谓的预见,是"水清终有竭,倒戈逢八月,海内竟无王,半凶还半吉"那样晦涩难懂、令人费解的模糊语言,或某相声中算命先生所谓"桃园三结义,孤独一枝"式的,可以任意去解的一可、两可、三可、四也可的多解语言。它不是含糊的、朦胧的、模棱两可的、怎么理解都行的,不是没有数字、没有时间、没有对象、不可验证的,而是明确的、肯定的,甚至是决绝的、敢于"签字"打赌的。它们或者有结果,或者有趋势,或者有数字范围,或者有时间范围,或者有地区范围,或者针对具体的人物、地点、国家等。

毛泽东的预见,有的是专门提醒人们注意的。比如:1919 年 7 月 21 日,25 岁的毛泽东,在《湘江评论》第二号上发表了一篇短文《高兴和沉痛》。文章说:"我们执因果而看历史,高兴和沉痛,常相联系,不可分开。一方的高兴到了极点,一方的沉痛也必到极点。我们看这番和约所载,和拿破仑对待法国的办法,有什么不同?分裂德国的国,占据德国的地,解散德国的兵,有什么不同?克勒满沙(按:即克里孟梭)高兴之极,即德国人沉痛之极,包管十年二十年后,你们法国人又有一番大大的沉痛。愿你们记取此言。"

在毛泽东作此预见之前,1919 年 6 月 28 日,第一次世界大战的战胜国法国、英国、美国、日本、意大利等国,与战败国德国在法国巴黎西南凡尔赛宫签订和约。法国得到了德国的不少利益,因而法国兴高采烈。法国总理克里孟梭指望条约将"像阿尔卑斯山一样稳固"。然而,远在东方的毛泽东,却用他敏锐而长远的眼光,重新审视了这个和约,预估法国的高兴之后会是沉痛。在法国政客和其他列强兴高采烈之际,毛泽东写下了这番话,对法国泼了冷水,并为法国重新"算了命",指出法国 10 年 20 年后会有厄运——"大大的沉痛"。毛泽东生怕人们不相信,罕见地用了"包管"二字,并格外郑重地加缀了一句话,要法国人"记取此言"。

后来没过几年,在第一次世界大战中战败并被瓜分的德国,迅速恢复了国力,重返帝国主义列强的行列，渐渐成为法国等国的主要对手。1933 年，纳粹党上台，希特勒制定了"先大陆、后海洋"的扩张政策，相邻的法国理所当然地成为其目标之一。1939 年 9 月，德国闪击波兰，法、英两国不得不对德国宣战。1940 年春，德国侵入法国，6 月占领法国首都巴黎，法国政府被迫签署投降书。法兰西第三共和国灭亡。法国真正地遇到了"大大的沉痛"——亡国之痛。这次轮到德国人兴高采烈了，希特勒特意把法国人签订投降书的地点，安排在 1918 年德国人签订投降书的地方。后来，自由法国运动抵抗德国。1944 年 8 月，盟军解放了巴黎。法国首都被德国占领 4 年多。

毛泽东当年自称"包管"灵，并特意提醒法国人"记取"的预言，在 20 年后——确切地说，是在不到 21 年的时候，果然应验了，被历史的发展证实了。今天的我们，不得不佩服毛泽东当年给法国算的命居然这样准，不但结局是准的，而且连时间也是准的。真不知道当时世界上，还有没有其他人作出这样结局与时间"双精准"的预见。我估计当年，兴高采烈的法国人想不到，悲催的德国人更加想不到！

毛泽东的预见，有的是跟别人说我可以"签字"确保的。比如：1972 年 12 月 29 日晚，毛泽东会见越南南方客人，在谈到越南与美国在巴黎的谈判时，毛泽东说："尼克松在越南干不下去了，他想走，他要装腔作势，所以要给点面子嘛。""现在一些所谓共产党人就说你们不应该谈判，应该打下去"。"不能那样简单地看待。我看越南总是你们的。你不信啊？我可以签字。如果你们谈好了，那么不但南越，而且北越，可能跟美国人搞成某种程度的正常化。我看能够达成协定"。①

从谈话的内容看，当时有些人不赞成越南和美国谈判，而且对谈判能否达成协定停火，也是持怀疑态度的。所以，毛泽东才说，他可以"签字"打赌，肯定能谈成停火。几天后，1973 年 1 月 8 日，北越方面重返和谈。1 月 15 日，美国政府决定无限期停止在北越的轰炸。1 月 27 日，巴黎会议四方共同签署了《关于在越南结束战争、恢复和平的协定》。

毛泽东一生中唯一一次自己愿意"签字"打赌的预见，不到一个月，就完全得到了验证。这样的神奇预见，又一次让人异常震惊！

毛泽东的预见，有的甚至还是押上自己生命、同志生命和全军生命的。比如：

---

① 《毛泽东年谱（一九四九——一九七六）》第六卷，中央文献出版社 2013 年版，第 461 页。

1947年6月10日晨,在陕北山沟里同国民党军"打转转"的毛泽东,冒着一夜的雨,刚从小河村转移到天赐湾,落脚未稳,参谋来报:敌人追兵离此地只有十几公里了,建议赶快再转移。但毛泽东料定敌人不会再进攻天赐湾,他们会从小河后撤。他向大家解释说:"这次敌人从延安、安塞出动奔袭小河一线之役,是蒋介石亲自部署的,而胡宗南、刘戡等人仅仅是执行者,所以,只要他们的部队到达小河一线,就算执行了命令、完成了任务,至于结果如何、有什么收获,那他们就不管了。只要能向蒋介石交差就行了。其次,敌人到达小河,也不得不立即后撤,原因是他们只准备了四天的口粮,如果再驻下去,几个师的人马吃什么?"①

果然,国民党军刘戡部在小河村扑了个空以后,没有再继续向天赐湾追击,很快就撤走了。毛泽东和随行的中共中央领导人在天赐湾安然地住了一个星期,然后重返小河村,在那儿住了一个半月。这次预见,毛泽东料事如神,敢在与敌只隔十几公里的距离内,用自己的生命和全军的生命作赌注,可见他的自信。因为他看透了人心:谁也不愿雨夜行军打仗,只要能向上级交差就行;他掌握了信息:敌军只带了四天的粮食,多待一天也不行,只会后撤。历史上最高明的军事家,料敌之精,也不过如此吧!

第三是丰富。

丰富性首先体现在数量之多上。我所见到的毛泽东有比较明确的内容且被后来完全(90%以上)或基本上(60%—90%)证实了的预见,就有数百个之多。这一点,古今中外,无人及此。丰富性同样也体现在内容的广泛性上。毛泽东的预见,范围涉及党内党外、国内国外;内容涉及军事、政治、外交、工业、农业、交通、文化、科技、医疗以及统一战线、祖国统一、党的建设等;人物涉及党内外和国内外的很多人,如孙中山、蒋介石、李宗仁、张学良、杨虎城、宋哲元、白崇禧、张国焘、林彪、陈伯达、江青、达赖、罗斯福、丘吉尔、杜鲁门、吴庭艳、阮文绍、赫鲁晓夫、西哈努克等,可以说叹为观止。这也是我们这些常人所无法比肩的,而只能心生敬意,叹为神奇!

比如他在外交方面的预见。1964年6月23日晚,毛泽东在人民大会堂会见智利新闻工作者代表团,他对客人说:"美国人说我们政府不是今年要倒台,就是明年要倒台,这件事恐怕不那么真实。看来今年不会倒,明年不会倒,后年呢,我说

---

① 师哲回忆,李海文整理:《在历史巨人身边:师哲回忆录》,中央文献出版社1995年版,第344—345页。

也不会倒。"现在,"美国人想跟我们做生意,我们就是不做。他们想派新闻记者来,这也不成。""但是总有一天他们会来的,总有一天两国的关系会正常化的。我看还要十五年"。①

这些话,包含了两个预见。

一是中国政府至少三年内不会倒台。从那以后,中国政府一直岿然不动,没有倒台。不但三年没有倒台,而且至今近 60 年过去了,社会主义中国仍然屹立东方,繁荣发展。美国人的预见,一次次失灵。毛泽东的这一预见,则被几十年来的中国发展所不断加以印证。

二是关于中美关系正常化还要 15 年的预见。毛泽东作此预见 7 年多以后,美国总统尼克松于 1972 年 2 月访华,开始了中美关系正常化的进程。但由于一系列原因,直到 1979 年 1 月 1 日,两国才开始正式建立外交关系,完成中美关系正常化的全部进程。此时距毛泽东作此预见,恰好是 15 个年头。这时,毛泽东逝世已经两年多了。但非常巧合和让人意想不到的是,毛泽东之后的中美两国领导人,积极推进了中美关系的正常化,就在毛泽东预见的时间节点上,实现了两国关系的正常化。毛泽东当年预见的这个时间节点,尽管后来的中美两国领导人都不知道,但历史车轮的运行,就是这么精妙地印证了毛泽东的这个预见。这怎能不让人叫好、让人称奇呢?

比如他在医疗卫生方面的预见。1953 年 12 月上旬,毛泽东在听取卫生部副部长贺诚等人汇报时对他们说:"我们中国如果说有东西贡献全世界,我看中医是一项。"②

后来,国家于 1955 年 12 月成立了中医研究院。1967 年 5 月 23 日,在全球疟疾流行时,中国启动抗疟药物研制。1969 年 1 月,39 岁的屠呦呦成为课题组长。她从中国古代药典《肘后备急方》中发掘出青蒿素,经多次试验,在 1971 年使青蒿素对疟疾的有效率达百分之百。从那以后,该药治好了世界上很多国家数以百万计的疟疾患者,成为有效治愈这个人类顽疾的特效药。2015 年 10 月,屠呦呦因此而获得诺贝尔生理学或医学奖,成为中国本土科学家获得的第一个诺贝尔科学奖。中医药为中国争得了一项最高的科学方面的国际荣誉。同时,中医药也因其巨大

---

① 《毛泽东外交文选》,中央文献出版社、世界知识出版社 1994 年版,第 532—533 页。
② 《毛泽东年谱(一九四九——一九七六)》第二卷,中央文献出版社 2013 年版,第 205 页。

的医学研究价值,而越来越多地走向世界,在很多国家包括西医发达的欧美国家落地生根,治病救人。多年来,中医药在流感、埃博拉出血热、新冠病毒等世界流行疾病防控中发挥了作用,为人类抗击病毒作出了贡献。几十年来,常常被很多人瞧不起甚至要求取消的中医,真的如同毛泽东当年所预见的那样,"贡献"了全世界。

比如他对人物的预见。1963 年 8 月 29 日晚,中央人民广播电台播发了毛泽东《反对美国—吴庭艳集团侵略越南南方和屠杀越南南方人民的声明》。声明说,"不论吴庭艳集团使用如何残暴的镇压手段,吴庭艳政权终将不能逃脱众叛亲离、土崩瓦解的结局"①。预见到吴庭艳政权将众叛亲离、土崩瓦解。

吴庭艳 1955 年成为越南南方共和国的元首和政府首脑。1963 年 5 月 8 日,顺化市约两万名佛教徒抗议吴庭艳集团禁止举行佛祀仪式,遭到武装镇压,死伤 20 多人,激起全国更广泛的抗议。毛泽东的声明,就是为支援南越人民的斗争而发的。让人惊奇的是:仅仅过了两个多月,1963 年 11 月 1 日下午,阮文绍等南越军官发动政变,把吴庭艳逮捕并迅速处决。吴庭艳政权的结局,不但果然同毛泽东预见的完全一样,毫无二致:"众叛亲离、土崩瓦解",而且时间上也如同应声而来,一呼即应,60 多天后就得到了印证。

第四是多发。

我发现,毛泽东的预见,有时是井喷式地爆发的。有时候在一天中,有时候在一个短短的电报或书信中,有时候在一次谈话、一个讲话、一篇文章中,就会有几个甚至十几个准确预见。这是我一生中从未遇到过的,而在毛泽东身上,确是并不鲜见的。我经常想,他一篇文章或讲话中的预见,竟比我们一生中的所有预见都要多,这种喷发式、多发性的预见,体现的是多么深厚的知识、多么卓越的智慧、多么犀利的眼光呀!比如:1936 年 8 月 14 日,他写了一封只有几百字的短信,给国民党军第 29 军军长宋哲元。信中说:"况今日寇得寸进尺,军事政治经济同时进攻",若先生"果然确立抗日决心……一俟时机成熟,实行发动大规模之抗日战争,则不但苏维埃红军愿以全力为先生及二十九军助,全国民众及一切抗日力量均将拥护先生及贵军全体为真正之抗日英雄"。②

这段话中,对中国的全国抗战作出了极其准确的四个预见。

---

① 《毛泽东年谱(一九四九——一九七六)》第五卷,中央文献出版社 2013 年版,第 254 页。
② 《毛泽东书信选集》,中央文献出版社 2003 年版,第 35 页。

　　一是他百分之百地预见了全民族抗战的发动人——宋哲元,而非其他国民党军将领或其他中国人。因为信中明确希望宋哲元"实行发动大规模之抗日战争"。这句话很关键!毛泽东在给宋哲元写这封信的前后,还给傅作义等十几位国民党军将领写过信,表达停止内战、共同抗日的意愿,但唯独在给宋哲元的信中,有这样的表达,在给其他人的信中,都没有这样的表达。之后不到一年,1937 年 7 月 7 日晚,日军声称演习士兵失踪一名,要求进入宛平城搜查,遭到宋哲元部的严正拒绝。当日军向宛平守军发起攻击后,守城的第 29 军奋起抵抗,英勇还击。后来,战争全面打响,不断扩大,形成毛泽东所预见的"大规模之抗日战争",中国抗战就此由局部抗战发展到全民族抗战。宋哲元部果如毛泽东所说,"发动"了"大规模之抗日战争"。换句话说,"发动"中国"大规模之抗日战争"的也果然就是宋哲元部而不是其他人、其他部队。历史的发展,就是这么神奇地按着毛泽东先前所说的在走。

　　二是他百分之百地预见了全国抗战的发生地点——宋哲元第 29 军驻地范围,而非华北五省和全国其他中国军队的驻地范围。因为宋哲元是第 29 军军长,他的部队驻守在平津一带。毛泽东在信中明确地希望宋哲元"发动大规模之抗日战争",实际上也就在预见到发动者的同时,也预见到了发动地点,即第 29 军的驻地范围。其实,在毛泽东写这封信的时候,绥远遭受日军侵略的威胁,要甚于北平。或者说,绥远军队驻地范围较平津有更大可能发生"大规模之抗日战争"。但是,毛泽东在致信宋哲元的同一天,写给驻扎绥远的第 35 军军长傅作义的信中,就没有希望其"发动大规模之抗日战争"的语言,而只是说"先生如能毅然抗战,弟等决为后援"①。而且,即使是到 1936 年 12 月,傅作义发起了绥远抗战,毛泽东也只是称绥远抗战为"全国抗战之先声"②,而没有称其为"大规模之抗日战争"。可见,"发动大规模之抗日战争",是毛泽东对宋哲元所属部队的独有期望和专有期待。最关键的还在于,这一独有期望或专有期待,后来又真的被宋哲元部给印证了。七七抗战的发生地北平城西南的卢沟桥,正是第 29 军驻地的范围。毛泽东对中国抗战发生地和发动者的预见,都丝毫不差,精准无误。

　　三是他百分之百地预见了抗战的规模——"大规模之抗日战争",而非小规模的抗日战役或战斗。信中,毛泽东明确地期望宋哲元"发动大规模之抗日战争"。

① 《毛泽东书信选集》,中央文献出版社 2003 年版,第 37 页。
② 董其武:《戎马春秋》,中国文史出版社 1986 年版,第 108 页。

从今天来看,卢沟桥抗战本身的规模并不很大,但它却直接引发了后来日军对全中国的全面性进攻,同时也引起了中国对日军的全国性抵抗,促进了中国全民族抗战局面的形成。这场战争后来进行了八年多,地区涉及中国 20 多个省,人口涉及两亿多人,参战人员达数百万,双方死伤也数以百万计。它不仅是中国近代百年历史上规模最大的战争,而且还是中国三千年历史上规模最大的战争。因此,宋哲元第 29 军的卢沟桥抗战,确实引发了或者说是促成了"大规模之抗日战争"。

四是他百分之百地预见了第 29 军发动抗战后的两大影响。影响之一是:"苏维埃红军愿以全力为先生及 29 军助"。果然,卢沟桥抗战的枪声打响后不久,7 月 8 日,以毛泽东为代表的中共中央就通电全国,要求国民政府立刻切实援助第二十九军,要求全国人民尽全力援助这场神圣的抗日自卫战争。红军全体将领也致电宋哲元等,表示支持第 29 军抗战,愿为后盾。不久,毛泽东领导的红军,改编为国民革命军第八路军,成为宋哲元第 29 军的友军,为宋哲元部抗战提供了重要支援。毛泽东用实际行动,践行了近一年前对宋哲元的承诺,也印证了当初的预言。影响之二是:"全国民众及一切抗日力量,均将拥护先生及贵军全体为真正抗日英雄"。卢沟桥抗战中,长辛店的工人组织战地服务团,担任救护工作,还运来铁轨、枕木等,在城门外修筑工事,协助第 29 军作战。宛平城附近的农民,为抗日军人抬担架、挖战壕。北平学生为前线募集麻袋做工事。社会各界纷纷致电,拥护支持宋哲元抗战。宋哲元麾下的副军长佟麟阁、师长赵登禹,在抗击日军的战斗中壮烈殉国,成为中华民族至今仍在纪念并引为自豪的民族英雄,也成为毛泽东所说的"真正之抗日英雄"的一方面代表。

毛泽东一封 500 多字的短信,对中国抗战作出四个方面的准确预见,且全部得到历史的验证,这能不让人钦佩吗?

第五是卓越。

毛泽东的不少预见,针对的是党内的领导或同事,如陈独秀、王明等;是国内的盟友和对手,如梁漱溟、蒋介石等;是国际上著名的政治家,如罗斯福、丘吉尔、斯大林、赫鲁晓夫等,毛泽东是与他们有所不同甚至是对立的。后来的事实,都证明其他人错了,毛泽东是对的。因此,毛泽东的预见,不仅与我们这些一般人相比,显得正确和卓越,而且同这些著名人物相比,也显得正确和卓越,比他同时代著名人物的预见,要更加正确和卓越。这都体现出毛泽东预见的卓越性。

比如：1956 年 6 月，波兰发生波兹南事件。10 月，波兰统一工人党准备选举哥穆尔卡为中央第一书记。10 月 17 日起，苏共中央第一书记赫鲁晓夫，一面令驻波兰及其附近苏军向华沙等地调动，一面派人参加波党中央全会。19 日，苏共中央通知中共中央，认为波兰存在脱离社会主义阵营、投入西方集团的危险。苏联驻华大使尤金把这一情况告知中共中央。10 月 22 日晚，中共中央召开政治局扩大会议，研究波兰问题，决定派代表团去莫斯科。会后，毛泽东同尤金谈话说："看来波兰还不像马上要脱离社会主义阵营，加入西方集团。""他要改组政治局，就让他改组，承认哥穆尔卡为首的中央，同他打交道，在平等的基础上跟他合作。""这样，就可以争取到波兰留在社会主义阵营里面，留在华沙条约里面。"①23 日，中共中央代表团到达莫斯科后，赫鲁晓夫告知中共代表团：苏共中央对波兰的方针已经转变，撤退了军队，准备承认哥穆尔卡为首的波兰党中央。波兰问题基本解决。赫鲁晓夫按照毛泽东的预判和建议去办了。波兰果然又继续留在社会主义阵营中、留在华沙条约组织里了，直到 1989 年。这一次的波兰事件表明，毛泽东的预见，比赫鲁晓夫的判断更准确，办法也更高明。

第六是持续。

据笔者目前所知，毛泽东的预见从 1910 年开始有，直到他去世的那年 1976 年，60 多年中，除开始的三四个年份以外，其余每年都有，很多年份都有十几个甚至几十个。这说明，他的预见不是偶尔的、个别的、灵光一闪的、昙花一现的，而是经常的、连贯的、一连串的、持久的、持续出现的。比如：1910 年秋，17 岁的毛泽东考入湘乡县立东山高等小学堂，读了很多课外书。他从一本《世界英杰传》中，读到拿破仑、彼得大帝、华盛顿、卢梭、孟德斯鸠和林肯的事迹后，对同学萧三说："中国也要有这样的人"。②

估计当时萧山听了，一定是不相信或半信半疑的；当时中国的多数人听了这位小学生的话，也一定是不相信或半信半疑的。但后来的事实是：中国确实出了一个足可以同上面这些人中的任何一个人比肩，甚至比这些英雄还要英雄，比这些杰出人物还要杰出的人物，他就是毛泽东本人。

因为论英雄来说，毛泽东一生中没有怕过任何人。你看：在国内，军阀的力量、

---

① 《毛泽东年谱（一九四九——一九七六）》第三卷，中央文献出版社 2013 年版，第 16 页。
② 《毛泽东年谱（一八九三——一九四九）》上册，中央文献出版社 2013 年版，第 9 页。

蒋介石的力量，比他强大得多，但他不怕，敢于反抗，用枪杆子反抗，最后打败了所有对手。在国际上，日本的力量、美国的力量，都比他强大得多，但是，他指挥敌后军民坚持对日作战8年之久，最后日本无条件投降了；美国纠集16个国家的军队，侵略中国邻邦朝鲜，并把战火烧到中国家门口，毛泽东指挥中国人民志愿军，赴朝鲜抗美援朝、保家卫国，最后迫使美国签下停战协议，创下了世界上弱国打败强国、一国打败16国的经典战例。他的英雄胆略和辉煌功绩，不输于上面那些人中的任何一位；他的军事指挥才能，也胜过上面那些人中的任何一位。

论杰出来说，毛泽东领导中国人民，创立了中国几千年历史上从未有过的人民当家作主和各方面民主协商的政治制度。他组织和发起了古今中外历史上人数最多的人民群众，引发了世界历史上范围最大、程度最深刻的社会大变动和社会结构大调整以及人的思想大转换。而且，在这个过程中，他还创立了自己的思想，并使自己的思想在国内外都得到广泛的传播和实际的应用。因此，就个人所创立的政治制度的影响力、个人所发动群众的影响力、个人思想的传播力与影响力来说，他也远远胜过上面那些人中的任何一位。

因此，可以说，毛泽东是一位胜过《世界英杰传》中所有人的当代"世界英杰"，是一位从中国走出来的当之无愧的"世界英杰"。青年毛泽东的这个预见，后来用自己一生的业绩给百分之百地完全验证了。这个预见，是我目前所见到的毛泽东一生中的第一个或最早一个后被验证的准确预见。毛泽东直到临终前还是有着旺盛的预见力。

| "毛泽东与中国式现代化"笔谈 |

毛泽东是中国式现代化的奠基人

唐洲雁①

党的二十大明确提出"以中国式现代化全面推进中华民族伟大复兴"的历史任务和时代课题。大家知道,中国式现代化,是在新中国成立特别是改革开放以来长期探索和实践的基础上,经过新时代的理论创新和实践突破而得以成功推进和拓展出来的。吃水不忘挖井人。毛泽东作为新中国现代化建设的开拓者,无疑是中国式现代化的奠基人。

第一,毛泽东领导党和人民取得新民主主义革命伟大胜利,实现了民族独立和人民解放,为探索中国式现代化创造了根本前提。

工业化是中国人对现代化的最初表述形式。早在新民主主义革命时期,毛泽东就提出过要为中国的工业化而斗争的战略目标。在党的七届二中全会上,他要求全党都要做好准备,迅速恢复和发展生产,使中国稳步地由农业国变为工业国。

然而要实现工业化,民族独立、人民解放是前提。毛泽东认为:"没有一个独立、自由、民主和统一的中国,不可能发展工业。"②正是为了建立一个这样的国家,以毛泽东同志为主要代表的中国共产党人带领全中国人民经过28年的浴血奋战,终于创建了新中国,实现了中华民族近代以来孜孜以求的"独立、自由、民主和统一",走上了追求繁荣富强的工业化乃至现代化道路。

新中国的成立,结束了旧中国长期受外国列强欺凌的历史,真正实现了民族的独立。中国人重新找回了自己的尊严,掌握了历史主动,从此扬眉吐气,以崭新的姿态自立于世界民族之林。对此,毛泽东在中国人民政治协商会议第一届全体会

---

① 唐洲雁,山东省政协副主席,毛泽东哲学思想研究会会长、研究员。
② 《毛泽东选集》第三卷,人民出版社1991年版,第1080页。

议开幕会上有一段形象的说明,他说"我们已经站起来了","我们的民族将从此列入爱好和平自由的世界各民族的大家庭,以勇敢而勤劳的姿态工作着,创造自己的文明和幸福,同时也促进世界的和平和自由"。① 他还说:"随着经济建设的高潮的到来,不可避免地将要出现一个文化建设的高潮。中国人被人认为不文明的时代已经过去了,我们将以一个具有高度文化的民族出现于世界。"②可以说,民族独立,特别是民族自尊心和自信心的空前提高,这是中华民族开始走上工业化乃至现代化道路的一个重要标志。

第二,新中国确立的政治制度和社会主义原则,为中国式现代化奠定了根本的政治前提,指明了社会主义方向。

毛泽东缔造的新中国,叫中华人民共和国,是人民民主专政的国家。它实行人民代表大会制度,保证了广大人民管理国家、社会事务的权力;它实行共产党领导的多党合作和政治协商制度,有利于广泛吸收各民主党派和无党派民主人士参政议政,结成广泛的爱国统一战线;它实行民族区域自治制度,保障了各少数民族享有充分的自治权力,有利于维护各民族的大团结和国家的统一。这些根本政治制度和基本政治制度,为探索中国式现代化道路创造了根本的政治前提。

1954 年,毛泽东主持制定了新中国第一部宪法。他把这部宪法命名为"社会主义的宪法",强调制定这样一部宪法,一要坚持人民民主的原则,二要坚持社会主义的原则,目的是要"用宪法这样一个根本大法的形式,把人民民主和社会主义原则固定下来,使全国人民有一条清楚的轨道,使全国人民感到有一条清楚的明确的和正确的道路可走"③。无疑,这条"清楚的轨道",就是社会主义道路。宪法的通过,为开辟中国式现代化奠定了根本的政治前提,起到了保驾护航的作用。同年9 月,毛泽东在第一届全国人大第一次会议上致开幕词,豪迈地指出:这次会议所制定的宪法将大大地促进我国的社会主义事业。正是在此基础上,他发出"为了建设一个伟大的社会主义国家而奋斗"④的号召,提出"我国人民应当努力工作,努力学习苏联和各兄弟国家的先进经验……准备在几个五年计划之内,将我们

① 《毛泽东文集》第五卷,人民出版社 1996 年版,第 344 页。
② 《毛泽东文集》第五卷,人民出版社 1996 年版,第 345 页。
③ 《毛泽东文集》第六卷,人民出版社 1999 年版,第 328 页。
④ 《毛泽东年谱(一九四九——一九七六)》第二卷,中央文献出版社 2013 年版,第 283 页。

现在这样一个经济上文化上落后的国家,建设成为一个工业化的具有高度现代文化程度的伟大的国家。我们的事业是正义的。正义的事业是任何敌人也攻不破的"。①

第三,社会主义改造的完成、社会主义基本经济制度的确立,为探索中国式现代化打下了坚实的制度基础。

新中国成立以后,以毛泽东同志为核心的党中央不失时机地提出了"一化三改"的过渡时期总路线,其中"一化"就是工业化。在这条总路线的指引下,采取和平、渐进的方式,建立起以公有制为主体的社会主义基本经济制度,奠定了国家工业化的初步基础。

社会主义改造的完成和基本经济制度的确立,是中国历史上前所未有的一场伟大变革。虽然在变革过程中存在着要求过急、形式单一、工作粗糙等缺点,但是在一个拥有几亿人口的东方农业大国中,完成这样一场伟大的变革,不能不说是一个奇迹,为后来开展大规模工业化建设和社会主义现代化建设,提供了强有力的支撑。

由于以公有制为主体的社会主义基本经济制度代表了新中国的前途和未来,具有集中力量办大事、促进社会生产力迅速发展的优越性,因而催生了万众一心、风雨同舟的前进动力,形成了社会主义经济建设的制度保障。对于中国这样一个经济文化落后的国家来说,通过走社会主义的道路来实现工业化、追求现代化,这是最好的选择,也是唯一正确的选择。

第四,提出工业化和"四个现代化"的奋斗目标及其战略构想,为中国式现代化指明了努力方向、明确了发展步骤。

新中国成立后,毛泽东最初的设想是用大约 10 年到 15 年的时间,进行工业化的建设,完成从农业国到工业国的转变。1953 年底,经他修改的关于党在过渡时期总路线的宣传与学习提纲指出,过渡时期的基本任务是改变国家的经济状况,由落后的贫困的农业国,变为富强的社会主义工业国家。围绕这一战略目标,当时提出的战略步骤是,在大约三个五年计划时期内,基本上建成一个完整的工业体系。衡量的尺度是参照当时苏联的标准,即工业产值在整个工农业产值中的比重达到

---

① 《毛泽东年谱(一九四九——一九七六)》第二卷,中央文献出版社 2013 年版,第 283 页。

70%以上。这种计算的方法是否科学姑且不论,但是用大约15年的时间,走一条苏联式的社会主义工业化道路,确实是当时中国共产党人唯一的选择。

1956年,随着三大改造任务的迅速完成,宣告了过渡时期的结束。应该说,这为进一步实现工业化的奋斗目标,创造了极为有利的条件。以毛泽东同志为主要代表的中国共产党人在借鉴苏联成功经验的同时,开始逐步看清了苏联式工业化道路"把农民挖得很苦"、严重挫伤了农民的积极性等种种弊端。根据中国是一个农业大国的基本国情,力图走出一条中国式的社会主义建设道路。在《论十大关系》的讲话中,毛泽东强调要在优先发展重工业的前提下,更多地发展农业和轻工业;要用多发展一些农业和轻工业的办法来促使重工业的发展更加稳固。后来,在《关于正确处理人民内部矛盾的问题》的讲话中,他又进一步提出了发展工业必须和发展农业同时并举的思想,把正确处理农、轻、重的发展关系看成是"中国工业化的道路问题"。显然,毛泽东这种工农业同时并举的工业化建设思想,既符合马克思主义的基本原理,也符合当时中国的基本国情,实际上找到了既不同于西欧,也不同于苏联、东欧的第三条工业化道路,即一条中国式的社会主义工业化道路。

然而,令人遗憾的是,恰恰就在这个时候,"左"倾急躁情绪开始冒头。特别是1958年接连犯下的"大跃进"和人民公社化错误,使得在15年内基本实现工业化的奋斗目标付诸东流。对此,毛泽东进行了深刻的反思,并进一步认识到,像中国这样一个农业人口占80%的传统农业国家,要迅速实现现代化,仅仅提出工业化这样一个战略目标还是不够的,因为这个口号还不足以全面反映国民经济建设的总方针。周恩来后来在反思这段历史时也曾经说过:"工业国的提法不完全,提建立独立的国民经济体系比只提建立独立的工业体系更完整。"[1]他还一针见血地指出:"苏联就是光提工业化,把农业丢了。"[2]此后,根据毛泽东的意见,全党逐步确立了"以农业为基础,以工业为主导"的发展国民经济总方针。

从提"建立独立的工业体系"到提"建立独立的国民经济体系"的目标,并确立"以农业为基础,以工业为主导"的发展国民经济总方针,标志着毛泽东等新中国领导人对社会主义现代化建设的认识有了进一步的深化。由于"国民经济体系不仅包括工业,而且包括农业、商业、科学技术、文化教育、国防各个方面",这就为从

---

① 《建国以来重要文献选编》第16册,中央文献出版社1997年版,第614页。
② 《建国以来重要文献选编》第16册,中央文献出版社1997年版,第614页。

工业化的战略目标到四个现代化的战略目标的转变留下了契机。

关于四个现代化战略目标的提出过程,大家都非常熟悉,这里不去多讲,只想强调一点,就是这个奋斗目标的形成和发展,充分总结了我国社会主义建设的经验教训,突出强调了现代农业、现代工业、现代国防和现代科学技术在国民经济建设中的重要地位。它不再是一个单一的工业化目标,而是一个涉及经济、文化和国防建设的多层面的综合性目标,是一个有着一定的内在逻辑联系的战略目标体系。因此,从总体上说,它比工业化的奋斗目标要更加全面、更加深入、更加具体。新中国奋斗目标从工业化到四个现代化的转变,充分说明中国共产党人对现代化的认识是随着社会主义建设实践的不断发展而逐步深化的。

第五,毛泽东对适合中国情况的社会主义建设道路的探索,为推进新中国的现代化提供了物质基础。

毛泽东时代的探索,是前无古人的探索,也是艰难曲折的探索。其中既有成功,也有失误。纵观整个改革开放前30年的探索历程,毛泽东仍然为中国社会主义现代化建设作出了不可磨灭的贡献。在他的领导下,新中国开始了历史上第一次大规模的工业化建设和全面的社会主义现代化建设,初步形成了相对独立的比较完整的国民经济体系和工业体系;教育、科学、文化、卫生、体育事业有很大发展,培养了大批从事经济、科技、文化、教育等各方面的人才;农业生产条件发生显著变化;城乡商业和对外贸易有显著增长;国防尖端技术实现了"零的突破"。特别是"两弹一星"的成功,向世人证明了中国具有追赶世界先进水平的勇气和魄力,不但极大地提高了新中国的国际地位,而且直接奠定了新中国的大国地位。在当今复杂多变的国际局势下,我们可以更加深切地感受到,以毛泽东同志为主要代表的中国共产党人依靠自力更生所积累起来的综合国力,以及在中国革命与建设实践中所倡导的独立自主的民族精神,对于维护国家的主权和民族的尊严,巩固和发展社会主义制度,坚持中国特色社会主义道路,推进和拓展中国式现代化,有着多么重要的作用。

毛泽东时代的中国,目标是要在一穷二白的基础上,建设一个伟大的社会主义现代化强国。这是一项前无古人的艰巨工作,既没有现成的书本答案,又不能照抄外国经验,只有靠中国人自己在实践中探索。都说万事开头难,由于没有先例可循,毛泽东时代的探索,出现了许多的曲折,甚至发生过重大的失误,中国的现代化建设始终只能在摸索中前进。对此,邓小平有一个评价,他说:"我们尽管犯过一些错误,但我们还是在三十年间取得了旧中国几百年、几千年所没有取得过的进步。"①正是这些进步,为当代中国一切发展奠定了政治、经济和物质文化基础。因其如此,我们说毛泽东是中国式现代化的奠基者。

---

① 《邓小平文选》第二卷,人民出版社 1994 年版,第 167 页。

"两步走"战略与未来中国发展

杨明伟①

党的二十大对全面建设社会主义现代化国家的目标进行系统性战略安排,并重点部署了未来5年的战略任务和重大举措,提出了以中国式现代化推进中华民族伟大复兴的一系列新思路、新举措。

这些强国富民的思路、举措,有着自身的历史逻辑,都能从毛泽东等老一辈革命家那里找到开创性的线索。比如:现代化强国目标、"两步走"发展战略、和平外交政策等等。特别是这个"两个走"发展战略,怎么来的呢? 这里面的历史逻辑,可以追溯到以毛泽东同志为核心的党的第一代中央领导集体开创的战略策划。

今天我想就三个问题谈点体会:中国未来发展的确定性;"中国式现代化"的独特性;中国外交主线的明确性。

第一个问题:中国未来发展的确定性。

观察新时代的中国向何处去? 大体可以用两句话来概括:第一句话,把自己的事情办好,全面建设社会主义现代化国家,实现中华民族伟大复兴;第二句话,促进人类进步,推动建设新型国际关系,推动构建人类命运共同体。这两句话中,最根本的是第一句话,也就是习近平总书记所强调的:"最根本的是要把我们自己的事情做好。"②朝着哪个目标、方向"把自己的事情做好"呢? 看这个问题,有一个非常重要的视角,那就是中国未来发展的新的"两步走"战略安排。这个战略安排是党的十九大提出来的,习近平总书记在党的二十大报告中又重申了这个战略部署,也

---

① 杨明伟,中共中央党史和文献研究院对外合作交流局局长、研究员,毛泽东哲学思想研究会常务副会长。

② 人民日报评论部:《"学习习近平总书记重要讲话精神,迎接党的二十大"——论学习贯彻习近平总书记在省部级主要领导干部专题研讨班上重要讲话》,人民出版社2022年版,第24页。

就是分两个阶段,连续用两个 15 年的时间,到本世纪中叶把我国建成富强民主文明和谐美丽的社会主义现代化强国。

党的二十大对全面建成社会主义现代化强国的"两步走"战略安排进行了宏观展望,重点部署了未来 5 年的战略任务和重大举措。

对未来发展提出并实施分步走的战略安排,是中国共产党的一个规划传统和政治优势,也是中国共产党执政兴国的宝贵经验。这个传统和经验,正是以毛泽东同志为主要代表的中国共产党人开启的。在中华人民共和国历史上,一开始就是按照一个一个的五年(计划)规划和一段一段的远景目标设想,逐步推动经济社会向前发展的。新中国成立不久,我们就制定了以工业化带动的、相对单一的现代化目标;20 世纪 60 年代,我们又制定了分"两步走"、分别用两个十五年实现工业、农业、国防和科学技术"四个现代化"的目标。改革开放新时期,我们进一步提出建设富强、民主、文明、和谐的社会主义现代化国家的宏伟目标。中国特色社会主义进入新时代,我们在更高层面上提出了新的"两步走"战略,目标就是实现富强民主文明和谐美丽的社会主义现代化强国。中国的发展战略,一直是非常清晰的,中共中央作出的战略决策一直是非常明确的,全体中国人民共同朝着现代化国家方向奋斗这个目标也是非常一致的。这就决定了中国未来发展的确定性。在"两步走"战略安排中,有一个关键的、核心的概念,就是"社会主义现代化",也就是习近平总书记强调的"中国式现代化"。

第二个问题:"中国式现代化"的独特性。

对中国的现代化的独特性,国际社会早有共识。美国前总统卡特的国家安全顾问布热津斯基,在 2008 年接受中国《经济观察报》采访时,就谈到过美国的现代化与中国的现代化的区别,他明确表示:"中国是一个崛起中的大国,事实上正在成为一个全球性的大国,并且代表了另一种现代化道路与发展道路。"①法国前总统希拉克 2004 年 8 月接受《人民日报》采访时也曾说过:自 1978 年起,中国就对未来经济和社会的现代化,作出了自己独特的一个构想,为中国人民制定了一个现在看来仍然是独一无二的发展模式。印度国大党主席索尼娅·甘地 2008 年 12 月 16 日接受新华社记者采访时也说过:"中国的现代化向世界表明,这个现代化的模式

---

① 见 http://news.cctv.com/world/20081216/105115_1.shtml。

有可能在一个相对短的时间里,消除贫困、注入活力、释放社会和经济创造力。"这些政治家们清楚地看到了中国的现代化的独特性。中国要建设的社会主义现代化,既有各国现代化的共同特征,更有基于中国国情的中国特色。习近平总书记提出中国式现代化并亲自作出了概括,就是大家熟悉的:中国式现代化是人口规模巨大的、全体人民共同富裕的、物质文明和精神文明相协调、人与自然和谐共生的、走和平发展道路的现代化。

这里面特别要关注中国式现代化的两大亮点和一大根本点:

第一大亮点:中国式现代化主体巨大,强调的是把14亿多人口的大国带入现代化国家。这里就包含了要在一个人口大国实现"共同富裕"的内涵。"共同富裕"的概念和提法,也是毛泽东开启的政治承诺。早在1955年,毛泽东就明确说过:"这个富,是共同的富,这个强,是共同的强,大家都有份"①。我们在全面建成小康社会、实现第一个百年奋斗目标之前,习近平总书记向全世界作出庄严承诺:"一个也不能少";我们在确立中国式现代化和全面建设社会主义现代化强国目标的时候,习近平总书记再次向全世界作出庄严承诺:中国式现代化的目标是"十四亿人口要整体迈入现代化社会"。这个对人民作出的承诺是一脉相承的。尽管这是一件非常艰难的工作,但是我们坚持以人民为中心的价值追求,不断满足人民对美好生活的向往,带领人民走向共同富裕的道路。因此,实现中国式现代化的进程,也是动态性的,通过有先后、有差异的发展最终走向共同富裕。

第二大亮点:中国式现代化胸怀巨宽,倡导的是和平发展、包容发展,尊重人类文明多样性。中国坚持走和平发展道路、奉行和平共处五项原则、永远不称霸等外交政策,也是毛泽东那一代中国共产党人开启的发展承诺和外交承诺。新时代的中国式现代化追求本国繁荣与世界繁荣的一致性、发展自身和造福世界的统一性,提倡人类各种文明交流互鉴、相互学习,我们历来主张同世界各国互利共赢,携手推动构建人类命运共同体。

除了上面两大亮点,中国式现代化还有一个根本点,也就是它的本质性特征,那就是:中国式现代化,是中国共产党领导的社会主义现代化。这一条是中国式现代化的最本质的特性,这是管总、管根本的内涵。它的领导核心是中国共产党;它

---

① 《毛泽东文集》第六卷,人民出版社1999年版,第495页。

的前进方向是社会主义。

这些亮点和根本点,是从毛泽东开启的政治智慧。看清了中国式现代化的基本特征和内涵,就明白了中国式现代化与西方式现代化的本质区别。中国式现代化的中心点、出发点和落脚点,是以人民为中心,满足人民对美好生活的需要;它强调的是同世界各国互利共赢,携手推动构建人类命运共同体,努力为人类和平与发展作出贡献。中国式现代化拓展了发展中国家走向现代化的新途径,为人类对更好社会制度的探索提供了全新的方案。

第三个问题:中国外交主线的明确性。

在办好自己事情的基础上,也有一个如何处理国际关系的问题。我们说总的把握是,以中国特色大国外交,推动建设新型国际关系,推动构建人类命运共同体,弘扬和平、发展、公平、正义、民主、自由的全人类共同价值,引领人类进步潮流。

尽管少数国家对中国有着选择性的认知、偏见性的误读、诬蔑性的攻击等等。但是,对中国的外交理念,国际社会是有共识的。早在 2017 年,习近平总书记在联合国日内瓦总部发表题为《共同构建人类命运共同体》的演讲时,现场约 800 名国际组织负责人、各国使节和政要有强烈共鸣,据统计,全场响起 30 多次热烈掌声。第 71 届联合国大会主席彼得·汤姆森在接受采访时说道:"中国所倡导的构建人类命运共同体理念,对我而言,这是人类在这个星球上的唯一未来。"彼得·汤姆森的这个评价,应该说是国际上一切不带偏见的人们的共同感受。他们为什么会有这样的感受。因为中国特色大国外交有一条明确的主线,那就是:服务民族复兴、促进人类进步。

这条主线,也清晰地体现在党的二十大报告中。习近平总书记在报告中讲到中国的外交政策时指出:"中国始终坚持维护世界和平、促进共同发展的外交政策宗旨,致力于推动构建人类命运共同体。"①这个宗旨,也反映在报告中所不断强调的一些重要的外交原则中:讲了许多"坚持",比如:"中国坚持在和平共处五项原则基础上同各国发展友好合作,推动构建新型国际关系,深化拓展平等、开放、合作

---

① 习近平:《高举中国特色社会主义伟大旗帜 为全面建设社会主义现代化国家而团结奋斗——在中国共产党第二十次全国代表大会上的报告》,人民出版社 2022 年版,第 60 页。

的全球伙伴关系,致力于扩大同各国利益的汇合点。"①"中国坚持对外开放的基本国策,坚定奉行互利共赢的开放战略,不断以中国新发展为世界提供新机遇,推动建设开放型世界经济,更好惠及各国人民。"②

对于中国推动建设的是一个什么样的世界? 党的二十大报告也作出了回答,中国坚持以对话协商、共建共享、合作共赢、交流互鉴和绿色低碳方式,从五个方面发力:推动建设一个持久和平的世界;推动建设一个普遍安全的世界;推动建设一个共同繁荣的世界;推动建设一个开放包容的世界;推动建设一个清洁美丽的世界。思路和目的很清楚:就是为了朝着人类共同追求的美好目标,携手推动构建人类命运共同体。

总之,观察中国的发展战略和前途命运,要从历史逻辑、现实基础和未来方向去作全面系统的分析,这样才能增强我们的道路自信、理论自信、制度自信、文化自信。

---

① 习近平:《高举中国特色社会主义伟大旗帜　为全面建设社会主义现代化国家而团结奋斗——在中国共产党第二十次全国代表大会上的报告》,人民出版社 2022 年版,第 61 页。
② 习近平:《高举中国特色社会主义伟大旗帜　为全面建设社会主义现代化国家而团结奋斗——在中国共产党第二十次全国代表大会上的报告》,人民出版社 2022 年版,第 61 页。

中国式现代化的历史逻辑

王立胜①

关于中国现代化的历史起点,学界公认与中国近代史的历史起点一致。中国现代化研究的一些巨擘,例如罗荣渠和其他一些著名学者都认为中国现代化的历史起点应该等同于中国近代史的历史起点。由此便衍生出一个问题,中国式现代化的历史起点在哪里?我对这个问题的基本看法是,中国式现代化的历史起点和中国共产党的历史起点是一致的。鉴于这样一种基本的思考,我认为中国式现代化的历史进程应该分为四个阶段。

第一个阶段是中国式现代化的奠基。所谓前奏,就是说近代以来中国在推进现代化的过程当中,从洋务运动到太平天国运动的《资政新篇》设计之方案,再到孙中山的现代化方案,都是向西方学习的。通过认真分析我们可以看到,近代以来,中国现代化的设计总体上是向西方学习,但不断遭遇失败。对于中国式现代化这样一个概念来讲,我认为近代以来的这几十年也是一个前奏,因为在思想根源上,一直存在把西方现代化中国化的问题,比如洋务运动当中的"中体西用",意味着强调中国主体性的问题,再比如孙中山设计的方案总体上是模仿西方的。但是孙中山有一段话意味深长,他说:"余之谋中国革命,其所持主义,有因袭吾国固有之思想者,有规抚欧洲之学说事迹者,有吾所独见而创获者"②。这段话包含着三个层次,我们进行中国革命一个方面是因袭,因袭实际上是指继承,继承中国的传统文化;另一方面是规抚,"规抚欧洲之学说"意思是要本土化,要把外来的观念进行改写,要带上中国的色彩和特点;再一方面,孙中山强调创获,也就是创造。所以说中国现代化的历史,在中国共产党成立之前已经具备了思想基础,即把西方因素

---

① 王立胜,中国社会科学院哲学研究所党委书记、研究员,毛泽东哲学思想研究会副会长。
② 《孙中山全集》第二卷,人民出版社 2015 年版,第 260 页。

44

中国化。中国共产党的成立意味着中国共产党接过了近代以来以中国现代化推进中华民族伟大复兴的历史重任。党的二十大报告阐述的中国式现代化之九条本质要求,第一条是坚持中国共产党领导,第二条是坚持中国特色社会主义,所以中国共产党的成立就意味着中国共产党推进的现代化首先是坚持党的领导,方向就是中国特色社会主义。正如毛泽东指出的:"民主革命的中心目的就是从侵略者、地主、买办手下解放农民,建立近代工业社会"①,新民主主义革命的目的就是为了建立工业社会,而中国工业化,"没有中国共产党的努力,没有中国共产党人做中国人民的中流砥柱,中国的独立和解放是不可能的,中国的工业化和农业近代化也是不可能的"②。换言之,中国的现代化离不开中国共产党的领导,中国共产党领导整体的目标指向中国特色社会主义。因此,我称近代以来的这段历史为中国现代化的前奏,而把中国共产党的成立称作中国式现代化的破题。

第二个阶段是1949年到1978年,是中国式现代化的开局阶段。开局意味着新中国成立以后我国进行了大规模的现代化建设。首先,我国用了三年的时间恢复了经济,开始在计划经济基础上实行重工业优先发展的赶超战略。赶超战略在改革开放以后遭受到很多非议,但是从党史角度来看,实行这个战略有它不可避免的历史原因:一是由当时的国内外环境决定的;二是中国选择重工业优先发展受到了苏联的影响;三是和当时党的领导人对中国重工业优先发展战略的认识有关系。当时党中央有一个基本认识,就是没有动力工业、钢铁工业、机器工业和化学工业等重工业,国家的经济就不能完全独立,就谈不上国家的工业化,所以要首先集中主要力量发展重工业,这样才能建立国家工业化和国防现代化的基础。另外,中国实行重工业优先发展战略,也和中国近代历史上缺乏先进的国防工业而陷入落后挨打的教训有关。那么这种开局,一个非常重要的表现就是1954年党提出了实现四个现代化的问题。对四个现代化的具体提法,中间是有探索、有变化的。1954年,周恩来在一届全国人大一次会议上提出实现工业、农业、交通运输业和国防现代化的"四个现代化",1959年12月,毛泽东读苏联《政治经济学教科书》时,将"四个现代化"定义为更规范的工业、农业、科学文化和国防现代化,但是集中的、核心的问题就是要实现工业化,也就是说中国必须要建立我们自己的完整的工业

---

① 《毛泽东文集》第三卷,人民出版社1996年版,第206页。

② 《毛泽东选集》第三卷,人民出版社1991年版,第1098页。

体系。周恩来说:"我们所说的在我国建立一个基本上完整的工业体系,主要是说:自己能够生产足够的主要的原材料;能够独立地制造机器,不仅能够制造一般的机器,还要能够制造重型机器和精密机器,能够制造新式的保卫自己的武器,象国防方面的原子弹、导弹、远程飞机;还要有相应的化学工业、动力工业、运输业、轻工业、农业等等。"①周恩来又进一步解释了完整的工业化体系的含义,他说:"基本上完整并不是说一切都完全自足。……这个任务的实现是决定于东西的有无,不决定于是否有很高的产量。从这样的要求来看,我们觉得八大的决议上写三个五年计划或者再多一点的时间是恰当的"②。那么中国建立独立的完整的工业体系,首先是中国自身发展的需要,也是社会主义整体力量增长的需要。实际上,建立完整的工业体系,当时也是苏联给我们提的要求。周恩来在 1956 年 10 月 11 日国务院常务会议上讨论第二个五年计划之时,说到这种情况,他说:"苏联同志不了解,中国这样一个大国不搞一套完整的工业体系是不成的"③。斯大林过去倒讲过这样的话。他对毛泽东说,你们各种工业部门都要搞起来,要担负起保卫东方的责任,苏联帮助你们,从两个社会主义国家来说是互利的。所以我们搞一个独立的、完整的工业体系是我们自己的需要,也是当时苏联对我们提出的要求。这一段时间为什么叫开局又叫奠基? 开局就是开始大规模的工业化建设、现代化建设;奠基就是到 1978 年,我们已经建立了相对完整的国民经济体系和工业体系,完成了现代化的基础性作用,同时奠基还有一层意思,提出了走独立自主、自力更生的道路,在思想上、哲学上奠定了走自己的路这样一个基本的原则。

第三个阶段是 1978 年到 2012 年,是中国式现代化的突破与飞跃。突破与飞跃有以下几层意思:第一,在 1978 年以后"四个现代化"从理论上逐渐地发展成为中国式的四个现代化。"四个现代化"是周恩来提出来的,是对中国现代化的理论总结。到 1979 年的时候,邓小平就把"四个现代化"和中国式联系起来,称我们搞的现代化叫"中国式的四个现代化",后来逐渐地把"四个现代化"剔除了,就叫"中国式的现代化"。党的二十大报告讲的中国式现代化,从概念上确立起来,并纳入了中国文化的内涵,比如小康社会的提出。第二,邓小平在党的十二大开幕词中明

---

① 《周恩来选集》下卷,人民出版社 1984 年版,第 232 页。
② 《周恩来选集》下卷,人民出版社 1984 年版,第 232 页。
③ 《周恩来外交文选》,中央文献出版社 1990 年版,第 173 页。

确提出了"走自己的道路,建设有中国特色的社会主义"的命题,并制定了"一个中心、两个基本点"的基本路线,基本路线一百年不动摇。我们是沿着这样一条路走的,它的突破就在于提出了社会主义和市场经济相结合的问题,提出了社会主义初级阶段理论,在社会主义初级阶段理论的基础上提出了社会主义本质,社会主义市场经济体制,经过以江泽民同志、胡锦涛同志为主要代表的中国共产党人落实到实践当中去。经过30多年的努力,到2010年,中国经济超过日本成为第二大经济体,成为世界最大的制造业国家。所以中国的现代化取得的重大成就,创造了经济发展的中国奇迹,实现了中国的现代化的巨大突破和飞跃。

第四个阶段是中国式现代化的推进与拓展。党的二十大报告指出,在新中国成立特别是改革开放以来,在长期探索和实践的基础上,经过党的十八大以来在理论和实践上的创新突破,我们党成功推进和拓展并确立了中国式现代化。习近平总书记从党的十九届五中全会到党的二十大多次讲到中国式现代化,而且对中国式现代化的理论一步步阐述得更系统。党的十九届五中全会提出了中国式现代化的五个特征;"七一"重要讲话讲到了中国式现代化新道路与人类文明新形态;党的二十大报告不仅仅讲了五个特征的问题,而且给中国式现代化下了一个定义,在重述五个特征的同时,又提出了中国式现代化的九条本质要求,还给中国式现代化提供了一个哲学依据,对中国式现代化的战略步骤进行了部署,对中国式现代化的基本要求、坚持的重大原则进行了系统阐述,中国式现代化到党的二十大就形成了比较完整的、系统的理论架构。我们经过百年奋斗,中国式现代化在理论上和实践上都取得了重要成就,现代化道路愈发成型。与西方现代化发展道路不同,中国现代化既超越了西方现代化的局限,又结合了中国发展优势,打破了"现代化就是西方化"的传统教条主义的思维惯性。新时代十年中国经济发展取得的成就更加突出:国内生产总值突破百万亿元大关,人均国内生产总值超过一万美元,国家经济实力、科技实力和综合国力跃上新台阶,全国范围内消灭了绝对贫困,全面建成了小康社会,为下一步全面建成社会主义现代化强国奠定了坚实基础。

从毛泽东时代的现代化
理解新时代的中国式现代化

薛广洲①

如何理解"毛泽东与中国式现代化"这一命题？我想从现代中国的不同发展时代对于中国发展现代化的不同提法以及对其内涵的不同阐释，在三个方面加以理解。

第一个方面是毛泽东时代对于现代化的提出。

我们知道现代化明确提出是在新中国成立前夕，最早是 1949 年 3 月，在党的七届二中全会上，毛泽东提出了现代化的概念，他说："我们已经或者即将区别于古代，取得了或者即将取得使我们的农业和手工业逐步地向着现代化发展的可能性"②。1954 年 9 月 15 日，毛泽东在第一届全国人民代表大会第一次会议开幕词中提出："准备在几个五年计划之内，将我们现在这样一个经济上文化上落后的国家，建设成为一个工业化的具有高度现代文化程度的伟大的国家"③。这里毛泽东讲工业化的发展，工业的现代化必须要和高度现代文化程度结合在一起。23 日，周恩来总理在这次会上所作的《政府工作报告》中，从"摆脱落后和贫困"必须具备的条件出发，提出要"建设起强大的现代化的工业、现代化的农业、现代化的交通运输业和现代化的国防"④。这是新中国领导人第一次提出"四个现代化"的概念。之后，"四个现代化"的概念经过了一些变迁，比如，在 1956 年的八大上把工业、农业、交通运输业和国防在内的四个现代化目标写进党章；1957 年的八届三中全会，

① 薛广洲，中共中央党校（国家行政学院）教授，毛泽东哲学思想研究会副会长。
② 《毛泽东选集》第四卷，人民出版社 1991 年版，第 1430 页。
③ 《建国以来重要文献选编》第 5 册，中央文献出版社 1993 年版，第 461 页。
④ 《建国以来重要文献选编》第 5 册，中央文献出版社 1993 年版，第 584 页。

毛泽东提出"我们一定会建设一个具有现代工业、现代农业和现代科学文化的社会主义国家"①。这里讲了三个现代化,讲包括工业、农业和现代科学文化,而现代科学文化现代化在前面没有提到;1959年底,毛泽东在读苏联《政治经济学教科书》中进一步指出:"建设社会主义,原来要求是工业现代化,农业现代化,科学文化现代化,现在要加上国防现代化"②。也就是说1956年党的八大提出的现代化是指工业、农业、交通运输业和国防,到1957年毛泽东在三中全会上已经做了调整,把现代科学文化加进来,到1959年又把国防加进来,而国防在1956年八大上是有的,交通运输业这时候已经不再提,而把它纳入到工业现代化当中。1959年底毛泽东读苏联《政治经济学教科书》的谈话是到目前"四个现代化"的完整表述。

"四个现代化"战略目标的提出,为中国发展树立起具体的、明确的战略目标,对中国经济社会的发展具有重要的现实意义和历史意义。"四个现代化"正式确定为国家发展总体战略目标,是1964年底到1965年初的三届全国人大一次会议上。在这次会议上,周恩来总理根据毛泽东主席的建议,在《政府工作报告》中首次提出,在不太长的历史时期内,把中国建设成为一个具有现代农业、现代工业、现代国防和现代科学技术的社会主义强国,赶上和超过世界先进水平。同时提出"两步走"战略设想:第一步,建立一个独立的、比较完整的工业体系和国民经济体系;第二步,全面实现四个现代化,使中国经济走在世界前列。1975年在四届全国人大上周恩来总理再一次重申了"四个现代化"的战略目标。这个时期,中国共产党提出的逐步建立独立的、比较完整的工业体系和国民经济体系的中国现代化目标,不仅仅是提出,而且在30年里真正实现了逐步建立独立的、比较完整的工业体系和国民经济体系的目标,从而为中国现代化建设奠定了重要的物质技术基础。

总体来说,当时的现代化更多是以生产力的发展为出发点,无论是工业还是农业,包括国防、科技都是在技术层面上着力,这是由中国当时的实际情况所决定的。这种方式在改革开放阶段继续被坚持,并且从理念上强化,比如,从"以经济建设为中心",到"发展才是硬道理"。1978年党的十一届三中全会作出把党和国家的工作中心转移到经济建设上来、实行改革开放的伟大决策。1997年党的十五大对进入21世纪后中国现代化建设做出了新的规划,我们的目标是第一个十年实现国民生产

① 《毛泽东文集》第七卷,人民出版社1999年版,第268页。
② 《毛泽东文集》第八卷,人民出版社1999年版,第116页。

总值比 2000 年翻一番,使人民的小康生活更加宽裕,形成比较完善的社会主义市场经济体制;再经过十年的努力,到建党 100 年时,使国民经济更加发展,各项制度更加完善;到世纪中叶建国一百年时基本实现现代化,建设富强、民主、文明的社会主义国家。"三步走"战略为我们描绘了现代化建设的美好前景。2002 年党的十六大提出我们要在本世纪头二十年集中力量,全面建设汇聚十几亿人口的更高水平的现代化;2007 年党的十七大就提出,我们已经朝着十六大确立的全面建设小康社会的目标迈出了坚实的步伐,今后要继续努力奋斗,确保到 2020 年实现全面建成小康社会的奋斗目标。这些主要还是从物质层面或者技术层面上对现代化的解读。

第二个方面是毛泽东时代关于现代化的内涵。

毛泽东时代的现代化有一个基本的前景,那就是在建设一个什么样的新中国,建立一个什么样的新社会的基础上来进行现代化建设,因此提出了新中国和新社会是我们现代化的基础。那么要建立一个什么样的新中国? 一个什么样的新社会? 这需要我们认真对待,如果忽略了新中国和新社会的这个基础,我们的现代化就很难称作中国式现代化。

毛泽东从中国历史和世界历史出发,说明了五四运动和十月革命以后的中国民主主义革命,已经不是一般的民主主义革命,而是新民主主义的革命,也就是在无产阶级领导下的人民大众的反帝反封建的革命。中国革命也必须分为新民主主义革命和社会主义革命两个阶段,新民主主义革命是社会主义革命的必要准备,社会主义革命是新民主主义革命的必然趋势,只有完成前一阶段的革命才可能去进行后一阶段的革命,不能混淆两个革命阶段的任务。又提出两个革命阶段必须也必然是衔接的,中间不可能再插入一个资产阶级专政的阶段。中国的新民主主义革命因为有了无产阶级的领导,已经包含有社会主义因素,其发展前途必然是社会主义。毛泽东在 1940 年 1 月发表的《新民主主义论》中对中国向何处去作了十分明确的回答,不仅提出要建立一个新中国,而且为新中国的政治、经济、文化等各项事业描绘出了宏伟蓝图,他指出:"一切这些的目的,在于建设一个中华民族的新社会和新国家"①。毛泽东在《新民主主义论》中还进一步描绘了新民主主义社会的蓝图:在政治上,要建立"无产阶级领导下的一切反帝反封建的人们联合专政的

---

① 《毛泽东选集》第二卷,人民出版社 1991 年版,第 663 页。

民主共和国,这就是新民主主义共和国"。在经济上,要使一切"大银行、大工业、大商业归这个共和国的国家所有";"这个共和国并不没收其他资本主义的私有财产,并不禁止'不能操纵国民生计'的资本主义生产的发展";"这个共和国将采取某种必要的方法,没收地主的土地,分配给无地和少地的农民"。在文化上,要挣脱帝国主义、封建主义文化思想的奴役,实行人民大众的反帝反封建的文化,即"民族的科学的大众的文化"。解放战争时期,随着中国革命形势的变化,毛泽东对人民胜利后如何建设新中国有了愈来愈清晰的思考。

1949年初,三大战役结束之后,夺取全国胜利已经指日可待。2月,在同苏联代表米高扬会谈时,毛泽东围绕夺取全国胜利和建设新中国,就新政权的性质、新政权的首要任务等问题系统地谈了中国共产党的意见。在谈到新中国成立后恢复生产和经济建设问题时,毛泽东说:"中国连年战争,经济遭到破坏,人民生活痛苦。战争一旦结束,我们不但要恢复生产,而且要建设崭新的、现代化的、强大的国民经济"①。这是1949年初毛泽东提出的现代化的国民经济。1949年3月,在党的七届二中全会上,毛泽东提出了现代化的概念,他说:"我们已经或者即将区别于古代,取得了或者即将取得使我们的农业和手工业逐步地向着现代化发展的可能性"②。那么这句话他更主要讲的是什么呢?这里边含了两个概念:一个是农业和工业向现代化发展,提出了现代化;另一个是指出我国走向现代化的前提,是示意与提醒我们将要取得革命的胜利,而革命的胜利是我们农业和工业走向现代化的一种可能,这个前提是基础。1949年6月30日,毛泽东发表《论人民民主专政》一文,提出了要依靠人民民主专政这个武器。1949年9月21日,在中国人民政治协商会议第一届第一次全体会议上审议通过《中国人民政治协商会议共同纲领》,是对新中国的国体、政体、国家结构形式以及经济构成的总框架,也是新民主主义建设时期中国共产党的施政纲领。在这次会议上,一系列重大决定的作出,一系列重要文件的通过,是新中国的组织架构和规章制度主体落定,万众期待的新中国呼之欲出,中国共产党和中国人民已经为崭新的时代作好了充分准备。9月30日,毛泽东在他为会议起草的《中国人民政治协商会议第一届全体会议宣言》中说:"中华人民共和国现已宣告成立,中国人民业已有了自己的中央政府。这个政府

---

① 《毛泽东传》第二册,中央文献出版社2011年版,第926页。
② 《毛泽东选集》第四卷,人民出版社1991年版,第1430页。

将遵照共同纲领在全中国境内实施人民民主专政。"①新中国成立标志着新民主主义革命的胜利。

在新中国成立之时,人民解放战争已经取得基本胜利,全国大部分地区已经解放,但是其他地区还有国民党的残余势力有待清剿。经济上,新中国继承的是一个千疮百孔的烂摊子,国民经济恢复困难重重。针对当时国内的实际情况,毛泽东指出:"我们刚刚建国,首要任务是肃清国民党残余,同时要集中精力恢复经济。还有很多工作,但这两项是重点。"②从1949年10月1日到1949年底这段时间,毛泽东在指挥全国人民解放军向全国各地胜利进军的同时,对新中国的各项建设事业进行深入的思考。在国内建设方面,毛泽东把精力主要放在政治和经济领域。他在这些领域,从新中国成立前就进行了一系列思考,为新中国走上建设和稳定的道路做出探索。比如,最早在1939年《青年运动的方向》中,毛泽东就提出要建立一个人民民主的共和国,建立人民民主的制度;1945年在《论联合政府》中,毛泽东又提出要成立民族的、民主的、统一的联合政府;1947年在《中国人民解放军宣言》中,又提出要组织民主联合政府;1948年9月8日,第一次提出人民民主专政;1949年6月30日,发表了《论人民民主专政》,9月29日确定新中国国体的性质,1954年9月20日,通过第一部宪法,毛泽东进一步对新中国做一个总体的描绘,就是实行人民民主专政的国体,建立人民代表大会的根本制度,保障人民当家作主的地位。毛泽东对新社会同样有一系列的思考,毛泽东眼中的新社会,是以改造中国与世界为出发点。在他一生革命和思想历程中,一方面,完善对人类理想社会的构思;另一方面,就是如何在现实过程中向目标迈进,这个双重任务的合力,形成了一种现实与未来、空间与时间的相互渗透。例如,通过早年的新村实验,将新家庭、新学校、新社会联合一体,到湖南自治共和国的构想。在接受了马克思主义之后,从在抗日军政大学提出的工农商学兵联合的一种提倡,到对人民公社的组织形式和社会结构的规划,尤其是"五七指示"当中显示出来的对建设新社会、新世界的原则性的设计,都表现出了他所追求的人类理想社会是一个和谐、幸福、平等的社会。

综合起来看,毛泽东对中国现代化的认识和理解,除了在技术层面高效开展农

---

① 《毛泽东年谱(一八九三——一九四九)》下卷,中央文献出版社2013年版,第582页。
② 《毛泽东年谱(一九四九——一九七六)》第一卷,中央文献出版社2013年版,第97页。

业、工业、科技和国防等建设,而且始终将生产力和经济建设技术层面的高效建立在为社会的和谐、幸福和平等的基础之上,建立在社会主义走向共产主义历史进程的发展之中。这些思想观点在进入改革开放后,一直影响、指导着中国现代化目标的实践进程、战略部署。

第三个方面,改革开放以来我们党对现代化的认识不断深化。

1978 年党的十一届三中全会提出把党和国家工作重心转移到经济建设方面上来,之后,邓小平提出了"中国式的现代化"概念,并且指出"我们建设的社会主义是有中国特色的社会主义"。就提到"中国特色",这个应该是作为小康社会的中国式现代化的最早提出。1997 年党的十五大提出:"我们的目标是,第一个十年实现国民生产总值比二〇〇〇年翻一番",这是从经济建设来谈的。

到 2012 年党的十八大报告提出,要确保到 2020 年实现全面建设小康社会的宏伟目标,必须保持经济持续健康发展,转变经济发展方式取得重大发展,在发展平衡性、协调性、可持续性明显增强的基础上,实现国内生产总值和城乡居民人均收入比 2010 年翻一番,强调要全面落实经济建设、政治建设、文化建设、社会建设、生态文明建设五位一体。从这儿开始是一个分界,不仅仅只在经济建设上强调翻一番的问题,而且是"五位一体"的总体战略布局。2017 年,党的十九大在全面总结经验、深入分析形势的基础上,从经济、政治、文化、社会、生态文明五个方面,制定了新时代统筹推进"五位一体"总体布局的战略目标,作出了战略部署。党的二十大对中国式现代化提出新见解,阐释了中国式现代化的中国特色、本质要求和基本原则。其本质要求实际上包括五个方面,这五个方面体现在:政治层面,要坚持中国共产党的领导,坚持中国特色社会主义,发展全过程人民民主;经济层面,强调了实现高质量发展,实现全体人民的共同富裕;文化层面,要丰富人民的精神世界;社会和自然的层面,促进人与自然的和谐共生;人类生存方式层面,推动构建人类命运的共同体,创造人类文明的新形态。

党的十九大报告指出,"经过长期努力,中国特色社会主义进入了新时代,这是我国发展新的历史方位",中国社会的主要矛盾已经转变为"人民日益增长的美好生活需要和不平衡不充分的发展之间的矛盾"。党的二十大报告进一步指出:"从现在起,中国共产党的中心任务就是团结带领全国各族人民全面建成社会主义现代化强国、实现第二个百年奋斗目标,以中国式现代化全面推进中华民族伟大复兴。"自从中国特色社会主义进入新时代,中国现代化道路的发展也同时顺应了这一新时代的发展需求,中国现代化道路开始或说真正超越了单纯从经济发展的层面推进的进程,而是更注重于综合性、全局性的推进与发展。其中有两个方面,需要我们给予更为强烈的关注:一是摆脱了单纯地追赶式的以西方现代化模式为标准的现代化发展道路;二是摆脱了单纯以经济增长或追求以 GDP 为目标的发展方式。正如习近平同志在党的二十大报告中所明确宣告:中国式现代化,是中国共产党领导的社会主义现代化,既有各国现代化的共同特征,更有基于自己国情的中国特色。无疑,这是对毛泽东当年关于现代化基本理念的一种传承和发展。

　　总之,毛泽东时代关于现代化的探索,对于我们理解今天的中国式现代化的内涵是具有历史意义和现实意义的,需要我们进一步深入研究。

| 论文转载 |

从历史决议论毛泽东与毛泽东思想研究的新起点[①]

王立胜　李新宇[②]

摘要:党的十九届六中全会通过的《中共中央关于党的百年奋斗重大成就和历史经验的决议》(以下简称《决议》)是一部马克思主义的光辉文献。《决议》系统总结了建党一百年来的重大成就和历史经验,科学评价了毛泽东与毛泽东思想,着重从时代的高度、大历史的高度、方法论的高度、党的自身发展的高度、战略思维的高度、文明论的高度、人类发展的高度七个方面,完整准确地呈现出毛泽东与毛泽东思想的时代价值,开启了毛泽东与毛泽东思想研究的新起点。

关键词:党的十九届六中全会;历史决议;毛泽东;毛泽东思想;新起点

研究历史需要科学的视角和方法。以往对毛泽东和毛泽东思想的研究主要立足革命史与现代化史两种叙事方式,就毛泽东和毛泽东思想从总体历史、具体历史时期、具体领域进行挖掘研究。习近平总书记"七一"重要讲话和党的十九届六中全会通过的《决议》,"坚持唯物史观和正确党史观",综合了革命史和现代化史的叙述方式,采取中华民族伟大复兴的历史叙事方式,将毛泽东和毛泽东思想置于中华民族伟大复兴的宏大历程中去认识和研究,不仅吸取了以往两种叙事方式对党史研究的长处,同时也克服了单一使用以往两种叙述方式的片面性、局限性及矛盾性问题,更加凸显了党史认识和研究的整体性、系统性、历史性

---

① 中国人民大学复印报刊资料《毛泽东思想》2022年第5期全文转载。文章来源:原载《毛泽东思想研究》2022年第3期。

② 王立胜,中国社会科学院大学哲学院院长,中国社会科学院哲学研究所党委书记、研究员、博士生导师(北京 100721);李新宇,曲阜师范大学马克思主义学院硕士研究生(山东曲阜 273165)。

与时代性,为新时代研究毛泽东与毛泽东思想提供了新的视角和方法,开拓了党史研究的新起点。

一、从新时代的高度看毛泽东和毛泽东思想 对中华民族伟大复兴的伟大贡献

《决议》指出,"中国共产党自一九二一年成立以来,始终把为中国人民谋幸福、为中华民族谋复兴作为自己的初心使命,始终坚持共产主义理想和社会主义信念,团结带领全国各族人民为争取民族独立、人民解放和实现国家富强、人民幸福而不懈奋斗"①。一百年来,中国共产党人前赴后继,不断探索民族复兴的道路。中国共产党追求的中华民族伟大复兴事业要完成两大历史任务:民族独立、人民解放和国家富强、人民富裕。也就是要通过中国共产党领导的中国新民主主义革命和社会主义革命实现民族独立和人民解放,通过中国共产党领导的社会主义现代化建设实现国家富强和人民富裕。这为当前研究毛泽东和毛泽东思想提供了新视角。

《决议》坚持将近代以来中华民族伟大复兴的连续性奋斗历程同毛泽东领导中国人民进行革命和建设的阶段性奋斗历程相统一,充分肯定了毛泽东和毛泽东思想对中华民族伟大复兴事业作出的历史贡献。在中国共产党一百年来四个历史阶段的奋斗历程中,有两个历史阶段的伟大成就是在毛泽东的领导下取得的,毛泽东思想不仅贯穿于它所领导的中国革命和建设的历史进程,而且对毛泽东之后的历史也有着重大的指导作用,对中华民族伟大复兴事业产生了深远影响。'决议'认为,在毛泽东的领导下,中国人民和中华民族完成了两个时期的历史任务,实现了两次"伟大飞跃",创立了毛泽东思想,实现了马克思主义中国化的第一次历史性飞跃,"为党和人民事业发展提供了科学指引"②。

毛泽东和毛泽东思想的总体追求,首先是要实现中华民族的独立和中国人民的解放。毛泽东在青年时代为近代中国屡遭列强侵略而深感屈辱,面对国家腐败

---

① 《中共中央关于党的百年奋斗重大成就和历史经验的决议》,人民出版社 2021 年版,第 1 页。
② 《中共中央关于党的百年奋斗重大成就和历史经验的决议》,人民出版社 2021 年版,第 13 页。

分裂和无序混乱这一落后局面,他得出了"落后就要挨打"的沉痛历史结论。他深刻认识到:"天下之事可为,国家有不富强幸福者乎?"①为此,他投笔从戎参加中国革命,主张武装反抗一切反动势力。1935 年,面对日本帝国主义的肆意侵略,他凭借对革命规律的深刻把握以及对民族精神的坚定信仰自信地喊道,"我们中华民族有同自己的敌人血战到底的气概,有在自力更生的基础上光复旧物的决心,有自立于世界民族之林的能力"②,"我们要为大中华民族的独立解放奋斗到最后一滴血"③。全民族抗战爆发后,他领导人民军队成为夺取抗日战争胜利的中流砥柱。在解放战争中,他又领导中国人民推翻国民党反动统治,建立了中国人民期盼已久的独立、自由的新中国,实现了中国从几千年封建专制政治向人民民主的伟大飞跃,完成了中华民族伟大复兴的第一个历史任务,"中国发展从此开启了新纪元"④。

毛泽东和毛泽东思想的总体追求,其次是希望尽早改变中国一穷二白的面貌,实现社会主义现代化,赶超世界发达国家。新中国成立时,毛泽东就适时提出了实现中华民族复兴战略构想。他庄严宣告:"占人类总数四分之一的中国人从此站立起来了","我们的民族将从此列入爱好和平自由的世界各民族的大家庭,以勇敢而勤劳的姿态工作着,创造自己的文明和幸福"。⑤ 他认识到,实现中华民族伟大复兴是一个宏大的历史工程,必须接续进行社会主义革命和推进社会主义建设。为"把我国建设成为一个强大的社会主义国家"⑥,以毛泽东同志为主要代表的中国共产党人经过艰苦探索,提出"四个现代化"的战略目标和"两步走"的战略规划,"经过实施几个五年计划,我国建立起独立的比较完整的工业体系和国民经济体系,农业生产条件显著改变,教育、科学、文化、卫生、体育事业有很大发展","积累了执政党建设的初步经验"。⑦ 以毛泽东同志为核心的党的第一代中央领导集体虽然未能完全实现民族复兴事业,但为接续奋斗、一往无前的中国共产党人提供

---

① 《毛泽东年谱(一八九三——一九四九)》上卷,中央文献出版社 2013 年版,第 27 页。
② 《毛泽东选集》第一卷,人民出版社 1991 年版,第 161 页。
③ 《毛泽东文集》第一卷,人民出版社 1993 年版,第 433 页。
④ 《中共中央关于党的百年奋斗重大成就和历史经验的决议》,人民出版社 2021 年版,第 9 页。
⑤ 《毛泽东文集》第五卷,人民出版社 1996 年版,第 343—344 页。
⑥ 《毛泽东文集》第七卷,人民出版社 1999 年版,第 44 页。
⑦ 《中共中央关于党的百年奋斗重大成就和历史经验的决议》,人民出版社 2021 年版,第 11、12 页。

了宝贵经验。

从容应对近代中国面临的"千年未有之大变局"。毛泽东在复杂多变的历史大潮中始终坚持运用马克思主义的立场观点方法看问题,善于洞察时代大势,在纷繁复杂的历史现象中抓住本质问题。早在 1927 年,毛泽东就在科学把握世界革命形势和充分进行社会调查研究的基础上,认识到中国社会性质、中国革命性质以及社会各阶级力量等中国革命的深层次问题,明确了革命任务和革命对象,并据此分析找到了中国革命的领导力量、依靠力量和需要联合的力量,科学回答了"分辨真正的敌友"的革命首要问题,深化了对中国革命规律的认识。在九一八事变后,毛泽东就敏锐地观察到中国社会矛盾正在发生变化,民族矛盾逐渐上升为主要矛盾,在战略战术上也由过去的"反蒋抗日"调整为"逼蒋抗日""联蒋抗日"。1940年,毛泽东在《新民主主义论》中指出:"现在的世界,是处在革命和战争的新时代"①。毛泽东立足于时代和战略全局的高度,准确把握中国革命和世界革命的关系,系统阐述了新民主主义革命的路线和纲领,科学回答了"中国向何处去"的重要问题。二战结束后,面对波诡云谲的世界局势,1949 年春夏,毛泽东在新中国成立前夕审时度势,先后提出"另起炉灶""打扫干净屋子再请客"和"一边倒"三条方针。这些方针构成了新中国成立初期外交政策的主要内容,对新中国外交乃至国际关系都产生了深远影响。可以看出,毛泽东凭借实践和理论自觉,准确把握住历史和时代发展的趋势,一次又一次地扫清了摆在中国发展道路上的障碍,为中国共产党人从容应对世界大变局做了榜样。

毛泽东思想是指引中华民族伟大复兴事业的伟大旗帜。毛泽东思想作为中国化马克思主义的第一个理论成果,实现了马克思主义与中国国情、中国传统文化以及中国共产党人具体实践的科学与完美的结合。《决议》指出:"毛泽东思想是马克思列宁主义在中国的创造性运用和发展,是被实践证明了的关于中国革命和建设的正确的理论原则和经验总结,实现了马克思主义中国化的第一次历史性飞跃。"②长期以来,毛泽东思想一直是我们党的指导思想,党百年奋斗的光辉成绩正是在毛泽东思想的指导下取得的,新的历史时期必须坚持和运用好毛泽东思想。

总体来说,前两个历史时期,在以毛泽东同志为核心的党中央的领导下,我国

---

① 《毛泽东选集》第二卷,人民出版社 1991 年版,第 680 页。
② 《中共中央关于党的百年奋斗重大成就和历史经验的决议》,人民出版社 2021 年版,第 13 页。

社会发展取得了举世瞩目的光辉成就,为以后的两大历史性成就和两次历史性飞跃奠定了坚实基础。《决议》指出:"从新中国成立到改革开放前夕,党领导人民完成社会主义革命,消灭一切剥削制度,实现了中华民族有史以来最为广泛而深刻的社会变革,实现了一穷二白、人口众多的东方大国大步迈进社会主义社会的伟大飞跃。在探索过程中,虽然经历了严重曲折,但党在社会主义革命和建设中取得的独创性理论成果和巨大成就,为在新的历史时期开创中国特色社会主义提供了宝贵经验、理论准备、物质基础。"①

未来毛泽东和毛泽东思想研究应以此为新起点,深入研究毛泽东有关"两个大局"的重要论述和有益探索,全面把握新时代重要战略机遇,防控化解风险挑战,为从容应对世界百年未有之大变局、奋力实现中华民族伟大复兴提供科学指引。

二、从大历史的高度看毛泽东和毛泽东思想对中国共产党人增强历史自信的伟大贡献

中国共产党的历史自信来源于中国共产党对自身历史的科学认知,中国共产党具有对自身历史进行不断总结并通过总结经验教训增强历史自觉的优良传统。习近平总书记在中央政治局专题民主生活会上指出,"历史认知是历史自信的重要基础","对历史进程的认识越全面,对历史规律的把握越深刻,党的历史智慧越丰富,对前途的掌握就越主动","在新的赶考之路上,我们能否继续交出优异答卷,关键在于有没有坚定的历史自信"。②《决议》也明确指出:"全党要坚持唯物史观和正确党史观,从党的百年奋斗中看清楚过去我们为什么能够成功、弄明白未来我们怎样才能继续成功,从而更加坚定、更加自觉地践行初心使命,在新时代更好坚持和发展中国特色社会主义。"③这为当前研究毛泽东和毛泽东思想提供了新视角。

---

① 《中共中央关于党的百年奋斗重大成就和历史经验的决议》,人民出版社 2021 年版,第 14 页。
② 《习近平谈治国理政》第四卷,外文出版社 2022 年版,第 545 页。
③ 《习近平谈治国理政》第四卷,外文出版社 2022 年版,第 32—33 页。

　　中国共产党对自身历史的认知是从总结历史经验开始的。科学评价毛泽东与毛泽东思想是科学认知百年党史的"基础性问题"。基于改革开放初期的形势，邓小平曾对《关于建国以来党的若干历史问题的决议》起草小组提出明确要求："确立毛泽东同志的历史地位，坚持和发展毛泽东思想。这是最核心的一条。"①1945年，党的六届七中全会通过的《关于若干历史问题的决议》，充分肯定了毛泽东运用马克思主义的立场观点方法对解决中国革命问题作出的巨大贡献。1981年，党的十一届六中全会通过了《关于建国以来党的若干历史问题的决议》，在充分肯定新中国成立以前中国共产党所取得的重大历史成就的基础上，对社会主义革命和建设经验进行系统总结，彻底否定了"文化大革命"，科学评价了毛泽东和毛泽东思想，维护了毛泽东的历史地位，肯定了毛泽东思想的指导作用，同时也客观指出了毛泽东晚年的错误。中国共产党在庆祝改革开放20周年、30周年和40周年大会上，都充分肯定了毛泽东和毛泽东思想的历史地位和价值。党的十九届六中全会通过的《决议》在总结党的历史经验时牢牢"坚持唯物史观和正确党史观"，将中国共产党一百年来四个阶段的历史置于中国近现代史的大历史背景之中，从中华民族伟大复兴的宏大视角完整、准确、连贯地评价党的历史，更加凸显出毛泽东对中华民族伟大复兴事业作出的重大贡献，鲜明地体现出中国共产党的历史自觉和历史自信。

　　历史认知的目的是为了增强历史自觉。中国共产党的历史自觉来自党所坚持的科学历史观和方法论，能够把握历史规律和发展趋势，真实客观全面地阐述历史过程、总结历史经验。毛泽东坚持用马克思主义的立场观点方法，全面客观地看待中国历史。他指出，"我们信奉马克思主义是正确的思想方法"②，"一旦接受了马克思主义是对历史的正确解释以后，我对马克思主义的信仰就没有动摇过"③。一方面，毛泽东坚持用唯物辩证法的态度看待中国历史，从正确把握三个"区别开来"中增强历史自觉。一是把"封建时代的文化"和"封建主义文化"区别开来，二是"要把封建主义的东西和非封建主义的东西区别开来"④，三是"将古代封建统治

① 《邓小平文选》第二卷，人民出版社1994年版，第291页。
② 《毛泽东文集》第三卷，人民出版社1996年版，第191页。
③ ［美］斯诺（E.Snow）：《红星照耀中国》，董乐山译，新华出版社1984年版，第136页。
④ 《毛泽东文集》第八卷，人民出版社1999年版，第225页。

阶级的一切腐朽的东西和古代优秀的人民文化即多少带有民主性和革命性的东西区别开来"①,必须批判地接受民族历史遗产,提倡科学辩证地认识中华民族历史。另一方面,毛泽东坚持用历史唯物主义态度看待中国历史,从深入研究历史中增强历史自觉。毛泽东指出:中华民族有数千年的历史,"从孔夫子到孙中山,我们应当给以总结,承继这一份珍贵的遗产"②。必须坚持历史的眼光,科学对待民族历史,认识到封建时代的历史遗产不全是腐朽的,它也曾经在自己所属的时代中发挥过积极作用,对当代社会仍有很多启示。因此,"我们必须尊重自己的历史,决不能割断历史"③,这是我们对待自己历史的科学态度。可见,马克思主义为毛泽东增强历史自觉自信提供了科学的世界观。

历史自觉的目的是为了把握历史规律。毛泽东高度评价中华民族历史,坚定地认为中国共产党的发展壮大必须要从中国历史的长河中汲取经验和智慧。他明确指出:"没有中华民族,就没有中国共产党。"④中国数千年历史产生了很多宝贵财富,滋养了中华民族的发展,必须把这些历史遗产变成当前时代所需要的东西,为今天所用。正是基于这个认识,毛泽东将郭沫若总结明朝灭亡和李自成骄傲失败的历史文章《甲申三百年祭》"当作整风文件来读"。同时,毛泽东也非常重视对党的自身历史经验的研究和总结,他告诫全党:必须认真学习研究党的历史,"研究哪些是过去的成功和胜利,哪些是失败,前车之覆,后车之鉴"⑤,从纷繁复杂的历史现象中认识和把握历史规律,搞清楚党走过的路和要走的路。他认为,党对中国革命规律的认识是在不断深入实践和不断总结经验的过程中形成的,"没有两次胜利和两次失败的比较,还没有充分的经验,还不能充分认识中国革命的规律"⑥。对此,毛泽东提出了著名的"古今中外法",所谓"古今"就是历史的发展,强调研究党的历史必须从历史的具体环境出发,准确把握党史的本质性、规律性问题,同时也要坚持用发展的眼光看问题,不断推动理论创新以适应时代和实践发展的需要。

---

① 《毛泽东选集》第二卷,人民出版社 1991 年版,第 708 页。
② 《毛泽东选集》第二卷,人民出版社 1991 年版,第 534 页。
③ 《毛泽东选集》第二卷,人民出版社 1991 年版,第 708 页。
④ 《毛泽东文集》第三卷,人民出版社 1996 年版,第 191 页。
⑤ 《毛泽东文集》第二卷,人民出版社 1993 年版,第 399 页。
⑥ 《毛泽东文集》第八卷,人民出版社 1999 年版,第 299 页。

　　把握历史规律的目的是为了在洞察时代大势中把握历史主动。毛泽东早在 1921 年 1 月就明确指出："唯物史观是吾党哲学的根据"①。他在研究历史问题时，坚持灵活运用马克思主义的哲学武器，透过历史表象抓住历史发展的本质和主流，掌握历史发展的客观规律性，同时"充分发挥主体能动性，以认识世界和改造世界"②。毛泽东基于对马克思主义立场观点方法的熟练掌握以及对中国历史的深入研究，在面对中国革命和建设的各方面问题时，能够做到以小见大、见微知著，敏锐地抓住事物的发展倾向和本质规律，并作出科学的预判，规避历史风险，化解历史危机，在洞察时代大势中把握历史主动。例如，在中国革命处于低潮时，党内出现一些消极言论，毛泽东灵活运用唯物史观和历史经验，科学预见了中国革命的发展趋势和光明前途，用"星星之火，可以燎原"的科学论断统一了革命意志。在新中国成立前夕，毛泽东敏锐地观察到党内存在的骄傲自满不良风气，并联想到历史上反复出现的历史周期率问题，提出"两个务必"以回答"进京赶考"的历史考卷。新中国成立后，毛泽东基于对社会矛盾转化的把握以及对世界发达国家发展经验的总结，适时提出了正确处理"十大关系"、建设"四个现代化"等战略方针以加快中国社会发展，这都充分表现出毛泽东在洞察时代大势中把握历史主动的战略能力。

　　在洞察时代大势和把握历史主动中增强历史自信。早在 1920 年，毛泽东就已经接受马克思主义并成为一名马克思主义者，之后在长期的中国革命和建设实践中，他逐渐加深对马克思主义的认识，熟练灵活地掌握了马克思主义理论武器，从时代的高度、历史的高度、理论的高度、民族的高度科学认识和分析中国社会问题，深入洞察时代大势，积极把握历史主动，从根本上解决了一系列长期困扰中国人民和中华民族发展进步的重大问题，用真理和事实增强了中国共产党人的历史自信。1945 年，毛泽东在延安的窑洞里，灵活运用马克思主义立场观点方法，洞察时代大势，把握历史主动，就如何克服历史周期率的问题，他给出了"民主"的新路，提出让人民群众来监督政府工作，防止政府骄傲和松懈，始终保持积极进取、清正廉明、为民服务的政治本色。1946 年，毛泽东综合对时局的把握、对历史规律的认识、对人民力量的认识以及对反动势力的分析，在接受美国记者采访时提出了"一切反

---

①　《毛泽东文集》第一卷，人民出版社 1993 年版，第 4 页。
②　王立胜：《"七一"重要讲话的重大理论创新及意义》，《人民论坛》2021 年第 21 期。

动派都是纸老虎"的著名论断,这些都展现出毛泽东高度的历史自觉和历史自信。

因此,必须站在大历史的高度认真研究毛泽东和毛泽东思想,科学把握毛泽东对历史认知和历史自信、历史自觉和历史自信、历史主动和历史自信等命题的辩证关系,从而为持续深入开展党史学习教育、深化中共党史研究、增强全党历史自信等工作提供重要理论支撑。

三、从方法论的高度看毛泽东和毛泽东思想对马克思主义中国化"两个结合"的伟大贡献

习近平总书记在庆祝中国共产党成立 100 周年大会上的重要讲话中首次明确提出"两个结合"的命题,即"坚持把马克思主义基本原理同中国具体实际相结合、同中华优秀传统文化相结合"[①],是当代中国马克思主义理论的又一重大创新。党的十九届六中全会《决议》也着重强调了马克思主义中国化"两个结合"的问题。这为当前研究毛泽东和毛泽东思想提供了新视角。

"两个结合"的根本是坚信马克思主义基本原理的科学性,这是逻辑前提。1938 年 10 月,毛泽东曾用"两个不应当"和"四个应当"指明了对待马克思列宁主义的正确态度和方法,他指出:"马克思、恩格斯、列宁、斯大林的理论,是'放之四海而皆准'的理论。不应当把他们的理论当作教条看待,而应当看作行动的指南。不应当只是学习马克思列宁主义的词句,而应当把它当成革命的科学来学习。不但应当了解马克思、恩格斯、列宁、斯大林他们研究广泛的真实生活和革命经验所得出的关于一般规律的结论,而且应当学习他们观察问题和解决问题的立场和方法。"[②]在毛泽东看来,马克思列宁主义之所以是彻底的真理,就在于它不是教条的、机械的理论,而是科学的、实践的世界观和方法论,始终坚持"具体地分析具体的情况"[③],它没有结束真理,而是在实践中不断深化对真理的认识。毛泽东在《整顿党的作风》报告中对党的干部提出具体要求,要求能够学会运用马克思主义的

---

① 习近平:《在庆祝中国共产党成立 100 周年大会上的讲话》,人民出版社 2021 年版,第 13 页。
② 《毛泽东选集》第二卷,人民出版社 1991 年版,第 533 页。
③ 《毛泽东选集》第一卷,人民出版社 1991 年版,第 187 页。

立场观点方法正确认识和处理中国革命的实际问题，能够对中国存在的各种问题作出理论层面的科学解释和说明。毛泽东善于灵活运用马克思主义的立场观点方法，成功解决了中国革命和建设的一系列重大问题，反复验证了马克思主义的科学性、人民性和革命性，为推进马克思主义中国化明确了根本逻辑前提。

"两个结合"不是简单的对接与拼凑，关键要在"化"上做文章。《决议》指出：马克思主义"必须中国化才能落地生根、本土化才能深入人心"①。毛泽东强调："马克思主义必须和我国的具体特点相结合并通过一定的民族形式才能实现"，阐明了马克思主义中国化分为理论和实践两个层面的结合。一是理论层面的结合，即马克思主义基本原理同中华优秀传统文化相结合。毛泽东认识到马克思主义与中华优秀传统文化在政治理想、人生价值、逻辑思维等诸多方面上存在相通性，这种相通性是马克思主义能够实现中国化的重要基础。毛泽东在论述中国革命问题时肯定了孔子的"中庸"思想，指出，"'过犹不及'是两条战线斗争的方法"，"'过'的即是'左'的东西，'不及'的即是右的东西"，②党的干部在工作中要学会把握"中庸"，克服"过"和"不及"的错误。毛泽东找到马克思主义与中华优秀传统文化的相通点，用矛盾和发展等观点解读"中庸"思想，并指出这个思想是"孔子的一大发现"。此外，毛泽东在论述新民主主义文化，以及创造性运用实事求是、求同存异、和而不同等中国文化的基本概念时都体现出这种相通性。二是实践层面的结合，即"马克思主义基本原理和中国具体实际相结合"。毛泽东特别注重实践，强调"认清中国的国情，乃是认清一切革命问题的基本的根据"③，同时他也强调"马克思主义的'本本'是要学习的，但是必须同我国的实际情况相结合。我们需要'本本'，但是一定要纠正脱离实际情况的本本主义"④。他要求党的干部必须到实践中去学习马克思主义，到实践中去认识和了解中国情况。离开了中国的具体实践，马克思主义就会变成抽象的理论，只有将二者进行结合，才能形成具有生命力的、科学的、具体的、能指导中国社会发展的马克思主义理论。正是因为毛泽东始终坚持实事求是的态度，不断"把马克思主义基本原理同中国具体实际相结合、

---

① 《中共中央关于党的百年奋斗重大成就和历史经验的决议》，人民出版社 2021 年版，第 66 页。
② 《毛泽东文集》第二卷，人民出版社 1993 年版，第 161—162 页。
③ 《毛泽东选集》第二卷，人民出版社 1991 年版，第 633 页。
④ 《毛泽东选集》第一卷，人民出版社 1991 年版，第 111—112 页。

同中华优秀传统文化相结合",才创造出带有鲜明的中国特色的马克思主义理论——毛泽东思想。毛泽东思想是马克思列宁主义在中国的创造性运用和发展,是马克思主义中国化的第一次历史性飞跃。

可见,毛泽东和毛泽东思想是推进和实现"两个结合"的光辉典范。未来对毛泽东和毛泽东思想的研究应以此为新起点,从方法论的高度认真研究毛泽东有关重要论述和有益探索,深刻把握"两个结合"的基本内涵、核心要义及科学方法,不断推进马克思主义中国化、本土化。

四、从党的自身发展的高度看毛泽东和毛泽东思想对科学回答中国共产党根本问题的伟大贡献

为人民服务是中国共产党的根本宗旨,是贯穿毛泽东思想始终的重要内容,也是贯穿百年党史的一根红线。习近平总书记在庆祝中国共产党成立 100 周年大会上的讲话中明确指出,"我们必须紧紧依靠人民创造历史,坚持全心全意为人民服务的根本宗旨,站稳人民立场,贯彻党的群众路线"[1]。《决议》将"坚持人民至上"置于"十条历史经验"的第二条的突出位置,全文共有 253 处提到"人民",通篇都在总结党依靠人民群众取得的伟大成绩及历史经验,足见党的根本属性和人民群众的重要地位,充分体现出《决议》坚持党性与人民性的统一。这为研究毛泽东和毛泽东思想提供了新视角。

为人民服务是中国共产党人的政治本色。1945 年,毛泽东在党的七大作政治报告时明确指出:"我们共产党人区别于其他任何政党的又一个显著的标志,就是和最广大的人民群众取得最密切的联系。全心全意地为人民服务,一刻也不脱离群众;一切从人民的利益出发,而不是从个人或小集团的利益出发;向人民负责和向党的领导机关负责的一致性;这些就是我们的出发点。"[2]全心全意为人民服务,且一以贯之于党和国家工作的方方面面,是中国共产党能够带领中国人民取得革命、建设和改革历史性成就的根本原因。

---

① 习近平:《在庆祝中国共产党成立 100 周年大会上的讲话》,人民出版社 2021 年版,第 12 页。
② 《毛泽东选集》第三卷,人民出版社 1991 年版,第 1094—1095 页。

为人民服务是对"中国共产党是什么、要干什么"这个根本问题的科学解答。《决议》指出:"全党牢记中国共产党是什么、要干什么这个根本问题","决不能在根本性问题上出现颠覆性错误"。① 关于中国共产党根本问题的认识,毛泽东早在1942 年 5 月的《在延安文艺座谈会上的讲话》中就明确提出:"为什么人的问题,是一个根本的问题,原则的问题。"②他始终强调中国共产党是人民的队伍,党领导的部队是人民的子弟兵,"我们共产党是无产阶级的先锋队,同时又是最彻底的民族解放的先锋队"③。中国共产党是为民族、为人民谋利益的,这就是党的初心,是对党的性质和宗旨的根本体现。关于中国共产党要干什么,毛泽东指出,我们"都是人民的勤务员,我们所做的一切,都是为人民服务"④,"我们这个队伍完全是为着解放人民的,是彻底地为人民的利益工作的"⑤,"共产党人的一切言论行动,必须以合乎最广大人民群众的最大利益,为最广大人民群众所拥护为最高标准"⑥。毛泽东从党的原则宗旨出发,深刻阐明了中国共产党是中国人民和中华民族的代言人,"完全不谋私利,而只为民族与人民求福利"⑦。毛泽东通过系统阐述为人民服务的马克思主义价值观,深刻回答了"中国共产党是什么、要干什么"这个根本问题。

为人民服务是中国共产党自我革命的内在规定和价值追求。《决议》指出:"党历经百年沧桑更加充满活力,其奥秘就在于始终坚持真理、修正错误。党的伟大不在于不犯错误,而在于从不讳疾忌医,积极开展批评和自我批评,敢于直面问题,勇于自我革命。"⑧毛泽东十分注重在为人民服务的过程中坚持真理、改正错误,积极对人民负责。1942 年陕甘宁边区有老百姓讲毛泽东的怪话,立即被当成反革命抓捕。毛泽东闻讯后要求立即放人,他说没有搞清楚情况怎么可以随便抓人呢? 在一番调查研究之后,毛泽东发现当地老百姓负担过重,严重脱离了生产力水平,他认真检讨,并积极调整党的政策,减轻群众负担,通过开展大生产运动、整

① 《习近平著作选读》第二卷,人民出版社 2023 年版,第 589、230 页。
② 《毛泽东选集》第三卷,人民出版社 1991 年版,第 857 页。
③ 《毛泽东文集》第二卷,人民出版社 1993 年版,第 42 页。
④ 《毛泽东文集》第三卷,人民出版社 1996 年版,第 243 页
⑤ 《毛泽东选集》第三卷,人民出版社 1991 年版,第 1004 页。
⑥ 《毛泽东选集》第三卷,人民出版社 1991 年版,第 1096 页。
⑦ 《毛泽东文集》第三卷,人民出版社 1996 年版,第 47 页。
⑧ 《中共中央关于党的百年奋斗重大成就和历史经验的决议》,人民出版社 2021 年版,第 70 页。

风运动等一系列工作,极大改善了当地群众的生活。

毛泽东要求党员干部要不断对标党的宗旨,勇于坚持真理、修正错误。他将为人民服务宗旨作为中国共产党人坚持真理、修正错误的根本原因,"因为我们是为人民服务的,所以,我们如果有缺点,就不怕别人批评指出。不管是什么人,谁向我们指出都行。只要你说得对,我们就改正。你说的办法对人民有好处,我们就照你的办"①。毛泽东提出从人民群众根本利益的高度来认识真理与错误问题,要虚心接受群众的批评和意见建议,敢于为群众利益坚守真理、修正错误。他指出:"共产党人必须随时准备坚持真理,因为任何真理都是符合于人民利益的;共产党人必须随时准备修正错误,因为任何错误都是不符合于人民利益的。"②毛泽东要求共产党人要始终牢记初心,敢于自我批评,勇于自我反省,祛除私心杂念,时刻做到"全心全意为人民服务,不要半心半意或者三分之二的心三分之二的意为人民服务"③。

毛泽东从党的根本属性和宗旨出发,将"中国共产党是什么、要干什么"这个根本问题与党的阶级属性以及为人民服务宗旨贯通起来,并在革命和建设的实践中深化了对这一问题的认识。未来毛泽东和毛泽东思想研究应以此为新起点,认真研究毛泽东对"中国共产党是什么、要干什么"这一根本问题的深刻见解,从理论与实践、历史与现实、个人与集体等多个维度把握这一问题,为实现中华民族伟大复兴事业塑造更加坚强有力的领导力量。

五、从战略思维的高度看毛泽东和毛泽东思想对提高中国共产党掌控和驾驭全局能力的伟大贡献

战略问题是一个政党、一个国家的根本性问题。中国共产党历来重视研究战略战术问题,善于从全局出发谋划中国革命、建设、改革,制定了一系列符合中国实际的路线、方针、政策,引领中华民族迎来从站起来、富起来到强起来的伟大飞跃。

---

① 《毛泽东选集》第三卷,人民出版社 1991 年版,第 1004 页。
② 《毛泽东选集》第三卷,人民出版社 1991 年版,第 1095 页。
③ 《毛泽东文集》第七卷,人民出版社 1999 年版,第 285 页。

"一百年来,党总是能够在重大历史关头从战略上认识、分析、判断面临的重大历史课题,制定正确的政治战略策略,这是党战胜无数风险挑战、不断从胜利走向胜利的有力保证。"①这为研究毛泽东和毛泽东思想提供了新视角。

关于中国革命战争及其规律的认识。毛泽东在《中国革命战争的战略问题》中指出:"战略问题是研究战争全局的规律的东西。"②他强调战略思维的重要意义就在于从全局和长远出发来把握各部分的相互关系及其变化,保障整体战略效果的实现。毛泽东作为党的第一代中央领导集体的核心,将战略思想灵活运用到中国的革命事业中,科学系统回答了"什么是中国革命、怎样进行中国革命"这一重大历史课题。毛泽东善于灵活运用唯物辩证法,通过分析共性与个性、整体与部分得出了一系列对中国革命的真理性认识,指出中国共产党人既要研究一般战争问题,也要学会分析和把握中国革命具体战争问题及发展规律。毛泽东特别强调研究全局与局部的关系,他认为没有对全局事物的综合全面认识,就无法准确把握各部分的属性和关系,如果全局和局部关系处理得当,各部分力量就能最大程度发挥出来;如果无法做到统筹全局,那么将会出现各自为战而导致优势力量无法发挥。基于这种认识,在全民族抗日战争时期,党中央综合战略全局,"实行正确的抗日民族统一战线政策,坚持全面抗战路线,提出和实施持久战的战略总方针和一整套人民战争的战略战术"③,为战胜日本帝国主义提供了科学的战略指导。解放战争时期,党中央全面分析战略全局,及时抓住战略机遇发起战略进攻,一鼓作气接连打赢三大战役和渡江战役,推翻国民党反动政府,推翻压在中国人民身上的三座大山,为夺取新民主主义革命胜利建立了不朽历史功勋。事实证明,这种战略思维为中国共产党取得新民主主义革命胜利提供了科学指导。

关于社会主义革命和建设事业的初步探索与经验积累。新中国成立后,毛泽东综合世界发展大局和中国发展实际,适时提出了过渡时期总路线,开辟了一条适合中国国情、独具中国特色的社会主义改造道路,逐渐建立起中国的社会主义制度。毛泽东根据这一时期社会主要矛盾的转化积极调整战略任务,以适应社会主义社会的快速发展。在社会主义建设时期,毛泽东深入研究了苏联、东欧等社会

① 《习近平著作选读》第二卷,人民出版社 2023 年版,第 582 页。
② 《毛泽东选集》第一卷,人民出版社 1991 年版,第 175 页。
③ 《中共中央关于党的百年奋斗重大成就和历史经验的决议》,人民出版社 2021 年版,第 6 页。

主义国家的建设经验和教训,结合我国社会主义建设的具体实践,提出"以苏为戒",独立探索中国社会主义建设道路的战略思想。在处理十大关系和人民内部矛盾的问题上,毛泽东提出"统筹兼顾"的方针,并明确指出"这是一个什么方针呢? 就是调动一切积极力量,为了建设社会主义。这是一个战略方针"①。后来,在"大跃进"和人民公社化运动中,毛泽东认真总结反思,针对运动中存在的问题,提出三条要求,即"情况明,决心大,方法对"②,要求扎实做好调查研究工作,首先弄明白情况,从实际出发制定方针政策,谋划战略全局,并强调过去搞革命,任何一次胜利都是在深入调查研究和精心谋划的前提下取得的,没有对革命战争形势的科学把握,就不可能在极端困难的情况下战胜数量众多的敌人。这一时期,以毛泽东同志为主要代表的中国共产党人,在认真调查研究和全面把握全局的情况下,结合新的实际丰富和发展毛泽东思想,提出了一系列事关社会主义建设全局的重要思想,指导了我国社会主义社会不断向前发展。

毛泽东还十分注重用战略思维教育干部。毛泽东曾指出:"我们党历来是重视战略的,部队的战士、伙夫都关心战略,只要把战略形势讲清楚,问题就好办了。"③在延安时期,毛泽东经常被邀请给干部讲授思想政治课,他注重结合革命战争的实际,从战略全局的高度出发来讲授政治、军事、历史、哲学等课程,培养干部的战略思维,"提高战略空气"④。他在《中国革命战争的战略问题》的报告中强调干部要具备战略思维能力,指挥全局的人,最关键的是要具备战略眼光,时刻从大局出发来谋划革命战争;任何一级的首长,都要将注意力放在自己指挥的全局上,一切部署要以此为出发点;战役指挥员和战术指挥员,也要具备战略眼光,重视研究战略问题,学会抓住主要矛盾,赢得战略主动。在社会主义建设时期,毛泽东也重视培育党员干部的战略思维,强调党的干部应该学会从战略高度把握工作,把握好事物的性质,抓住主要矛盾,分清轻重缓急,特别强调要做到"胸中有'数'",指出"不懂得注意决定事物质量的数量界限,一切都是胸中无'数',结果就不能不犯错误"⑤。可见,毛泽东善于把马克思主义立场观点方法创造性运用于战略思维,

---

① 《毛泽东文集》第七卷,人民出版社1999年版,第187页。
② 《毛泽东文集》第八卷,人民出版社1999年版,第220页。
③ 《邓小平文选》第一卷,人民出版社1994年版,第198页。
④ 《毛泽东年谱(一八九三——一九四九)》(修订本)中卷,中央文献出版社2013年版,第73页。
⑤ 《毛泽东选集》第四卷,人民出版社1991年版,第1442页。

科学阐明了党的政策策略辩证法,以及一系列有中国特色的唯物辩证的思想方法、领导方法和工作方法。

未来毛泽东和毛泽东思想研究应以此为新起点,认真研究毛泽东的战略思想,学习他掌控和驾驭全局的能力,从全局战略出发把握和处理新时代中国特色社会主义各部分的相互关系及其变化,为实现中华民族伟大复兴提供坚强战略支撑。

六、从文明论的高度看毛泽东和毛泽东思想对构建人类文明新形态的伟大贡献

文化是一个国家、一个民族的灵魂。中国共产党是一个具有高度文化自觉自信的党,党的百年奋斗凝聚着我国文化奋进的历史。《决议》指出,"文化自信是更基础、更广泛、更深厚的自信,是一个国家、一个民族发展中最基本、最深沉、最持久的力量,没有高度文化自信、没有文化繁荣兴盛就没有中华民族伟大复兴",一百年来,党领导人民"成功走出了中国式现代化道路,创造了人类文明新形态。拓展了发展中国家走向现代化的途径","给世界上那些既希望加快发展又希望保持自身独立性的国家和民族提供了全新选择"[①]。这为研究毛泽东和毛泽东思想提供了新视角。

中国共产党高度的文化认知和文化自觉。经过俄国十月革命和五四运动的思想洗礼,以毛泽东同志为主要代表的中国共产党人就对文化上坚持什么、批判什么具有了明确的历史选择和敏锐的文化自觉。1920 年,毛泽东便公开发表文章说,大家都在闹新文化,但并不懂得新文化是什么,他认为当前不但在湖南,就拿全中国来说也没有出现真正的新文化,只有俄罗斯出现的马克思列宁主义才是真正意义上的新文化。可见,在这一时期,毛泽东就已经明确把坚持发展马克思列宁主义当作中华民族新文化、新文明的前进方向。

科学把握文化与经济、政治的辩证关系。在《新民主主义论》中,毛泽东坚持历史唯物主义立场,立足经济基础和上层建筑、社会存在与社会意识的基本原理,

---

[①] 《中共中央关于党的百年奋斗重大成就和历史经验的决议》,人民出版社 2021 年版,第 44、64 页。

对文化与经济、政治之间的关系进行科学阐述。他指出:"一定的文化(当作观念形态的文化)是一定社会的政治和经济的反映,又给予伟大影响和作用于一定社会的政治和经济"①。其中经济是起决定作用的,政治形态是由经济基础所决定,而文化是由以上二者共同作用的结果。在具体的社会中,文化是对经济和政治的具体反映,对于当前中国出现的新文化,"是替新政治新经济服务的"②。毛泽东科学认识到文化与经济、政治的辩证关系,不仅揭示了经济、政治对文化的决定作用,而且也强调了文化对经济、政治的反作用。毛泽东从"不是人们的意识决定人们的存在,相反,是人们的社会存在决定人们的意识"③出发,科学阐释了构建新文化对于发展新经济新政治的现实意义。

对中华民族新文明的科学预见。在新民主主义革命时期,毛泽东就认识到文化对革命的重要作用,他认为文化是"革命的思想准备",是广大革命者和群众的强大思想武器,是革命总战线中的一条重要战线。正如列宁所说"没有革命的理论,就不会有革命的运动"④,革命者必须先将理论把握透彻,才能有明确的革命方向,正确地教育群众,才能有革命的力量。由此可见,文化对于革命运动具有引领方向和鼓舞群众等重要作用。新中国成立之初,对于文化建设的重要地位和作用,毛泽东以对政治、经济等方面与文化的辩证关系的科学分析为基础,明确指出,"随着经济建设的高潮的到来,不可避免地将要出现一个文化建设的高潮"⑤,要适时抓住文化建设的良好时机,给世界展现出一个"具有高度文化的民族"。由此,毛泽东不仅从客观上揭示了我国"文化建设的高潮"的历史必然性,而且也指出了文化建设对于社会主义现代化建设、对于中华民族立足世界以及实现伟大复兴的重要意义。充分阐明了与资本主义国家相比,社会主义国家的优越性不仅体现为物质和经济层面上更高质量的发展,同时也体现为文化层面的更加繁荣与文明形态的更大进步。

提出"百花齐放、百家争鸣"与"古为今用、洋为中用"的基本方针,为发展社会主义文化提供了基本遵循。1942年5月,毛泽东在延安文艺座谈会上的讲话中就

---

① 《毛泽东选集》第二卷,人民出版社1991年版,第663—664页。
② 《毛泽东选集》第二卷,人民出版社1991年版,第695页。
③ 《马克思恩格斯文集》第2卷,人民出版社2009年版,第591页。
④ 《列宁选集》第1卷,人民出版社2012年版,第153页。
⑤ 《毛泽东文集》第五卷,人民出版社1996年版,第345页。

提到了文艺事业自由发展的问题。1956 年 4 月，毛泽东在中共中央政治局扩大会议总结讲话中明确提出，"艺术问题上的百花齐放，学术问题上的百家争鸣，我看应该成为我们的方针"①，应该提倡艺术的自由发展和学术的自由争论。面对当时有些人的担忧，毛泽东运用矛盾分析法阐明了自己的观点，他认为事物的发展没有一帆风顺的，"正确的东西总是在同错误的东西作斗争的过程中发展起来的"②，实行"百花齐放、百家争鸣"的方针不但不会削弱正确的东西，反而会在探讨争论中强化对真理的认识，有利于加强和巩固马克思主义的指导地位。

在如何对待传统文化和外来文化方面，毛泽东提出"古为今用、洋为中用"的方针。一方面，对待中国传统文化要坚持"古为今用"的方针，对于封建性的、落后的文化必须予以剔除，对于民主性的、先进的文化要积极吸收，以发展新文化，提高民族自信心。毛泽东坚持运用马克思主义的态度来对待传统文化，"继承一切优秀的文学艺术遗产，批判地吸收其中一切有益的东西"③。另一方面，对待外来文化的问题上要坚持"洋为中用"的方针。毛泽东提出"两个都要学"的要求表现出中国共产党人高度的文化自信自觉，他指出："我们的方针是，一切民族、一切国家的长处都要学，政治、经济、科学、技术、文学、艺术的一切真正好的东西都要学。"④他清醒地看到外来文化中有很多东西值得我们学习，一概拒绝外来文化的态度是错误的，必须立足我们的社会发展实际，"尽量吸收进步的外国文化，以为发展中国新文化的借镜"⑤。在这个问题上，毛泽东始终保持科学辩证的态度，一分为二地看待传统文化和外来文化，坚决反对全盘照搬或全盘否定的激进态度，体现了毛泽东高度的文化自信自觉，也体现出马克思主义与中华优秀传统文化共同具有的包容性与自觉性特质。

探索共同富裕的中国式现代化道路。毛泽东对中国式现代化道路的设想，具有中华民族新文明的特征。实现共同富裕是毛泽东的毕生追求，他早在 1919 年就曾提出在岳麓山建设"新村"的计议，后来积极领导开展轰轰烈烈的土地革命和大生产运动，极力批判"平均主义"落后思想，从多方面探索共同富裕道路。新中国

① 《毛泽东文集》第七卷，人民出版社 1999 年版，第 54 页。
② 《毛泽东文集》第七卷，人民出版社 1999 年版，第 230 页。
③ 《毛泽东选集》第三卷，人民出版社 1991 年版，第 860 页。
④ 《毛泽东文集》第七卷，人民出版社 1999 年版，第 41 页。
⑤ 《毛泽东选集》第三卷，人民出版社 1991 年版，第 1083 页。

成立后,毛泽东就如何建设现代化、加快共同富裕步伐提出科学设想,他指出:要经过几个五年计划,改变我国的落后面貌,将我国建设成为一个高度工业化的国家。毛泽东认为我们的现代化道路不同于西方国家,我们追求的是涵盖全体中国人民共同富裕的现代化道路,"使全体农村人民共同富裕起来"①,"所有农民都要富裕,并且富裕的程度要大大地超过现在的富裕农民"②。1956年9月,毛泽东在党的八大的开幕词中指出,我们"要把一个落后的农业的中国改变成为一个先进的工业化的中国"③,这种现代化道路既是在发展方式上由传统农业向现代工业的转变,也是在发展目标上由少数人的富裕向多数人共同富裕的转变。1959年底,毛泽东进一步完善了"四个现代化"思想:"建设社会主义,原来要求是工业现代化,农业现代化,科学文化现代化,现在要加上国防现代化。"④在如何实现共同富裕的中国式现代化的问题上,以毛泽东同志为主要代表的中国共产党人提出了"两步走"战略步骤,积极做好统筹兼顾,处理好国民经济的各种关系,先建成一个独立的比较完整的工业体系和国民经济体系,然后扎实稳妥地实现"四个现代化",使全体人民共同富裕起来。这种共同富裕的现代化模式为人类文明形态赋予了新的内涵。

可见,毛泽东对如何看待"古今中外"文化和构建中华民族新文明都有着清醒的认识和一整套科学的方式方法,这对当前中国共产党人继续创造人类文明新形态提供了有益思考和经验借鉴,必须站在人类文明新形态的高度研究毛泽东和毛泽东思想,继续开辟人类文明形态的新认知、新限度。

七、从人类发展的高度看毛泽东和毛泽东思想对世界和平发展事业的伟大贡献

《决议》总结了党的百年奋斗的历史意义,其中第四条指明了中国共产党对世界发展作出的重大贡献:"党的百年奋斗深刻影响了世界历史进程。党和人民事

① 《毛泽东文集》第六卷,人民出版社1999年版,第437页。
② 《建国以来重要文献选编》第7册,中央文献出版社1993年版,第308页。
③ 《毛泽东文集》第七卷,人民出版社1999年版,第117页。
④ 《毛泽东文集》第八卷,人民出版社1999年版,第116页。

业是人类进步事业的重要组成部分。一百年来,党既为中国人民谋幸福、为中华民族谋复兴,也为人类谋进步、为世界谋大同,以自强不息的奋斗深刻改变了世界发展的趋势和格局。"①《决议》将"坚持胸怀天下"明确为中国共产党百年奋斗的"十条"重要经验之一,指出:"党始终以世界眼光关注人类前途命运,从人类发展大潮流、世界变化大格局、中国发展大历史正确认识和处理同外部世界的关系,坚持开放、不搞封闭,坚持互利共赢、不搞零和博弈,坚持主持公道、伸张正义,站在历史正确的一边,站在人类进步的一边。"②中国共产党始终致力于为人类文明进步贡献自己的智慧和力量,不断推动历史车轮向着光明的前途前进,"成为推动人类发展进步的重要力量"。这为研究毛泽东和毛泽东思想提供了新视角。

毛泽东始终胸怀世界、心系天下。在新民主主义革命时期,他逐渐形成了以斗争求团结、以革命求和平的思路,致力于为世界民主与和平事业贡献力量。他指出,共产党人研究革命战争的目的是为了最终消灭战争,中国共产党不仅追求中国的和平事业,而且也追求人类社会永久和平。毛泽东还从社会制度的层面认识人类和平问题,认为只有彻底消灭了私有制和阶级差别,进入到共产主义社会,才可能真正彻底地消灭战争,"人类的永久和平的时代"才可能到来。第二次世界大战结束前后,毛泽东基于对世界民主力量与帝国主义力量的科学分析,对世界和平形势做出了明确、肯定的战略判断,他指出:"总的看来,形势是向好的方面发展的"③"各国革命力量所处的地位是比第一次大战后要好得多"④,世界正朝着民主和平进步的方向发展。在毛泽东看来,所谓"天下大事,就是解放、独立、民主、和平友好、人类进步"。⑤

中华民族的世界责任问题。新中国成立初期百废待兴,尽管党带领人民利用三年宝贵时间将经济发展到抗日战争前的最高水平,但是毛泽东认识到当前中国发展的落后状况,对世界的贡献与中国的国土面积、历史文化底蕴以及人口总量相比,还不相匹配。他指出,如果中华民族不能对世界作出相应的贡献,就不能得到世界人民的认可;如果不能在各方面赶超发达国家,就要面临被开除球籍的危险。

① 《中共中央关于党的百年奋斗重大成就和历史经验的决议》,人民出版社 2021 年版,第 64 页。
② 《中共中央关于党的百年奋斗重大成就和历史经验的决议》,人民出版社 2021 年版,第 68 页。
③ 《毛泽东外交文选》,中央文献出版社、世界知识出版社 1994 年版,第 385 页。
④ 《毛泽东文集》第四卷,人民出版社 1996 年版,第 146 页。
⑤ 《毛泽东文集》第六卷,人民出版社 1999 年版,第 484 页。

毛泽东从世界发展大局和国家前途命运出发,提出"中国应当对于人类有较大的贡献"①。可见,毛泽东始终忧国忧民忧天下,对中国共产党充满期望,对中国社会主义事业充满期望,对世界人民的幸福事业充满信心。

科学分析和把握世界大势,提出三个世界理论,为世界和平发展事业作出积极贡献。第二次世界大战以后,亚非拉广大地区国家掀起了民族解放运动的高潮。新成立的中华人民共和国竭尽所能,在多方面支援了亚非拉国家争取民族独立的斗争。1974 年 2 月,毛泽东从全球战略的高度出发提出了三个世界理论,他指出:"我看美国、苏联是第一世界。中间派,日本、欧洲、澳大利亚、加拿大,是第二世界。咱们是第三世界。"②亚洲除了日本、整个非洲、拉丁美洲都属于第三世界,第三世界是世界和平发展进步的重要力量。毛泽东根据各国发展情况对世界格局做出三个世界划分的战略考量,超越了民族、历史、文化的差别,消除了意识形态的偏见,加强了中国同第三世界的团结与合作,壮大了世界和平民主力量,从而提升了中国的国际影响力。《决议》指出:"党提出划分三个世界的战略,作出中国永远不称霸的庄严承诺,赢得国际社会特别是广大发展中国家尊重和赞誉。"③

提出处理国与国之间关系的基本准则,积极倡导构建国际新秩序。毛泽东基于对中国数千年历史发展的深入研究和深刻把握,从朝代兴替、邦国相交等历史经验教训中提出了在当代世界中要保持国家独立与平等的观点。在他看来,国与国之间完全平等是世界和平的前提和基础。1945 年 4 月,毛泽东就在党的七大上指出了中国共产党的外交政策的基本原则,就是在独立、平等、互利和互相尊重的基础上同世界各国建立邦交,处理相互关系问题。1949 年 1 月,毛泽东针对党的阶级属性进一步完善外交思想,明确阐明了"不允许任何外国及联合国干涉中国内政"④的坚定立场。1949 年 9 月,"平等、互利、互相尊重主权和领土完整"被写进中国人民政治协商会议通过的《共同纲领》,成为新中国处理外交关系的指导原则。1955 年 4 月在万隆会议上,周恩来结合世界发展形势和党的外交立场,进一步完善和发展了党的外交思想,明确提出"互相尊重主权和领土完整、互不侵犯、

---

① 《毛泽东文集》第七卷,人民出版社 1999 年版,第 157 页。
② 《毛泽东文集》第八卷,人民出版社 1999 年版,第 441 页。
③ 《中共中央关于党的百年奋斗重大成就和历史经验的决议》,人民出版社 2021 年版,第 12 页。
④ 《毛泽东外交文选》,中央文献出版社、世界知识出版社 1994 年版,第 77 页。

互不干涉内政、平等互利、和平共处"①的和平共处五项原则。在五项原则指导下，中国很快与周边国家达成协议，成功解决了很多历史遗留问题，并共同倡议将和平共处五项原则作为指导国际关系的基本原则，为推动建立国际新秩序作出重要贡献。《决议》指出："党坚持独立自主的和平外交政策，倡导和坚持和平共处五项原则，坚定维护国家独立、主权、尊严""旗帜鲜明反对霸权主义和强权政治，坚定维护广大发展中国家利益，推动建立公正合理的国际政治经济新秩序，促进世界持久和平、共同繁荣"。②

毛泽东对实现人类自由平等、构建国际新秩序、推动世界和平发展作出了伟大贡献，未来毛泽东和毛泽东思想研究应以此为新起点，从人类发展的高度去把握中国共产党的事业，将"为中国人民谋幸福、为中华民族谋复兴"与"为人类谋进步、为世界谋大同"统一起来，同世界人民一道共创人类和平发展未来。

综上所述，党的十九届六中全会《决议》采取新的视角、新的方法完整准确呈现了毛泽东与毛泽东思想的历史价值和时代价值，为新时代继续深化毛泽东与毛泽东思想研究提供了科学指引。必须认真学习《决议》的重要内容与精神实质，灵活掌握党史研究的科学视角与方法，从时代的高度、大历史的高度、方法论的高度、党的自身发展的高度、战略思维的高度、文明论的高度、人类发展的高度，认真细致地研究和把握毛泽东与毛泽东思想，更加坚定自觉地"从党的百年奋斗中看清楚过去我们为什么能够成功、弄明白未来我们怎样才能继续成功"③，不断为中华民族伟大复兴汲取更加磅礴澎湃的前进动力。

---

① 《周恩来外交文选》，中央文献出版社 1990 年版，第 91 页。
② 《中共中央关于党的百年奋斗重大成就和历史经验的决议》，人民出版社 2021 年版，第 11、21 页。
③ 《中共中央关于党的百年奋斗重大成就和历史经验的决议》，人民出版社 2021 年版，第 2 页。

海外学者对毛泽东思想肖像的学术透视①

——从 20 世纪 90 年代海外毛泽东研究两种路径的争论谈起

张　明②

摘要：海外毛泽东研究领域长期存在的保守主义解读模式，寄希望获得关于毛泽东思想肖像勾画的排他性真理、在阅读方法上的经验主义幻象、研究者固守中国学研究范式而导致的理论视域"矮化"，在 20 世纪 90 年代遭到了新左翼学者的激烈批判。以德里克、哈里和奈特为代表的新左翼学者从马克思主义理论谱系出发，从毛泽东的思想的多元面相和复杂历史遗产出发，并且致力于突破经验主义阅读模式的限制、引入症候阅读等解释学方法来勾画毛泽东思想肖像。这些研究路径的开拓，构成了新左翼学者批判性透视毛泽东思想肖像的重要维度，也是海外毛泽东研究领域突破传统研究路径限制的一种难能可贵的理论探索。但这种理论探索在一定程度上存在着不可避免的局限性，我们应以辩证的、全面的科学态度对其加以分析和思考。

关键词：海外毛泽东学；中国学；马克思主义；新左翼学者

透视、勾画毛泽东思想肖像是海外毛泽东研究的一项重要理论任务。在海外毛泽东学 70 余年的发展进程中③，毛泽东思想肖像在不同历史时期、不同学者笔

---

①　中国人民大学复印报刊资料《毛泽东思想》2022 年第 4 期全文转载。文章来源：原载《武汉大学学报(哲学社会科学版)》2022 年第 3 期。

②　张明，哲学博士，南京大学马克思主义学院副教授(南京　210093)。教育部哲学社会科学研究后期资助项目(18JHQ020)。

③　国内学界一般认为，海外毛泽东研究作为一门专业化学术研究领域的确立始于 20 世纪 50 年代初，其标志是 1951 年美国学者本杰明·I.史华慈(Schwartz I. Benjamin)出版的《中国的共产主义与毛泽东的崛起》(*Chinese Communism and the Rise of Mao*)一书，(参见本杰明·I.史华慈：《中国的共产主义与毛泽东的崛起》，陈玮译，中国人民大学出版社 2013 年版，第 152 页。)史华慈书中首次提出了"毛主义"(Maoism)

下呈现出异彩纷呈的复杂面相。尽管在海外毛泽东研究的整体性历史中,毛泽东思想肖像呈现出多元的变动性,但需要指出的是,这些多元变动中仍然存在着某种程度的内部一致性,即由海外毛泽东研究的主流学者基于特定理论范式①构筑起来的关于毛泽东思想肖像的整体性轮廓。在这个基本轮廓下,不同学者基于不同理论的出发点或兴趣点对轮廓的具体细节进行了充实和补充。然而,在由主流研究范式构成的海外毛泽东研究"学术共同体"之外,还存在关于毛泽东研究的另类解读模式,即 20 世纪 70 年代以佩弗(Pfeffer)、沃尔德(Andrew Walder)为代表的,和 90 年代发展到高峰时以德里克(Arif Dirlik)、哈里(Paul Healy)、奈特(Nick Knight)等新左翼学者为代表的关于毛泽东思想肖像的"批判性透视"(critical perspectives)②。这里所言的"批判性",并非指对毛泽东本人思想的批判,而主要是对当时在学界占据统治地位的主流研究范式的批判性反思。在新左翼学者看来,海外毛泽东研究领域长期存在的所谓主流研究范式其实是关于毛泽东思想肖像的一种保守主义解读模式,而新左翼开启的所谓批判性学术透视正是针对保守学术研究的弊病而作,是从批判性左翼(critical left)视角切入而对毛泽东的重新评价(reevaluation of Mao)③。笔者从 20 世纪 90 年代海外毛泽东研究领域存在的这两

的概念,认为毛泽东的思想及其实践从本质上来说是不同于苏联正统马克思主义的所谓"异端"。史华慈的上述研究倾向实际上延续了其导师费正清的相关观点。以费正清为代表的哈佛自由派学者,基于对中国革命同情的心理,认为中国共产主义革命本身与苏联共产主义革命之间存在着本质性区别。这一基本态度后来成为哈佛费正清学派的理论基调,深刻影响了海外毛泽东研究的走向。当然,史华慈关于"毛主义"是"异端"的理论判断也遭到了来自保守派的理论批评,如魏特夫(Karl August Wittfogel)指出,所谓"毛主义"概念实际上不过是一种理论上的"传说"(Legend of Maoism),因为中国革命在本质上就是苏联的"远东阴谋"而已(参见 Karl A. Wittfogel, "The Legend of 'Maoism'", The China Quarterly, 1960, pp.72-86)。史华慈与魏特夫关于"毛主义"是否是"传说"的争论,构成了海外毛泽东研究领域著名的"第一次大论战"。

① 所谓海外毛泽东研究领域的主流学者,主要是指遵循由哈佛学派代表人物费正清开启的海外毛泽东研究基本范式的学者,其相关研究经历了史华慈的学术性奠基、施拉姆(Stuart R. Schram)的资料性补白和沃马克(Brantly Woamck)等新生代学者的创造性解读等不同发展阶段。

② 20 世纪 70 年代产生的海外第一代"左翼学者"与 90 年代第二代新左翼学者之间的差异,主要表现在如下几个方面:一是第一代学者更多的是以马克思主义者自居,他们都有坚定的马克思主义的立场,并且对经典马克思主义理论有着较为深厚的掌握;而第二代学者尽管在理论立场上倾向于认同马克思主义,但其本身并非以马克思主义者自居,在身份上并不一定认同马克思主义者的角色定位。二是第一代学者的理论支援背景相对比较单一,主要是运用辩证唯物主义和历史唯物主义的基本原理分析毛泽东及其思想;而第二代学者的理论资源相对更为多元丰富,西方马克思主义、西方政治学等方面的知识都常见于其对毛泽东思想的相关分析和思考之中。例如,第二代学者中的德里克、奈特等人对西方马克思主义相关理论范式有着较为熟悉的掌握。

③ Arif Dirlik, Paul Healy, Nick Knight, Critical Perspectives on Mao Zedong's Thought, New Jersey: Humanities Press, 1997, p.11.

种思潮之间的争锋与较量出发,通过对新左翼批判性透视历史语境的揭示,以期在此基础上大致勾画出新左翼批判性透视毛泽东思想肖像的基本理论结构,并期冀为深化国内毛泽东研究提供有益的参考性空间。

一、海外新左翼学者透视毛泽东思想肖像的历史语境

海外新左翼学者关于毛泽东思想肖像的批判性透视,并非基于纯粹个体理论兴趣的尝试性探索,而是深刻地根植于海外毛泽东研究领域长期存在的"保守主义"解读范式居于统治地位及其形成的压抑性、封闭性的学术氛围之中,是直接针对这种保守主义学术研究范式而生发的某种"理论突围"。因此,探讨新左翼批判性透视思潮的具体历史语境,倘若离开海外毛泽东研究领域长期存在的保守主义研究氛围,则无从将此问题从根本上加以厘清。毛泽东研究在海外作为一门专业学术研究领域的确立,经历了一个发展过程。从最初以费正清为代表的哈佛自由派关于海外毛泽东研究的奠基性贡献——主要体现在成立专门研究中心,使海外毛泽东研究相对摆脱单纯区域研究的限定而取得了相对独立的学科地位,并且为海外毛泽东研究的发展培养了一大批专门学术人才①;到史华慈的《中国的共产主义与毛泽东的崛起》一书中正式提出"毛主义"概念,进而标志着海外毛泽东研究的"学术化开端"(the first scholarly account of Mao)②;再到以施拉姆为代表的一批学者关于毛泽东研究经典文献资料的系统化收集和整理工作所发挥的资料性补白作用③,以及建立在上述原始资料基础上的理论解读工作;最后到20世纪80年代中后期产生的以沃马克等为代表的一大批年轻学者关于毛泽东研究的传统延续与

---

① 薛龙:《哈佛大学费正清中心50年史(1955—2005)》,路克利译,新星出版社2012年版,第1—32页。
② Timothy Cheek, A Critical Introduction to Mao, New York:Cambridge University Press, 2010,p.11.
③ 其中最突出的贡献便是施拉姆领导的英文版"毛泽东集"的编写与出版工作,即《毛泽东的通往权力之路:革命的文献1912—1949》(Mao's Road to Power:Revolutionary Writings 1912-1949)。该套丛书是目前英语世界研究毛泽东的最完整的著作,预计总共出版10卷,目前已经出版8卷。最新一卷是由施拉姆任主编、齐慕实任副主编,时间跨度为1942年至1945年,即从"延安整风"到《论联合政府》。

理论创新①。可以说,上述理论谱系的延续发展,构成了海外主流学界关于毛泽东研究的基本范式。进一步而言,上述主流学者及其研究范式的内部共同性,在一定程度上组成了海外毛泽东研究的重要"学术共同体"。因为他们的相关研究延续了共同的学术理念、研究方法,并且为毛泽东勾画了一幅整体上大致相同的思想肖像。

因此,在居于学术主导地位的主流研究者那里,关于毛泽东的研究主要呈现出如下显著特征。一是寄希望获得关于毛泽东思想肖像的排他性唯一真理,并且这种关于毛泽东思想肖像的勾画和解释主要是掌握在以施拉姆为代表的主流学派手中;二是在关于毛泽东的解读过程中,经验主义阅读方法占据了主流统治地位,认为只需占有毛泽东的全部文本便可直接无损地展现所谓毛泽东真实全面的思想肖像;三是基于毛泽东是中国人的历史性定位,从中国学研究的传统范式中透视毛泽东,从而摒弃诸如马克思主义理论等其他理论资源介入的可能性;四是致力于将毛泽东刻画为深受中国传统文化形塑,甚至在很大程度上带有浓厚唯意志论色彩的非马克思主义者。上述关于毛泽东思想肖像的勾画及其理论态度,在很长一段时间内构成了海外毛泽东研究的主流范式并居于学术的统治地位。这种研究在新左翼学者看来,直接封闭了毛泽东研究深化和拓展的可能性空间,并且造成了海外毛泽东研究长期存在的"理论贫困"(theoretical aridity)状态。正是针对主流保守主义解读模式的统治地位及其造成的理论消极效应,新左翼学者在 20 世纪 90年代对主流研究范式展开了集中的理论批判。这种批判性左翼思潮的介入,从根本上而言是特定历史语境相互交融的历史性产物。

第一,海外毛泽东研究的"固化"与"毛泽东热"之间的冲突及其间的张力关系,为新左翼思潮的批判性介入提供了重要支援背景。毛泽东逝世之后,尤其是伴随 1981 年《关于建国以来党的若干历史问题的决议》(以下简称"第二个历史决议")关于毛泽东功过是非的正确评价,国内毛泽东研究的学术化水平得到显著提升。"第二个历史决议"对毛泽东尤其是他晚年的理论实践作出了科学评价,之后

---

① 施拉姆在 20 世纪 80 年代撰写的一篇关于毛泽东逝世后海外毛泽东研究的概况及其评论的文章中,对沃马克在《毛泽东政治思想的基础(1917—1935)》中提出的"有机解读法"(in vivo interpretation)表示了高度肯定和赞扬。(参见萧延中:《外国学者评毛泽东"传说"的传说》,中国工人出版社 1997 年版,第21—22 页。)

国内的毛泽东相关研究主要都围绕"第二个历史决议"的指导精神和基本原则展开。虽然以"三七开"的评价方式肯定了毛泽东首先作为马克思主义者而存在的定位，但"第二个历史决议"的基本原则和精神在海外毛泽东研究领域的保守主义者那里却成为回应左翼学者批评和进行自我辩护的"护身符"。这要从海外毛泽东研究领域1976年爆发于《近代中国》(Modern China)杂志上的"第二次论战"(Modern China debate)开始谈起①。此次论战的双方分别是以佩弗和沃尔德为代表的"左派"和以史华慈、施拉姆等为代表的"哈佛自由派"②。"左派"对"自由派"关于毛泽东是马克思主义"异端"的观点提出了尖锐批评，认为"自由派"对毛泽东的思想与马克思主义关系问题的理解存在从方法到内容的双重缺陷，即从方法上对马克思主义的知识传统存在机械论的漫画式图解，忽略了理论与实践之间的动态关系，从内容上极力否认在马克思主义动态发展的谱系中定位毛泽东的思想与实践，更倾向于将毛泽东理解为带有中国传统文化深刻烙印的"唯意志论者"③。针对"左派"的批评意见，"自由派"并未给予足够重视，而是对此表示了鄙夷和嘲讽，将相关批评意见抛之脑后并继续按照其固有的模式展开研究。以施拉姆为例，针对"左派"学者从内容和方法上提出的批判性意见，他仍继续坚持毛泽东脱离马克思主义正统的固化结论，并且"第二个历史决议"的公布反而引起了施拉姆本人极大的欢呼。因为在他看来，"第二个历史决议"对晚年毛泽东理论实践的否定性评价恰恰证明了他固守的毛泽东的思想"异端论"和"唯意志论"的

---

① 《国外研究毛泽东思想的四次大论战》，中央文献出版社1993年版，第81页。

② 在海外毛泽东研究领域发展的初期，主要存在以费正清为代表的"哈佛自由派"和以魏特夫为代表的"保守派"之间的争论。前者持毛泽东的思想是正统马克思主义"异端"的"毛主义"论，后者基于反共、反社会主义立场坚持认为所谓"毛主义"不过是"传说"，这构成了20世纪50年代爆发于海外毛泽东研究领域的"第一次论战"。随着20世纪60年代中苏关系的分裂，进一步证明了"自由派"关于"毛主义"是"异端"的论断，因而"保守派"的影响力逐渐减弱，"自由派"的影响不断增大。然而，也正是随着中苏关系的分裂、越南战争以及中国"文革"等重大历史事件的影响，在海外毛泽东研究领域占据统治地位的"自由派"内部也发生了分化，从中分离出了一批"左派"学者，诸如佩弗和沃尔德。(参见《国外研究毛泽东思想的四次大论战》，中央文献出版社1993年版，第81页。)海外毛泽东研究领域中的"左派"学者主要是由那些不满发达资本主义社会现实而欲意寻求资本主义替代性方案的中青年学者构成，他们并不一定宣称信奉马克思主义，但都寄希望从马克思主义、毛泽东思想中寻求批判资本主义的理论资源。(参见叶卫平：《西方"毛泽东学"研究》，福建人民出版社1993年版，第20页。)因此，这里所言的"左"更多的是从一种政治态度和理论姿态上而言的，即反对资本主义统治秩序并且期冀从毛泽东的理论和实践中寻求某种抗议与批判的话语与中介。

③ 《国外研究毛泽东思想的四次大论战》，中央文献出版社1993年版，第102页。

"科学性"。尽管 20 世纪 70 年代"左派"学者对保守主义理解模式的挑战并未取得明显效果和回应——主要原因在于保守主义学派占据了海外毛泽东研究的主流学术地位,并且具有学术的裁定权(裁定国外研究可阅读文献的范围、裁定研究文献的有效性或真实性)①,但在 90 年代海外毛泽东研究领域开始突出的一批新左翼学者看来,毛泽东及其形象在当代中国将会实现周期性"回潮"现象,毛泽东在当代中国业已成为一种抽象的符号或象征性存在,这代表了人们对美好未来的一种期冀或愿景意识。"毛泽东复兴"(Mao Revival)从根本上而言表达了一种及时的提醒,即毛泽东思想肖像的复杂性和毛泽东多元面相存在的可能性。关于对毛泽东的理解和透视不可能仅拘于"第二个历史决议"中规定的"宜粗不宜细"的框架中就可以达成。尽管新左翼学者承认"第二个历史决议"具有的重大政治意义,但是他们拒绝固守在"第二个历史决议"构筑的关于"毛泽东思想"(Mao Zedong Thought)(作为经过实践检验正确的"集体智慧结晶")的框架之中透视毛泽东,而更加倾向于使用"毛泽东的思想"(Mao's Thought)以期为"批判的左翼介入"(critical left interventions)构筑一个开放性空间②。

第二,国际政治格局的变动,尤其是国际共产主义运动的跌宕强化了理解毛泽东的保守主义趋向。随着 20 世纪 80 年代末 90 年代初国际共产主义运动步入低潮,西欧国家社会主义运动和左派运动也面临着寿终正寝的局面。在此背景下,马克思主义理论和社会主义运动开始步入退守和消极阶段,关于人类社会历史发展的解释权和话语权似乎一夜间全部转移到资产阶级意识形态的操控之中。在后冷战时期,中国的社会主义事业也进行了系列探索性实践,在此过程中呈现出的与传统社会主义的差异性空间,被西方资产阶级意识形态学家解释为社会主义的"异轨"。上述对中国社会主义事业的透视方式,在很大程度上构成了西方保守主义意识形态的主流幻象,即从原先社会主义、马克思主义的轨道偏移到从民族主义等维度透视当代中国,形成了西方中国研究的基本范式。正是国际共产主义运动的消极化趋势以及在西方保守势力看来后毛泽东时代中国社会主义的"变异",从

---

① Arif Dirlik, Paul Healy, Nick Knight, *Critical Perspectives on Mao Zedong's Thought*, New Jersey: Humanities Press, 1997, p.9.

② Arif Dirlik, Paul Healy, Nick Knight, *Critical Perspectives on Mao Zedong's Thought*, New Jersey: Humanities Press, 1997, p.5.

某种程度上而言直接强化了保守主义模式对毛泽东的理解,即认为毛泽东更多是一个民族主义者、唯意志论者而非马克思主义者,毛泽东在新中国成立前对马克思主义话语表达方式的操持、运用其实掩盖了问题的实质,即"较之于实现社会主义,他们更多地强调民族主义与现代化以及重新肯定中国已逝的荣耀"①。也就是说,在保守主义学派看来,国际共产主义运动的曲折以及中国社会主义运动的所谓转型,以回溯的方式证明了其学派内部一以贯之的学术传统之正确性,即从摒弃马克思主义的理论谱系来理解毛泽东、透视中国革命,从"异端"的维度定位毛泽东与正统马克思主义、苏联社会主义实践之间的关系,否认毛泽东的思想在马克思主义理论谱系中的定位问题,从中国传统文化和唯意志论色彩等角度把握毛泽东思想肖像。

第三,历史新变化和新材料的出现,呼唤新左翼思潮对毛泽东的重新阅读。这里所言的历史新变化,既有上述国际共产主义阵营的崩溃,亦有来自西方国家和中国的历史性变化。就西方国家而言,后冷战时代的开启及其催生的西方战略目标的东移——瓦解社会主义中国,从直接意义上契合了保守主义理解模式。因为在苏联社会主义阵营垮台后,社会主义中国便自然成为西方意识形态斗争的直接对象,因而保守主义关于毛泽东的非马克思主义和唯意志论理解,自然契合了西方资产阶级意识形态的利益诉求。令人遗憾的是,西方保守主义理解模式从其开始确立的所谓"自由客观"的研究立场,在近半个世纪之后却成为后冷战时期意识形态斗争的"理论共谋",对毛泽东的保守主义理解恰恰迎合了后冷战时期西方针对中国意识形态斗争的理论需要。就当代中国的历史变化而言,毛泽东逝世后中国实行的改革开放政策,在西方部分学者看来正愈发凸显了毛泽东的"唯意志论色彩"。因为在他们看来,改革开放时代重归经济建设以及对主观意志能动作用的限制,很大程度上正是对毛泽东时代的纠偏。在国内外历史和局势发生重大变化的同时,大量关于毛泽东的新材料不断被披露,当然这主要是中国官方大批公开出版发行的毛泽东文献,如《毛泽东文集》《毛泽东哲学批注集》《毛泽东年谱》等。这些新材料的出现极大扩充了毛泽东研究的文献群,改变了毛泽东研究文本的存在状态。这些新文本的出现以及"第二个历史决议"对毛泽东研究界限作出的清

---

① Arif Dirlik, Paul Healy, Nick Knight, *Critical Perspectives on Mao Zedong's Thought*, New Jersey: Humanities Press, 1997, p.11.

晰界划,极大地鼓励了中国国内的毛泽东研究。同样,上述新材料的出现也为左翼学者的批判性介入提供了中介。因为在许多左翼学者看来,上述全新文本的公布"不仅极大扩展了构成毛泽东及其思想研究基础的毛泽东文本的理论空间,而且也急剧改变了传统研究领域的面貌,一些关于毛泽东的传统阐释受到了质疑、早先的一些研究争论也需要进一步思考"①。换言之,这些新文本在为深化毛泽东研究提供机遇的同时,也对其造成了严峻挑战,因为每个全新文本都意味着一个未被探知的"知识领域",存在进一步探索的必要性。当然,这种挑战不仅是针对左翼学者的批判性解读提出的,而且从另一个方面来说,也体现在上述新材料的出现上,从某种程度来说也可以反过来为海外毛泽东研究的主流学者所用,并且用以巩固其关于毛泽东的保守主义理解②。正是历史新变化和新材料的出现对毛泽东研究带来的有利和不利因素的双重影响,才提出了呼唤新左翼学者批判性介入毛泽东研究之中的历史任务。

二、基于马克思主义理论谱系定位毛泽东的批判性透视

毛泽东的思想与马克思主义的关系问题,一直是海外毛泽东研究的热点问题。无论是从海外毛泽东研究作为正式学术研究领域确立的"毛主义"概念之提出,还是海外学者关于毛泽东的理论透视,在很大程度上都无法回避毛泽东的思想与马克思主义之间的关系问题,海外毛泽东研究领域爆发的前两次论战都是针对这一问题而起。保守主义理解模式从根本上否定毛泽东的思想与马克思主义理论之间存在任何联系的可能性,否认毛泽东在马克思主义谱系中的定位问题。经过一代又一代自由派学者的继承和发展——以哈佛费正清研究中心为载体,关于毛泽东是马克思主义"异端"和"唯意志论者"的基本判断构成了海外毛泽东研究主流派别的学术传统而被不断传承,新左翼学者对上述摒弃毛泽东的思想与马克思主义

---

① Nick Knight, *Rethinking Mao: Explorations in Mao Zedong's Thought*, Lanham, MD: Rowman & Littlefield Publishers, 2007, p.1.

② Paul Healy, "Misreading Mao: On Class and Class Struggle", *Journal of Contemporary Asia*, Vol.38, No.4(2008), p.13.

谱系之间关系来透视毛泽东的思想与实践的保守主义研究模式,表达了激烈的反对和批评。

第一,保守主义学者"中国学"研究的出身限制了其理论视野,决定了马克思主义理论功底的匮乏和研究中的"去马克思主义化"倾向。海外毛泽东研究的学术渊源可以追溯到"中国学"(China Study)研究之中,大部分第一代学者都是研究中国学的,只不过随着中国在国际地缘政治中重要性的凸显,以及毛泽东在中国政治社会发展进程中的非替代性影响,才逐步使海外毛泽东研究开始从"中国学"中分离出来并获得相对独立的学科地位。特别是随着中国共产主义革命的发展及其最终胜利,对毛泽东及其思想的研究在海外学者那里构成了中国研究的重要"代名词"。需要着重指出的是,这种分离只是从相对意义上而言的,因为海外毛泽东研究始终与中国学研究保持着紧密的关联,二者基本上分有相同的学术理念和研究范式,许多海外毛泽东研究的学者仍然跨界于上述两大领域从事交叉研究。例如,史华慈在费正清的指导下完成《中国的共产主义与毛泽东的崛起》博士学位论文后,转向了对近代中国思想史的研究。中国学研究的出身必然会导致一种固化的思维定式,即毛泽东首先是一位中国人,要想了解毛泽东则必须要首先了解中国,对毛泽东的理解和透视只能借助中国研究(理解中国语言、历史、文化、政治和哲学传统)这个中介才能达及。这是中国学研究的固定思路,并且这种研究思路在很大程度上具有封闭性和保守性,即否认任何其他学科或者理论介入毛泽东研究的可能性。因为在保守主义学者看来,关于毛泽东的研究在中国学的范畴内便可获得唯一"真实的"理解。正如新左翼学者指出的那样,基于中国学研究范式展开的毛泽东研究,不仅意味着二者共享了"理论贫困",而且意味着毛泽东研究不可避免地会生发于中国学的理论预设和理论关怀之上①。

第二,从马克思主义理论谱系定位毛泽东并明确拒斥"异端说",构成了新左翼学者批判保守主义解读模式的主要发力点。如前所言,保守主义学者的学术传统及其出身限制,使得从中国传统、历史文化的脉络和毛泽东的具体实践经验出发勾画其思想肖像成为相关研究的固定化"路径依赖",这种勾画很大程度上与马克思主义并无过多联系。在他们看来,毛泽东不过是作为马克思主义的"异端"而

---

① Paul Healy, "Misreading Mao: On Class and Class Struggle", *Journal of Contemporary Asia*, Vol.38, No. 4(2008), p.15.

"出场"，他更多的是一位深受中国传统文化影响的实干家或经验主义者。例如，作为保守主义解读模式最重要代表性人物的施拉姆，始终坚持认为毛泽东的思想在本质上仍然是受传统文化因子的形塑，"用民族传统中的思想和财富来丰富马克思主义，使其成为进行革命转变、最终实现西方化的最强有力的动力，而不是用什么披着马克思主义外衣的新教条去取代中国传统文化"①。针对保守主义解读模式从马克思主义理论谱系之外界划毛泽东思想肖像的研究范式，新左翼学者呈现出了最坚决的理论拒斥态度。他们普遍认为，界划毛泽东究竟是否是一位马克思主义者，不能仅仅将毛泽东的思想与马克思主义理论的"漫画式图像"相对比，研究者首先需要真正厘清马克思主义的理论实质，方能在此基础上进行科学的认知和比对。而海外毛泽东研究领域的保守主义学者在进行毛泽东的思想与马克思主义关系的研究时（他们通常通过二者的比较性研究来证明毛泽东的非马克思主义定位问题），他们自身并非是马克思主义者。这一身份的局限不仅限制了他们对马克思主义的理解度，而且也不可避免地影响到他们在评价毛泽东的思想与马克思主义理论关系时的评价标准和评价视角的选择问题。

第三，基于不同理论视角接续毛泽东的思想与经典马克思主义之间的关联性，构成了新左翼学者批判性阅读的主要路径。从理论基础层面发出与保守主义解读模式针锋相对的批判声音之后，如何论证毛泽东的思想与经典马克思主义之间的关联性构成了新左翼学者批判性话语的核心主题。有学者首先明确界划了何谓马克思主义"正统"（orthodoxy）的逻辑界限，因为这是构成在马克思主义理论谱系中定位毛泽东的基础性问题。奈特以毛泽东关于辩证唯物主义规律思想为例，指出衡量毛泽东在此问题上的正统性程度，必须首先确立评价马克思主义正统的标准，而所谓的正统实际上是处于不断的建构过程之中。苏联 1931—1936 年确立的关于辩证唯物主义规律的正统——对立统一规律处于核心位置，随着 1938 年《论辩证唯物主义与历史唯物主义》的出版已然发生相应改变。倘若以苏联 20 世纪 30 年代初期至中期确立的正统为衡量基准，那么毛泽东对辩证唯物主义规律的理解毫无疑问具有正统性②。这一点与奈特一贯的理论立场相一致。奈特坚决拒斥保

① 斯图尔特·R.施拉姆:《毛泽东的思想》，田松年等译，中国人民大学出版社 2005 年版，第 98 页。
② 尼克·奈特:《毛泽东关于辩证唯物主义规律思想的"正统性"》，张明译，《现代哲学》2014 年第 5 期。

守主义解读模式设定的必须从中国传统出发理解毛泽东、反对认为中国传统文化与思维方式限制中国人理解马克思主义的"偏见"。他坚持认为,纵观马克思主义哲学在中国发展的历史,其与经典马克思主义哲学之间保持着内在逻辑的基本连续性。还有学者以毛泽东的阶级斗争思想为例,批评了保守主义解读模式置于毛泽东头上的唯意志论者和马克思主义"异端"的"帽子"。保罗·哈里认为,新中国成立后毛泽东关于阶级和阶级斗争的理解与经典马克思主义之间保持着基本的连续性,这种连续性主要体现在毛泽东仍然首先将阶级视为经济范畴,进而从意识与政治层面去理解阶级,最终仍然将阶级斗争的产生归因于生产方式的内在矛盾运动①。此外,哈里还以毛泽东的关于社会形式和社会变化的思想为切入点,阐释了其与经典马克思主义理论之间的一致性,即"马克思主义正统的典范"(Paragon of Marxist Orthodoxy)②。

三、关于毛泽东思想肖像复杂性理论判断的批判性透视

其实从某种程度上而言,关于毛泽东的研究也就是关于毛泽东思想肖像的理论勾画问题。在海外毛泽东研究领域,以哈佛学派为代表的主流学者坚持认为能够对毛泽东思想肖像做出单一勾画,并且将其构筑的毛泽东思想肖像视为一种绝对的排他性存在。而海外新左翼学者始终坚持认为,因为毛泽东思想肖像的多元性、复杂性以及毛泽东在当代世界中影响的持续性和开放性,很难获得一种关于毛泽东思想肖像的所谓唯一终极性存在,因而他们更多倾向于从历史和时代条件不断变化的维度出发,不断重构毛泽东思想肖像并使其展现出一种持久的开放性空间。

第一,毛泽东本人理论和实践的复杂性,直接决定了关于毛泽东思想肖像勾画的多元可能性空间。毛泽东集哲学家、政治家、军事家、诗人等多重身份于一身,其

---

① Paul Healy,"Misreading Mao:On Class and Class Struggle",*Journal of Contemporary Asia*,Vol.38,No.4 (2008),pp.544-549.

② Arif Dirlik,Paul Healy,Nick Knight,*Critical Perspectives on Mao Zedong's Thought*,New Jersey:Humanities Press,1997,pp.117-145.

诸多思想和实践因子很难从单一维度出发加以把握。此外,毛泽东领导中国革命和建设的实践,构筑了一幅幅波澜壮阔的历史图景,毛泽东时代他对中国社会和人民影响的深度广度是以往任何一个历史时期都无法比肩的。这其中包含着正确和失误等多重复杂因素的相互交织,很难用某种单一的词汇做出所谓的综合定性和评价。一方面需要深入当时具体的历史情境把握其产生发展的内在历史必然性,另一方面更需要从当时特定的历史情境中超拔出来,从一个更加宽阔、深远的维度去把握其理论和实践可能具有的持久性价值意义。从这个意义上来说,新左翼学者始终坚持认为,"不可能形成关于毛泽东及其思想实践的终极评价,只可能形成一种持续开放的竞争性解释,其通过多元且经常碰撞的方式构筑了毛泽东思想肖像"①。在新左翼学者看来,目前海外毛泽东研究领域主流学者关于毛泽东思想肖像的勾画正呈现出愈发封闭和单一的保守主义倾向,并且这种倾向已经被逐渐接受为一种真理性常识,进而成为西方社会观察毛泽东和当代中国的主要形式。新左翼学者对这种保守主义倾向展开了最激烈的批判和抵制。他们坚持认为,毛泽东的思想和实践应当是一个能够得以持续不断追问的研究对象,不能寄希望以某种单一的方式来衡量毛泽东,这样做只能增加对毛泽东和当代中国理解的保守主义倾向②。

第二,历史和时代条件的深刻变动及其附加理论效应,决定了毛泽东思想肖像勾画的立体性和多元性。毛泽东思想肖像的多面化存在,不仅是由毛泽东本人理论和实践的复杂性决定的,而且也是由历史和时代条件的变动性决定的。这种理论上的影响效应可以从两个维度加以把握:一方面,当下实践的变动性和以往历史之间的差异性,催生了透视毛泽东思想肖像的复杂性。众所周知,毛泽东时代中国社会主义建设的探索方式与改革开放之后有一定的差异性,这种差异性很大程度上是由不同时期主客观条件变化引起的。特别是在改革开放后中国全方位的对外开放及快速发展的过程中,毛泽东时代的诸多理论和实践因子似乎与当时的实际情况表现出很大的差别,这无疑增加了在当前历史条件下勾画毛泽东思想肖像的

---

① Arif Dirlik, Paul Healy, Nick Knight, *Critical Perspectives on Mao Zedong's Thought*, New Jersey: Humanities Press, 1997, p.15.

② Arif Dirlik, Paul Healy, Nick Knight, *Critical Perspectives on Mao Zedong's Thought*, New Jersey: Humanities Press, 1997, p.12.

理论难度。另一方面,现在观察者拥有的不同理论立场和现实诉求也催生了勾画毛泽东思想肖像的差异性空间。在海外新左翼学者看来,毛泽东在当代中国已愈发超越了作为单一个体的人物存在,而是具备了某种象征性意义或一种符号性的存在。每个中国人都会基于不同的理论立场、情感偏好来勾画不同的毛泽东思想肖像。毛泽东的思想正在不同的时间和地点被进行着不同的运用,人们从毛泽东的思想中汲取了不同的信息并产生了不同的解读方式①。正如尼克·奈特所言,毛泽东思想肖像犹如棱镜一般,每当棱镜的一面发生转动时,其折射出的光谱便会呈现出巨大的差异性②。可见,海外新左翼学者坚决拒斥主流学者关于毛泽东思想肖像单一化勾勒的研究模式,坚持认为对毛泽东的认识绝不可能获得某种单一的、排他性独断真理,在一定意义上存在的毛泽东思想肖像的模糊性和歧义性,恰恰是毛泽东留给后世的宝贵遗产,也是当代毛泽东研究的重要价值和意义所在。

第三,海外主流学者在毛泽东研究方法上存在的保守主义弊病,阻碍了毛泽东思想肖像科学解读模式的生成。海外毛泽东研究领域的主流学者早期大多数都是从海外汉学或海外中国学研究领域分化出来的。上述学科门类的研究十分强调文献资料的收集、考据和整理,这种研究范式经过一代又一代学人的传承,最终成为主导海外毛泽东研究主流学派的主流话语。因此,在海外毛泽东研究主流学者那里,对毛泽东思想肖像勾画的首要任务便是大量收集毛泽东的文本并进行翻译、加工和整理。他们认为,只要全面占有毛泽东的文献便能达到对毛泽东思想肖像的无损式勾画。海外新左翼学者对这种研究方法展开了激烈批判,认为这不过是一种经验主义阅读模式的幻象。在这种解读方法中,读者和文本从属于一种父权制的关系状态,读者完全从属于文本而不能发挥任何主观性作用,读者的理论前见等因素在经验主义阅读模式之下是不可能被考虑到的。经验主义阅读模式认为,"如果采取适当客观的精神来足够认真地审视可供使用的证据(即毛泽东的客观文本——引者注)的话,我们便可以达到一个至少是初步然而却是客观的阐释;当

① Arif Dirlik, Paul Healy, Nick Knight, *Critical Perspectives on Mao Zedong's Thought*, New Jersey: Humanities Press, 1997, p.6.

② Nick Knight, *Rethinking Mao: Explorations in Mao Zedong's Thought*, Lanham, MD: Rowman & Littlefield Publishers, 2007, p.3.

毛泽东的全部文本都能够公诸于世以及相关证据都可以获得的话,那么,将可以提出一个关于毛泽东的最终判断"①。海外毛泽东研究的新左翼学者对这种观点展开了激烈批判,他们坚持从(后)现代主义解释学框架出发,立足于文本与作者复杂交互关系的基础,对文本的开放性空间和作者思想的多元勾画问题展开了集中阐释。在现代主义解释学理论看来,文本不可能自动呈现作者的写作意图,甚至在后现代主义解释学那里,文本不过是某种僵死性的存在,需要阅读者不断结合当下的情景加以激活,阅读更多的是一种当下的理论再生产过程。其实,文本的真正价值意义,只有在不断被解读中才能凸显,否则不过是一堆僵死性的符号堆砌物而已;或者更进一步而言,文本存在的价值意义就是等待被后世进行持续性解读,这是一种可能因后世主客观条件变迁而会产生出不同文本价值的持续性开放性空间。倘若以一种绝对化的排他性方法阅读毛泽东,那么这种经验主义阅读模式下构筑的毛泽东思想肖像只可能是单一的封闭性存在。

四、阅读毛泽东及其方法论反思

海外毛泽东研究领域新左翼学者对主流学者勾画毛泽东思想肖像的路径和方法展开的批判,彰显了 20 世纪 90 年代海外毛泽东研究两条不同研究模式的理论分野。尽管从整体上来说,新左翼学者对重构毛泽东思想肖像的批判性介入,仅仅构成了海外毛泽东研究领域的小众,但在很大程度上,其对深化拓展毛泽东研究的理论视野和深度广度起到了不小的冲击作用。从今天的历史语境看待 20 世纪 90 年代海外毛泽东研究领域两条不同研究路径的冲突,特别是新左翼学者的批判性突围,可能会从如下方面对深化、拓展毛泽东研究有重要的启示性价值和意义。

一方面,研究方法的更新和突破,对深化毛泽东研究具有重大的理论价值和意义。长期以来,海外毛泽东研究领域较为流行的是传统汉学研究方法,比较侧重文本的考据等工作,并坚持认为需要全面掌握毛泽东的全部文献以便可以揭示作者的真实意图。其实,在现代主义解释学看来,作者的意图和读者的前见之间存在着

---

① Arif Dirlik, Paul Healy, Nick Knight, *Critical Perspectives on Mao Zedong's Thought*, New Jersey: Humanities Press, 1997, p.6.

特定的间距,二者并不会自动融合,这是在阅读的过程中需要特别注意的问题。毛泽东的真实写作情境单纯地依据文本的客观符号,很难得到直接的呈现,必须对文本进行再历史语境化的处理,即从文本生产时的真实具体的历史语境出发,把握作者写作文本的理论意图。换言之,不能以真空化的方式将文本从丰富的历史语境中抽离出来,进而消解文本背后的历史语境之根。这一点对于毛泽东研究更是如此,因为毛泽东并非单纯的学问家,其文本绝非是对单纯抽象思辨理论问题的兴趣,而是基于现实实践需求、为求解现实实践问题而展开的理论思考。习近平总书记明确指出:"对历史人物的评价,应该放在其所处时代和社会的历史条件下去分析,不能离开对历史条件、历史过程的全面认识和对历史规律的科学把握,不能忽略历史必然性和历史偶然性的关系"①。海外毛泽东研究主流学者长期存在的经验主义阅读模式,直接将毛泽东研究规制为一种单纯文本的研究,这是对毛泽东本真思想的严重误读,同时也是新左翼学者批评主流学者相关研究长期存在"理论贫困"的主要原因。当然,必须承认的是,海外毛泽东研究领域主流学者对毛泽东文献的高度重视以及始终坚持"论从史出"的治学态度,是深化拓展毛泽东研究必须做好的基本功。尽管新左翼学者代表人物尼克·奈特对自己导师施拉姆的经验主义阅读模式展开了激烈批评,但是他也首先坦承,施拉姆留下的最宝贵经验就是强调毛泽东研究中文本的指导作用,相关理论阐释必须要始终置于对毛泽东文本的详细分析之上②。

另一方面,全新方法论与研究视域的批判性引介,不能排斥历史唯物主义客观历史研究范式的科学指导。海外新左翼学者高度重视毛泽东研究的方法论自省,特别强调引入当代西方人文社会科学研究的最新方法介入毛泽东研究,这一点对深化毛泽东研究的视野和思路来说应当是具有积极意义的。但全新方法论的引入,必须建立在科学的批判性分析基础之上,特别是需要依赖历史唯物主义科学方法的指引。以海外新左翼学者尤为偏爱的(后)现代主义解释学为例,强调读者在阅读毛泽东文本过程中先在的理论前见可能对勾画毛泽东思想肖像有影响,这一点固然没有问题,但不能从此走向另一个极端,即将阅读的主体过分偏向读者,忽

---

① 习近平:《在纪念毛泽东同志诞辰 120 周年座谈会上的讲话》,人民出版社 2013 年版,第 11 页。

② Nick Knight, *Rethinking Mao: Explorations in Mao Zedong's Thought*, Lanham, MD: Rowman & Littlefield Publishers, 2007, p.7.

视作者思想的相对客观性,进而将阅读完全理解为无客观中立性标准的主观主义阐释的过程,这必然会导致一种相对主义的解读模式。换言之,在这种解读模式那里,毛泽东思想肖像就完全没有固定的衡量标准,进而成为一个供阅读者或解释者任意理解的对象。这一点在海外新左翼学者关于毛泽东晚年理论与实践的理解中表现得特别明显,诸多被实践证明是错误的理论或实践,却在海外新左翼学者的扩张式解读中被理解为反抗全球资本主义统治秩序的象征性存在。应当说,这种解读模式催生的毛泽东思想肖像,与"第二个历史决议"中基于历史唯物主义分析框架下描绘的毛泽东思想肖像完全相反。从这个意义上来说,全新研究方法论的引介必须建立在科学的分析和批判基础上,必须将其置于历史唯物主义研究范式之下加以审视,必须侧重从社会历史发展的宏大谱系出发把握毛泽东的理论与实践。

论毛泽东对马克思主义哲学的原创性贡献①

赵士发②　张　昊

摘要：毛泽东从内容与形式两个方面、理论和实践两个向度对马克思主义哲学作出了原创性贡献。在内容上，毛泽东从科学、民主、自由、平等、博爱等现代思想方面继承了马克思主义哲学对资本主义的批判，并且对马克思主义哲学进行了中国化改造；在形式上，毛泽东使马克思主义哲学拥有了中国风格与中国气派。其原创性贡献不仅对中国共产党的理论创新和理论创造具有重大贡献，而且对新时代传播中国话语也具有重大的实践意义。

关键词：毛泽东；马克思主义哲学；原创性；中国式现代化

党的十九届六中全会审议通过的《中共中央关于党的百年奋斗重大成就和历史经验的决议》指出："马克思主义理论不是教条而是行动指南，必须随着实践发展而发展，必须中国化才能落地生根、本土化才能深入人心。"③毛泽东将马克思列宁主义与中国实际和中国优秀传统文化有机结合起来，对中国革命和社会主义建设实践中一系列独创性经验做出了理论概括，对中国优秀传统文化进行了创造性转化与创新性发展，创立了毛泽东思想，这是马克思主义中国化的第一次历史性飞跃。从哲学层面看，这也是马克思主义哲学中国化的第一次历史性飞跃。这一飞跃的形成，意味着毛泽东哲学思想对马克思主义哲学作出了原创性贡献。但长期

---

① 中国人民大学复印报刊资料《毛泽东思想》2022年第4期全文转载。文章来源：原载《湖南科技大学学报（社会科学版）》2022年第2期。

② 赵士发，湖北江陵人，教授、博士生导师，马克思主义理论与中国实践湖北省协同创新中心研究员，主要从事马克思主义哲学基本理论与马克思主义哲学中国化研究。国家社科基金重大招标项目（21&ZD046）。

③ 《中共中央关于党的百年奋斗重大成就和历史经验的决议》，人民出版社2021年版，第66页。

以来,总有人从教条主义和经验主义出发,忽视甚至否认毛泽东哲学思想以及中国马克思主义哲学的原创性贡献。今天,依然有人从西方中心论的观点出发,否认中国马克思主义哲学与中国现代化的民族特性,倡导所谓的一元现代性与普世价值观念。本文将在厘清原创性概念实质内涵的基础上,考察毛泽东对马克思主义哲学原创性理论贡献的实质、内容与重要意义,以期抛砖引玉。

一、原创性与毛泽东对马克思主义哲学理论贡献的实质

毛泽东在坚持马克思主义哲学的同时,结合中国革命和建设中的具体实践,发展了马克思主义哲学,在内容与形式两个层面、从理论与实践两个向度对马克思主义哲学作出了原创性贡献。毛泽东所面对的是与马克思、恩格斯、列宁等人所处背景都大不相同的中国社会的现实情况,他对资本主义的现代性和意识形态具有强烈的警惕性,对中国人民的生活现实具有深刻的认识。毛泽东思想的生成机制,不是对马克思主义理论的简单运用,也不是基于中国具体实践的经验主义,而是马克思主义理论与中国具体历史情境的交互作用[1]。在内容上,毛泽东针对中国现实情况,运用马克思主义哲学方法论指导中国的革命与建设实践,总结出新的经验,提出了原创性理论。在形式上,毛泽东真正实现了让马克思主义哲学说中国话,对马克思主义哲学进行了中国式的表达,使马克思主义哲学具有了中国风格与中国气派,作出了重要的原创性贡献。在理论向度上,毛泽东立足于马克思主义哲学基本原理和方法论,揭示了中国新民主主义革命、社会主义革命与现代化建设的基本规律,有效地"解释世界",创立了原创性的毛泽东思想。在实践向度上,毛泽东将马克思主义哲学运用于"改造世界",在独创性革命与建设实践中改造中国的客观世界与人民的主观世界。

究竟如何理解原创性?原创性不是没有根据的标新立异,而是在前人基础上的开拓创新,提出新的概念与范畴、观点与原理、方法与范式、经验与规律、结构与体系等思想理论系统及其要素,它不是原有理论的简单重复与照搬照抄。原创性

---

① 张明:《毛泽东"马克思主义中国化"的现代性之维——基于德里克的现代主义与反现代主义阐释框架》,《毛泽东研究》2017 年第 1 期。

以主体性为基础,其本质在于"接着讲"或"对着讲",讲出自己的东西。原创性是理论的生命与价值之所在,也是理论自信的基础。原创性理论包括多种类型,除了理论成果意义上的开创新的方法论和理论体系等,还包括认识论意义上的原创性理论思维。它是指在深刻把握事物发展规律及人的思维规律、有效探索社会实践新领域的基础上,创立新的原理、新的理论学派或者理论体系,这属于原创性理论思维①。在认识论意义上,原创性理论的产生除了某种新的理论框架、理论范式和研究方法,也包括理论指导实践,在实践中得到新的具体的经验,再将独创性经验抽象概括为理论的提升过程。这种在有效探索社会实践新领域的基础上形成新理论的思维过程,正是原创性理论思维。

鉴于以上分析,我们认为,毛泽东哲学思想对马克思主义哲学的贡献不是一般的理论创新,在实质上是一种原创性的理论创新,它实现了马克思主义哲学中国化,开创了马克思主义哲学中国化的学术传统与理论事业。具体而言,体现在三个方面。

首先,在内容上,毛泽东立足于中国现实,解决中国自身的革命与建设问题,因而毛泽东哲学具有鲜明的主体性,并对马克思主义哲学进行了丰富和发展,作出了原创性贡献。在对马克思主义哲学理论创新的理解上,一种流行的看法是,马克思主义哲学具有原创性,但对马克思主义哲学的研究就不可能具有原创性了。这种看法是似是而非的。马克思主义哲学的创立本身也是从对德国古典哲学、英国古典政治经济学和空想社会主义的批判出发的,正是在前人的基础上,马克思恩格斯才创立了唯物主义辩证法这一新的方法论。因此,马克思主义哲学的创立是一种新的理论框架和方法论从无到有的原创性过程。需要强调的是,将马克思主义哲学与中国实际和中国传统文化结合,本身也是一个从无到有的原创过程,是中国马克思主义哲学在理论上形成和创立的过程。正如学界有人指出的:"发展马克思主义,大体上有两种形式:一种是非突破性的发展,一种是突破性的发展。"②非突破性发展是指运用马克思主义哲学的基本原理,通过与实践相结合,加深对内涵的认识,扩大对外延和适用范围的认识,这就是"接着讲"。突破性发展则是马克思

---

① 董京泉:《论理论创新》,《文史哲》2001 年第 4 期。
② 林源:《论毛泽东对马克思主义的突破性发展》,《湖南科技大学学报(社会科学版)》2005 年第1 期。

.

主义哲学中的某些理论不能用来指导新的实践活动,根据马克思主义哲学方法论解决新的时代问题,以指导新的实践活动,获取新的理论,这在一定意义上也是"对着讲"。突破性发展与非突破性发展是理论成果上的划分,但是原创性贡献除了体现在理论成果上,也体现在认识的提升过程中。在马克思主义哲学的方法论之下,毛泽东哲学作出了突出的原创性贡献。这就是运用马克思主义哲学方法论指导实践,总结出独创性经验,又抽象概括为理论的过程,它体现的正是一种原创性的理论思维。在这个过程中,毛泽东哲学思想极大地丰富和发展了辩证唯物主义与历史唯物主义,其矛盾的普遍性与特殊性关系原理、实践与认识关系原理、实事求是的思想路线等都极大推进了辩证唯物主义的丰富与发展;毛泽东提出的"两个改造"思想、全心全意为人民服务宗旨、农民主体观、中国新民主主义理论与社会主义革命理论、中国式现代化理论等则极大地推进了唯物史观的丰富和发展。

其次,在形式上,毛泽东从话语表达上对马克思主义哲学作出了原创性贡献。话语符号是价值观念的载体,没有无意义的符号,也没有无符号的意义。意义世界通过共同的符号被主体共享,而享有相同意义世界的主体才能相互理解。伽达默尔曾经指出:"正如我们所说的,所谓理解就是在语言上取得相互一致[Sich in der Sprache Verst(A2AG401.jpg)ndigen],而不是说使自己置身于他人的思想之中并设身处地地领会他人的体验。我们曾经强调说,在理解中这样所产生的意义经验总是包含着应用(Applikation)。"①毛泽东使马克思主义哲学说中国话,以中国人民能够听得懂的话语进行阐述,使马克思主义哲学在表达上接地气,被大众所理解,进而实现马克思主义中国化与大众化。毛泽东用"没有调查就没有发言权""具体情况具体分析"等阐释马克思主义并非教条,而是行动指南;用"纸老虎"形容一切反动派;用"我们要做生意"阐述中国必须团结一切可以团结的力量,与一切可以建立外交关系的国家建立外交关系;等等。毛泽东使马克思主义哲学话语拥有了中国形式和中国风格,成为具有中国气派的马克思主义哲学。

最后,毛泽东对马克思主义哲学的原创性贡献在实质上体现为突破教条主义与经验主义的束缚,在理论与实践两个向度上丰富和发展马克思主义哲学。恩格

---

① 汉斯·格奥尔格·伽达默尔:《真理与方法:哲学诠释学的基本特征》下卷,洪汉鼎译,上海译文出版社 2004 年版,第 496 页。

斯指出:"我们的理论是发展着的理论,而不是必须背得烂熟并机械地加以重复的教条。"①发展着的马克思主义哲学并不能只在理论上进行原创性发展,还必须在实践中进行更高级的认识,总结独创性经验,再提升为新的理论。理论向度与实践向度并非截然二分、互不干涉的关系,而是相互交织、相互促进的关系。在两种向度下,主体从感性认识提升至理性认识,进而作出原创性贡献。在内容和形式上,对马克思主义哲学进行中国化是理论原创的应有之义,也是将马克思主义哲学运用于中国革命和建设实践的必然路径。这是理论向度上的提升与创新,也是实践向度中不断检验与应用马克思主义哲学的结果,是从感性认识到理性认识不断提升的结果。这并非走改旗易帜的邪路,也不是主观主义,不是像一些西方毛泽东思想研究者所认为的毛泽东是"唯意志论者"②。

二、毛泽东对马克思主义哲学原创性贡献的主要内容

毛泽东创立了毛泽东哲学思想,对马克思主义哲学作出了多维度的原创性贡献,内容十分丰富。这体现在毛泽东哲学突破了教条主义与经验主义的束缚,坚持实事求是的思想路线,极大丰富和发展了辩证唯物主义与历史唯物主义的内容,开创了马克思主义哲学中国化的学术传统与理论事业,如上文所述。更为重要的是,它还体现在毛泽东始终坚持以实践为中心,突出中华民族的主体性,把马克思主义哲学与中国人民的革命与建设实践有机统一起来,开创了中国式的革命与现代化建设道路。

一方面,毛泽东对马克思主义哲学现代化理论作出了原创性贡献。近代以来,中华民族面临着实现民族独立与复兴的艰巨任务,在新中国成立实现民族独立以后,通过社会主义现代化实现民族复兴就成为时代的紧要课题。毛泽东立足于唯物史观,主张中国不能走西式资本主义现代化道路,也不能走苏联僵化模式的传统社会主义现代化老路,而要走中国式现代化道路。20世纪60年代,他领导的中苏

---

① 《马克思恩格斯选集》第4卷,人民出版社2012年版,第588页。
② 阿里夫·德里克等:《毛泽东思想的批判性透视》,张放等译,中国人民大学出版社2015年版,第11页。

论战,不仅仅是一种意识形态的论争,也体现了双方在现代化发展道路上的分歧。在理论上,则体现了毛泽东与苏联领导人对马克思列宁主义哲学现代化理论的不同理解,毛泽东摆脱了教条主义与经验主义的束缚,在坚持和发展辩证唯物主义和历史唯物主义基础上,丰富和发展了马克思主义哲学的现代化理论。

另一方面,毛泽东在中国革命与建设实践中形成了独特的中国现代性思想。毛泽东始终坚持走社会主义现代化道路,防止资本主义在中国的和平演变,他通过对资本主义现代性核心观念的批判和改造,对马克思主义哲学社会发展理论作出了多维度的原创性贡献。① 在科学、民主、自由、平等、博爱等现代性核心观念方面,批判并超越了西方资本主义现代性理论,创新性地提出了实事求是的科学思想、丰富具体的人民民主概念、认识与实践有机统一意义上的自由概念、全体人民之间的实质平等概念、全心全意为人民服务思想等,解决了"中国向何处去""如何实现民族独立和解放"等革命和建设的根本问题。具体体现在如下几个层面。

第一,毛泽东丰富了科学观的内容与形式,对马克思主义哲学的科学观作出了原创性贡献。近代以来,西方现代性被等同于科技理性,科学成为现代思想启蒙的重要内容。科学的实质被理解为工具理性。马克思主义哲学本身产生于对西方现代性的批判,包括对其科学观的批判。毛泽东坚持和发展了马克思主义哲学的科学观,主张坚持唯物辩证法与实事求是。他反对教条主义和经验主义,认为只有科学的马克思主义态度,才能取得科学的认识。他反对言必称希腊,强调从中国自己的实际出发进行研究。毛泽东指出:"这种态度,就是实事求是的态度。'实事'就是客观存在着的一切事物,'是'就是客观事物的内部联系,即规律性,'求'就是我们去研究。"②实事求是也是主观与客观相统一,认识与实践相统一。毛泽东认为教条主义和经验主义特别是教条主义,会对中国革命与中国社会主义建设造成严重危害,马克思主义哲学必须与中国实际结合才能解决中国问题,要反对一切"本本主义"。因此,毛泽东不仅在理论上强调科学的态度,也主张使用科学的马克思主义实证方法。他认为,不符合马克思主义唯物辩证法的片面的、静止的方法是"非科学"的。同时,毛泽东将马克思主义哲学中国化的科学内涵运用于中国共产

① 王晓峰:《论毛泽东转向马克思主义后的"社会革命"思想》,《湖南科技大学学报(社会科学版)》2021 年第 6 期。

② 《毛泽东选集》第三卷,人民出版社 1991 年版,第 801 页。

党的建设,他指出:"这种态度,就是党性的表现,就是理论和实际统一的马克思列宁主义的作风。"①中国共产党以马克思主义哲学为指导,同时不断使用马克思主义改造自身,形成理论和实践相统一的作风。可见,毛泽东极大地丰富和发展了马克思主义哲学的科学观,批判并超越了西方工具理性主义的科学观。

第二,毛泽东丰富了民主的内涵,对马克思主义哲学民主观作出了原创性贡献。毛泽东指出,中国共产党领导的政府是人民民主专政的政府,是实现民主与专政辩证统一的政府,其对人民不是专政的或独裁的,而是民主的。并且,毛泽东已经认识到资本主义国家"民主政治"的虚伪,他认为:"美国也有'民主政治',可惜只是资产阶级一个阶级的独裁统治的别名。"②真正的民主是全体人民的民主,是最广大人民的民主,而不是所有人民无序参与的泛民主主义。民主与专政、民主与纪律等是相辅相成的、不可分割的关系。毛泽东认为,如果不对少数剥削者进行专政,大多数人的民主是无法获得保障的。并且,人民的国家保护人民,也要用民主的方法改造自己。毛泽东认为民主是一种目的,也是一种手段。中国共产党领导的政府要实现民主,也要以民主为手段,他们的使命是实现最充分的民主,"同时,他们又是人民的先生,用自我教育或自我批评的方法,教育人民"③。毛泽东丰富了民主的内涵,同时将其民主思想与中国共产党的建设相结合,以民主思想指导中国共产党,以确保党的先进性。在他看来,民主的手段是克服教条主义的有效方式,也是保证党的理论的先进性和纲领性的内在需要。中国共产党是"一个有纪律的,有马克思列宁主义的理论武装的,采取自我批评方法的,联系人民群众的党"④。具体而言,民主的手段就是自我批评的方法,是联系人民群众的方法。马克思列宁主义为中国带来了马克思主义的真理之光,毛泽东则使这种真理在中国落地生根。他将民主同时视为手段和目的,丰富了民主的内涵,使马克思主义哲学中的民主思想实现了中国化,从根本上超越了西方资本主义形式的民主观。

第三,毛泽东丰富和发展了自由概念,对马克思主义哲学自由观作出了原创性贡献。在资产阶级革命运动中,资产阶级首次提出了"自由、平等、博爱"的口号。

① 《毛泽东选集》第三卷,人民出版社 1991 年版,第 801 页。
② 《毛泽东选集》第四卷,人民出版社 1991 年版,第 1495 页。
③ 《毛泽东选集》第四卷,人民出版社 1991 年版,第 1503 页。
④ 《毛泽东选集》第四卷,人民出版社 1991 年版,第 1480 页。

马克思列宁主义的自由观在扬弃以往的自由观的基础上,指出不存在资产阶级所说的抽象自由,并且将精神作为人的感性活动的产物,置于劳动之下,将自由作为劳动的一种属性,人通过劳动才能获得自由。毛泽东从认识论的角度深化了马克思列宁主义自由观,他认为:"自由是对必然的认识和对客观世界的改造。只有在认识必然的基础上,人们才有自由的活动。这是自由和必然的辩证规律。所谓必然,就是客观存在的规律性,在没有认识它以前,我们的行动总是不自觉的,带着盲目性的。"①在认识论的意义上,毛泽东所说的"自由",并不是认识和实践的活动本身,而是主体自觉、自为、自主的一种状态,接近于不断由感性认识深化为理性认识,不断向真理靠近的状态。毛泽东从自由和必然的关系出发,指出人必须在实践中不断认识必然,认识事物客观存在的规律,才能变被动为主动,从盲目的状态中解放出来,才能获得自由。同时,也只有在改造客观世界和主观世界的统一中,人才能获得自由发展。人在改造世界中,将理性认识与实践相结合,同时,改造自身的主观世界,不断提高自身的认识能力,进而得到被实践检验后的更高级的理性认识,从而不断实现人的自由发展。毛泽东从认识与实践有机统一的角度丰富了自由的内涵,对马克思主义哲学作出了原创性贡献。

第四,毛泽东丰富和发展了无产阶级的平等思想及其实现方式,对马克思主义哲学的平等观作出了原创性贡献。近代以来,在西方社会,平等已经成为某种公理追求,是人权的一个重要内容。但是,近代西方人权的平等具有内在矛盾,平等、公平等概念伴随着近代资本主义社会以交换价值为基础的经济关系而产生,也因此无法摆脱资本主义社会的固有弊病。资本主义社会所赋予的人在形式上的抽象平等无疑是一种巨大进步,但同时也使人异化,因此人在资本逻辑的束缚下无法获得实质平等。马克思将平等建立于生产关系之上,对平等的追求由抽象变为具体,揭露资本主义社会雇佣劳动的形式公平的虚伪性,进而强调全人类的解放,从而实现实质上的平等。毛泽东在继承马克思列宁主义的平等思想的基础上,从劳动的角度分析生产关系,强调无产阶级的历史使命在于实现全人类的解放,同时,也将劳动视为无产阶级改造人民和改造自身的方式,视为实现平等的途径。在对平等权利的追求问题上,毛泽东强调平等并非"天赋"权利,而必须通过革命实现。对于

① 《毛泽东文集》第八卷,人民出版社 1999 年版,第 306 页。

实现官兵之间的平等,毛泽东认为:"劳动可以改造思想,改造人。战士看到干部也挖地,官兵关系就可以改善,这就是政治工作。"①对于实现官民之间的平等,毛泽东强调,必须坚决反对和克服官僚主义,反对一切形式的特权,防止干部脱离人民群众,以实现政治平等,其方式就包括参加劳动。毛泽东的平等观是多维度的,是非常复杂的。他强调全体人民的政治平等,包括妇女等长久以来的弱势人群。以劳动改造客观世界的同时,毛泽东强调劳动对改造主观世界的价值,并且以无产阶级平等观塑造中国共产党,防止党内出现宗派主义、官僚主义等危害无产阶级先进性的情况。毛泽东不仅在平等的内涵上发展了马克思主义哲学,同时也在实现平等的路径上对马克思主义哲学作出了原创性贡献。

第五,毛泽东对资产阶级所主张的"博爱"观念进行了扬弃,提出了人人为我、我为人人的全心全意为人民服务思想,对马克思主义哲学的价值观作出了原创性贡献。毛泽东坚持了马克思主义哲学对资产阶级所倡导的"自由、平等、博爱"口号的批判,认为并没有抽象的博爱概念,只有具体的阶级的概念。在他的阐述中从未直接提到过"博爱",但是毛泽东对无产阶级所称的"爱"的概念进行了中国式表达,使马克思主义哲学能够中国化,进而指导中国共产党的建设和中国革命实践。毛泽东将资产阶级所使用的以"自由、平等、博爱"为核心的话语体系,转换为以"人民""群众"为核心的中国现代话语体系。毛泽东从马克思主义所强调的阶级的角度,为"人民"划定了范围,扩大了"人民"的内涵和外延。在毛泽东的话语中,他始终强调敌人和朋友这一问题,并且充分运用马克思主义唯物辩证法,将"人民"视为运动着的、而非固定静止的概念。在中国革命和中国社会主义建设的不同阶段,"人民"的界定是不同的。毛泽东提出"全心全意地为人民服务,一刻也不脱离群众"②,将"为人民服务"作为中国共产党建设的指导思想,将马克思主义哲学运用于实践之中。同时,毛泽东具有国际主义视野,将马克思主义哲学与中国革命实践、国际社会环境相结合。很多西方毛泽东思想研究者否认毛泽东对马克思主义哲学的内化,认为毛泽东的政治目的只在于实现中国的解放和富强,而并非马

①《毛泽东文集》第六卷,人民出版社1999年版,第10页。
②《毛泽东选集》第三卷,人民出版社1991年版,第1094页。

克思主义哲学的主张,即全世界无产阶级的联合,实现社会主义①。实际上,毛泽东将中国救亡革命与世界无产阶级发展进行了有机结合,对实现中国的民族独立、人民解放与实现无产阶级联合之间的关系进行了说明,对中国革命与国际主义之间的关系进行了论证。毛泽东对西方现代性的核心观念"科学、民主、自由、平等、博爱"话语的扬弃,对它们按照马克思主义哲学的基本原理进行了改造与重塑,并结合中国实际与中华优秀传统文化进行了创新性发展,对马克思主义哲学作出了原创性贡献。

三、毛泽东对马克思主义哲学原创性贡献的重要意义

毛泽东对马克思主义哲学作出的原创性贡献,不仅具有重要的理论意义,也具有深远的实践意义。在理论上,毛泽东对马克思主义哲学的原创性贡献使马克思主义哲学在中国落地生根,实现理论的中国化、时代化与大众化,构建起中国现代话语体系,实现了马克思主义哲学中国化的第一次理论飞跃,为中国走出不同于西方的现代化道路奠定了理论基础,对中国共产党的理论创新和理论创造具有重要意义。在实践上,毛泽东对马克思主义哲学的原创性贡献使中国人民在精神上从被动变为主动,主体性意识增强,指导了中国革命和社会主义建设,为应对新时代来自西方资本主义国家的危机与挑战奠定了基础,对新时代语境下中国话语在国际社会的传播具有重大的方法论意义。

一方面,在理论上,毛泽东对马克思主义哲学的原创性贡献使中国话语体系彻底由封建话语转为现代话语,由资本主义话语向社会主义话语过渡,构建了中国现代话语体系,实现了中国人民的现代思想启蒙。在马克思主义哲学从舶来品到在中国落地生根的过程中,毛泽东对马克思主义哲学的原创性发展是至关重要的一环。并且,由于中国现代性的"后发外生性"和中国近代以来被帝国主义列强剥削压迫的历史境遇,毛泽东在马克思主义哲学中国化的理论原创过程中,始终对西方

---

① 阿里夫·德里克等:《毛泽东思想的批判性透视》,张放等译,中国人民大学出版社 2015 年版,第 11 页。

资本主义现代性具有很强的警惕意识,避免了中国走西方资本主义现代性的道路。毛泽东最先意识到资本主义国家的"民主"只是资产阶级的"独裁",是形式的民主,并非真正的民主,并构建起了围绕"人民""群众"等关键词的中国现代话语体系,发展出中国的具体的民主,批判来自西方资本主义国家的以"科学、民主、自由、平等、博爱"为核心的话语体系。随着中国特色社会主义进入新时代,中国仍然面对着西方国家站在道德的制高点上关于"民主"等概念方面教师爷般的指责。《中国的民主》白皮书中指出:"民主是历史的、具体的、发展的,各国民主植根于本国的历史文化传统,成长于本国人民的实践探索和智慧创造,民主道路不同,民主形态各异。"①中国的民主是具体的、历史的、发展的与全过程的,是基于中国人民的实践探索的独特经验总结出的重要成果。在理论上,毛泽东对马克思主义哲学的原创性贡献促进了中国话语由传统向现代的转型,也在揭示资本主义现代性话语虚伪性的基础上实现了对中国现代话语体系的构建。同时,毛泽东对马克思主义哲学的原创性贡献也丰富和发展了马克思主义哲学,使马克思主义哲学在中国焕发出新的生机。

另一方面,在实践上,毛泽东对马克思主义哲学的原创性贡献不仅指导了中国人民进行革命和社会主义建设,以中国化的马克思主义哲学进行了中国共产党的建设,对新时代中国话语在国际社会的传播仍然具有借鉴意义。首先,毛泽东对马克思主义哲学进行中国化,作出了原创性贡献,并且以此作为中国共产党建设的方法论指导。毛泽东认为:"马克思列宁主义来到中国之所以发生这样大的作用,是因为中国的社会条件有了这种需要,是因为同中国人民革命的实践发生了联系,是因为被中国人民所掌握了。"②对于中国共产党奋斗的愿景,他指出:"我们和资产阶级政党相反。他们怕说阶级的消灭,国家权力的消灭和党的消灭。我们则公开声明,恰是为着促使这些东西的消灭而创设条件,而努力奋斗。"③在社会主义建设时期,毛泽东指出:"我们的总任务是:团结全国人民,争取一切国际朋友的支援,为了建设一个伟大的社会主义国家而奋斗,为了保卫国际和平和发展人类进步事

① 中华人民共和国国务院新闻办公室:《中国的民主》,人民出版社 2021 年版,第 2 页。
② 《毛泽东选集》第四卷,人民出版社 1991 年版,第 1515 页。
③ 《毛泽东选集》第四卷,人民出版社 1991 年版,第 1468 页。

业而奋斗。"①中国共产党始终要为全国人民的利益而奋斗,同时,中国要坚持与世界各国共同实现和平发展,要为全人类的进步事业而奋斗。中国共产党是以中国化的马克思主义哲学为理论指导的政党,在中国共产党领导下的中国要建设的是中国特色社会主义社会。习近平总书记指出:"中国特色社会主义是社会主义而不是其他什么主义,科学社会主义基本原则不能丢,丢了就不是社会主义。"②中国坚持走中国特色社会主义道路,而不是其他什么主义的道路。其次,毛泽东对马克思主义哲学作出的原创性贡献对新时代语境下的中国话语在国际社会的传播仍然具有借鉴意义。在中国话语的传播上,从 20 世纪 50 年代杜勒斯提出"和平演变",到 90 年代约瑟夫·奈主张"软实力";从美国智库兰德公司建议"网络空间战",到美国国务卿希拉里·克林顿关于"互联网自由"的演讲,美国始终用自由、平等、民主等价值观进行意识形态的渗透,中国一直处于被"围剿"的意识形态场域。新时代语境下,仍有西方国家试图开启后殖民时代,对中国展开和平演变,中国虽然实现了站起来和富起来,解决了"挨打"和"挨饿"的问题,但是还未解决"挨骂"的问题。在中国革命和中国社会主义建设初期,尽管中国一穷二白,但是仍然能向国际社会输出话语,这与毛泽东对马克思主义哲学所作出的原创性贡献是分不开的。毛泽东始终强调中国共产党的价值追求和中国的责任担当,将中国革命和社会主义建设与无产阶级的使命、国际主义相结合,在国内社会以全心全意为人民服务为指导建设中国共产党,在国际社会传播具有民主、平等、友爱、互助价值取向的中国话语,这对新时代构建人类命运共同体也具有借鉴意义。

综上所述,毛泽东从内容与形式两个方面、理论和实践两个向度对马克思主义哲学作出了原创性贡献,实现了中国人民的现代思想启蒙,从科学、民主、自由、平等、博爱等方面继承和发展了马克思主义哲学对资本主义的批判,实现了马克思主义哲学的中国化,确立了中国人民的理论自信。这对中国式现代化新道路的探索、中国共产党的理论创新和理论创造具有重要的理论意义,也对中国发展社会主义、在新时代传播中国话语具有重大的实践意义。

---

① 《毛泽东文集》第六卷,人民出版社 1999 年版,第 350 页。
② 《习近平谈治国理政》第一卷,外文出版社 2018 年版,第 22 页。

毛泽东为人民服务思想的伦理蕴含①

黄显中　胡　丹②

摘要：共产党人与人民之间的伦理关系，构成"我"执守为人民服务的直接伦理根据。毛泽东为人民服务思想包含三个层面的伦理理论：为何去执守的价值理论，就是最广大人民群众的最大利益；如何来执守的行动理论，就是全心全意为人民服务，而非三心二意为人民服务；向何而执守的人格理论，就是忠实无私、终生不移为人民服务的理想人格。

关键词：毛泽东思想；为人民服务；伦理蕴含；伦理执守

毛泽东不仅最早正式提出为人民服务的思想命题，而且将为人民服务确立为中国共产党的根本宗旨，是守护人民利益和理想信念的根本保障。"为人民服务"对于辉煌的、博大的、深刻的毛泽东伦理思想③，堪称最为重要、最具创见性的历史环节。长期以来毛泽东为人民服务思想的伦理性质、地位、特征等已有探讨，但未揭示其作为共产党人伦理执守的深刻蕴含，亦未根据其蕴含的伦理理论进行学理阐释。本文以毛泽东为人民服务思想为中心，阐明其蕴含的伦理根据、责任、行动、人格，剖析共产党人因何、为何、如何、向何执守为人民服务，以期更好地坚持和运用为人民服务的百年经验，为在新的长征路上守护党的初心提供伦理智慧。

---

①　本文系研究阐释党的十九届六中全会精神国家社科基金重大项目"毛泽东思想对马克思主义中国化的历史性贡献研究"（项目批准号：22ZDA026）阶段性成果。文章来源：原载《伦理学研究》2022 年第 2 期。
②　黄显中，湘潭大学教育部人文社科重点研究基地毛泽东思想研究中心副主任，教授，博士生导师；胡丹，湘潭大学教育部人文社科重点研究基地毛泽东思想研究中心博士研究生。
③　魏英敏：《毛泽东伦理思想新论》，北京大学出版社 1993 年版，第 2 页。

一、因何要执守：共产党人为人民服务的伦理根据

中国共产党是马克思主义的服务型政党，自成立起即确立为人民谋幸福的坚定信念。为人民"谋"幸福的活动就是为人民服务，每位中国共产党人都是为人民服务的主体。然而"我"作为中国共产党人执守为人民服务的伦理根据，仍是个有待探讨和亟待解决的问题。

为人民服务的执守主体，在"为人民服务"之中，可以表达为"……为人民服务"，即"什么人"为人民服务的问题。《为人民服务》一文肯定："我们是为人民服务的"①。《坚持为人民服务》一文，毛泽东更具体地指出："每一个指战员以至每一个炊事员、饲养员，都是为人民服务的。"②既然我们一切工作干部，不论职位高低，都是人民的勤务员，那么为人民服务的本义，就是"我们"为人民服务，"我们每个人"为人民服务。我们每个人为人民服务，即每个"我"为人民服务，构成我为人民服务的现实基础。我何以应该为人民服务，根源于人民对我的正当要求。人民对我提出的正当要求，即我必须施为的道德"应该"。这就涉及我与人民的伦理关系，构成我为人民服务的直接客观根据。

首先，我是人民中的普通的一员，属于人民共同体的伦理成员。这是我为人民服务的前提。倘非如此，我则是人民的敌人，不仅不可能为人民服务，而且可能破坏人民的事业。因而，"谁是我们的敌人？谁是我们的朋友？这个问题是革命的首要问题"③。对于我与人民的这重关系，毛泽东倾向于从自然伦理来看待；或者比作人民的儿子，或者比作自己的父母兄弟姊妹④，当然也比作先生的学生。自然伦理乃基于血缘亲缘而形成的伦理关系，具有天然的伦理纽带和关切。我国传统伦理精神与文化，正是建立在家庭的自然伦理之上；"父慈、子孝，兄友、弟悌"都是最基本的伦理规范。同样我作为人民大家庭中的一员，其他人就如同我的父母兄

---

① 《毛泽东选集》第三卷，人民出版社 1991 年版，第 1004 页。
② 《毛泽东文集》第三卷，人民出版社 1996 年版，第 210 页。
③ 《毛泽东选集》第一卷，人民出版社 1991 年版，第 3 页。
④ 参见《毛泽东文集》第三卷，人民出版社 1996 年版，第 45—47 页。

弟姊妹,抚养、陪伴、教育我不断成长,我对他们应承付无尽的伦理责任。

其次,我又不是人民中普通的伦理成员,而是直接为人民服务的伦理主体。我在人民中间成长成人,不再是普通的人民群众,而是共产党领导的革命队伍中的一员,甚至是作为共产党员的优秀分子,总之属于革命共同体中的伦理成员。中国共产党领导的革命共同体,都是来自五湖四海的中华儿女,为了一个共同的革命目标,这就是推翻"三座大山"对人民的统治,建立独立、自由、民主、统一、富强的新中国,确立人民当家作主的优良秩序。我在革命共同体中属于伦理成员,为着共同的革命目标而奋斗,因而在与人民的伦理关系上,我是直接为其服务的伦理主体。群众的生活生产面临的困难和问题,都是我们共产党人服务的内容。特别是作为革命队伍中的先进分子,"共产党员是一种特别的人,他们完全不谋私利,而只为民族与人民求福利"①。如果不是为人民谋福利,不是为民族求解放,而是为自己图私利,就谈不上是革命共同体的伦理成员,更不配称为真正的共产党员。

再次,不论是普通的一员,还是非普通的一员,我作为个体的单个的人,总是属于人民的个体形态,这就形成我与人民的第三重伦理关系,即个体与总体的伦理关系。毛泽东说:"最广大的人民,占全人口百分之九十以上的人民,是工人、农民、兵士和城市小资产阶级。……这四种人,就是中华民族的最大部分,就是最广大的人民大众。"②无论人民的伦理范围如何变化,人民总是伦理力量的总体,革命共同体则属于人民的少数,而我不过是人民的个体。但人民远远并非人口的数量概念,而是有着共同的价值理想和伦理关切;无论何时何地,最广大人民群众的最大利益,都是社会普遍认同的道德标准。我与人民的这种个体与总体的关系,从实践层面对我提出了为人民服务的伦理要求。作为人民的个体存在,"合乎最广大人民群众的最大利益,为最广大人民群众所拥护"③,是我一切言论行为的道德标准。我应该切实了解最广大人民群众的最大利益,全心全意为最广大人民群众的最大利益服务。

最后,为着一个共同的革命目标,我与人民又处于另一重伦理关系之中,即人民是与我们实现共同目标的伦理力量。我们作为革命共同体帮助人民通达之,而

---

① 《毛泽东文集》第三卷,人民出版社 1996 年版,第 47 页。
② 《毛泽东选集》第三卷,人民出版社 1991 年版,第 855—856 页。
③ 《毛泽东选集》第三卷,人民出版社 1991 年版,第 1096 页。

非替代人民去实现该伦理目标,也根本不足以去实现该伦理目标。一方面,人民的伦理力量何其伟大。历史是人民创造的伦理伟业,"人民,只有人民,才是创造世界历史的动力"①。另一方面,人民像铜墙铁壁一样,是任何力量都打不破的;而我们相对于人民群众多少是微不足道、幼稚可笑的。但"中国共产党是全中国人民的领导核心"②,能够把人民的力量团结凝聚起来,去战胜一切支配国家和人民的强制力量。我们与人民的这种关系意味着,一切问题的关键在人民,一切人民问题的关键在我们。而我作为革命共同体伦理成员的责任,在于参与共同制定合乎广大人民利益的政策,并行动起来切实执行正确的政策,从而不断壮大和巩固人民群众的伦理力量。

我与人民之间的伦理关系是多维度的,正是这些伦理关系构成了毛泽东提出为人民服务思想的伦理依据,决定了全心全意为人民服务"过去对,现在对,将来也还对"③,决定了共产党人必须终生世代执守为人民服务。长期以来人们从伦理学视角高度评价为人民服务,认为它在毛泽东伦理思想中处于核心地位,是其马克思主义伦理观最富有特色的部分④。毛泽东为人民服务思想的伦理理论包含三个部分:一是价值理论,说明哪些东西是善的或有价值的;二是行动理论,说明哪些行为是应该的、允许的或禁止的⑤;三是人格理论,说明要成就什么样的理想人格。这三部分使毛泽东为人民服务思想构成一种完整形态的伦理理论,是毛泽东对马克思主义伦理理论中国化的创造性和奠基性历史贡献。

二、为何去执守:共产党人为人民服务的伦理责任

中国共产党就是为人民谋幸福的无产阶级政党,人民的"幸福"是最广大人民群众的幸福,是日常普通利益和长远根本利益相统一的幸福。这规定着共产党人伦理执守的现实责任,又是伦理执守必须科学处理的伦理问题,因而需要在共产党

---

① 《毛泽东选集》第三卷,人民出版社 1991 年版,第 1031 页。
② 《毛泽东文集》第七卷,人民出版社 1999 年版,第 303 页。
③ 彭真:《论新时期的社会主义民主与法制建设》,中央文献出版社 1989 年版,第 52 页。
④ 魏英敏:《毛泽东伦理思想新论》,北京大学出版社 1993 年版,第 154 页。
⑤ 程炼:《伦理学导论》,北京大学出版社 2008 年版,第 145 页。

人的伦理境域中深入揭示为人民服务的价值理念。

共产党人对为人民服务的伦理执守,落实到现实的为人民服务之中,就是"为人民……服务"的问题,已然蕴含着为人民服务的价值理念。那么,在我与人民的伦理关系之中,人民之何物需要由我来服务呢?当然是人民的利益。其一,为人民服务以人民的利益为宗旨。我们这个队伍"是彻底地为人民的利益工作的"①。其二,为人民服务以人民的利益为出发点。"全心全意地为人民服务……一切从人民的利益出发"②。其三,为人民服务以人民的利益为真理的标准。"任何真理都是符合于人民利益的","任何错误都是不符合于人民利益的"。③ 其四,为人民服务以对人民的利益负责为要务。所谓全心全意为人民服务,就是要对人民的利益负责。在革命的功利主义中,人民的利益包括两个部分:一是目前利益,属于日常普通利益;二是将来利益,属于长远核心利益。两者都是最广大人民群众的利益,都是我为人民服务的价值物。

第一,为人民的日常普通利益服务。日常普通利益属于人民的基本需求,是人民生存发展无论在任何时候所必需的东西。毛泽东早在江西瑞金时期就说:"一切群众的实际生活问题,都是我们应当注意的问题。"④解决群众生活的这些实际问题,满足人民生活的基本需要,在革命战争时期尤其紧迫和重要。革命共同体的壮大和团结,不靠中听不中用的虚假套话,必须给人民以看得见的物质福利;更不能向群众索取东西,而是时刻注意为群众谋福利。人民的利益是各种事物的价值标准,裁判着一切言行的正误或善恶。毛泽东说:"任何一种东西,必须能使人民群众得到真实的利益,才是好的东西。"⑤我们每个人的工作都关涉着人民的利益,都应该全心全意为人民服务。为人民服务如果离开人民日常普通利益,人民生活必需的基本利益就不能得到保障,我们共同的伦理目标就缺少得以实现的强大力量,中国革命和建设就不可能取得一个又一个胜利。

第二,为人民的长远核心利益服务。长远核心利益属于人民共同的理想目标,是人民宁愿克服暂时困难而为之奋斗的共同理想。这个理想就是人人平等自由的

① 《毛泽东选集》第三卷,人民出版社1991年版,第1004页。
② 《毛泽东选集》第三卷,人民出版社1991年版,第1094页。
③ 《毛泽东选集》第三卷,人民出版社1991年版,第1095页。
④ 《毛泽东选集》第一卷,人民出版社1991年版,第137页。
⑤ 《毛泽东选集》第三卷,人民出版社1991年版,第864—865页。

理想社会,一种人人不受支配的伦理秩序。我国新民主主义社会缺乏两样东西:独立与民主①。独立乃国家无所依附的伦理个体性,无独立则因帝国主义之外部力量支配所致;民主乃个人无所依附的伦理个体性,无民主则因封建主义之内部力量支配所致。帝国主义、封建主义乃强制我们丧失独立与民主的专断力量,必须由人民集体坚决地将其消灭和铲除。中国新民主主义的伟大革命,就是无产阶级领导之下的人民大众反帝反封建的革命。在中华民族处于存亡绝续的抗战时期,抗日与民主就是实现共同伦理目标的头等大事。"我们这个队伍完全是为着解放人民的,是彻底地为人民的利益工作的。"②人民的解放,既是人民之整体的解放,战胜日本帝国主义而实现独立自由;又是人民之个体的解放,实行民主以发达每个人的个性。毛泽东正是从人民解放的长远核心利益出发,提出全心全意为人民服务的根本宗旨,使每个人自觉地把中国人民的解放事业当作自己的事业,并在争取中国自主支配的伦理理想中实现个性自由。

第三,为最广大人民群众的利益服务。最广大人民群众最大利益的价值标准,不排斥和否定人民的个人利益,但反对和批判把个人物质利益看得高于一切。这种个人主义的利己思想,把个人利益当作为人民服务的价值准则,使得为人民服务蜕变为奴役人民的工具,必须严加防范和惩戒。刘少奇说:"我们从来反对任何党员由满腔热忱地勤勤恳恳地为人民服务的高贵品质堕落到资产阶级的卑鄙的个人主义方面去"。③"为人民服务"五个字所以难以真正做到,首先在于缺乏人民性的科学价值观,使得为人民服务脱离人民利益的根本宗旨,并反过来为个人利益服务。毛泽东所坚决反对的自由主义,正是源于小资产阶级的自私自利性,因而对其进行了严厉批判。1947 年毛泽东写信告诫毛岸英:"不要那种无着落的与人民利益不相符合的个人主义的虚荣心"④。个人主义与为人民服务相对立,必须在为最广大人民群众的最大利益服务中予以克服和消除。

第四,坚持革命功利主义价值标准。长远核心利益指引着全心全意为人民服务的道德实践。离开了人民的长远核心利益而来谈为人民服务,为人民服务必将

① 参见《毛泽东选集》第二卷,人民出版社 1991 年版,第 731 页。
② 《毛泽东选集》第三卷,人民出版社 1991 年版,第 1004 页。
③ 《刘少奇选集》下卷,人民出版社 1985 年版,第 127 页。
④ 《毛泽东年谱(一八九三——一九四九)》下卷,中央文献出版社 2013 年版,第 240 页。

成为没有灵魂的把戏,不是因偏离正确的方向而反过来奴役人们,就将因缺乏足够的动力而被人们无情抛弃。这可以说是毛泽东为人民服务思想最宝贵的遗产。长远核心利益并不排斥日常普通利益,相反它要求日常普通利益;两者相互对立、相互补充、相辅相成,构成毛泽东所说的最广大人民群众的最大利益。最广大人民群众的最大利益,是革命功利主义的道德价值观,从而与资产阶级的功利主义相区分。资产阶级功利主义顺从人的自然本性,抛弃了人的社会本质;肯定个人利益的真实性,否定社会利益的存在。革命的功利主义"以最广和最远为目标",而不是"只看到局部和目前的狭隘的功利主义";①它既强调人民利益的统一性和整体性,又强调人民利益的个体性和特殊性。为人民服务建立在革命的功利主义价值理论之上,以最广大人民群众的最大利益为价值标准。全心全意为人民服务,就是以中国最广大人民的最大利益为出发点,以合乎最广大人民群众的最大利益为最高标准。②

为人民服务以最广大人民群众的最大利益为价值标准,又通过为人民服务的行动将其化为现实的伦理生活。毛泽东为人民服务思想的伦理境域,总是在其中既包含着自在的利益内容,又包含着自为的现实行动,从而构成其中富有效力的行动理论。

三、如何来执守:共产党人为人民服务的伦理行动

中国共产党百年奋斗就是为人民谋幸福,并且取得了为人民谋幸福的伟大成就和宝贵经验。为人民"谋"幸福的方式就是"全心全意",全心全意为人民服务是党的根本宗旨,规定着我如何来执守为人民服务,因而必须深入伦理境域阐明为人民服务的行动规范。

在毛泽东为人民服务的伦理理论中,"为人民服务"应该是"全心全意"的,"全心全意"是对"为人民服务"的规范性要求。"全心全意"为人民服务,顾名思义就是一心一意为人民服务。毛泽东正反对比指出:共产党"就是要全心全意为人民

---

① 《毛泽东选集》第三卷,人民出版社 1991 年版,第 864 页。
② 参见《毛泽东选集》第三卷,人民出版社 1991 年版,第 1096 页。

服务,不要半心半意或者三分之二的心三分之二的意为人民服务"①。毛泽东对"全心全意为人民服务"提出了两个规范性要求:一是真心真意为人民服务,指向为人民服务的意愿;二是竭尽全力为人民服务,指向为人民服务的效果。毛泽东为"邹韬奋先生逝世纪念特刊"题词:"热爱人民,真诚地为人民服务,鞠躬尽瘁,死而后已"②;为第三五九旅第七一九团烈士碑题词:"热爱人民,真诚地为人民服务,鞠躬尽瘁,死而后已。"③这两份题词中,"真诚"指真心真意地为人民服务,"鞠躬尽瘁,死而后已"指竭尽全力地为人民服务。两者合为一体,构成毛泽东所倡导的全心全意为人民服务。

第一,真心真意为人民服务,关乎为人民服务的出发点,解决的是为人民服务的动机问题。行为的动机和出发点作为整个行动的起点,从源头上决定是否真心真意为人民服务。毛泽东对为人民服务的动机和出发点非常重视,并且多次强调以人民的利益为动机和出发点,"群众观点是共产党员革命的出发点与归宿"④。就我们每个人为人民服务而言,应该以相关群众的利益为行为的动机,"以群众的利益为考虑问题的出发点"⑤,才会像白求恩一样,对工作极端的负责任,对同志对人民极端的热忱。就我们作为整体全心全意为人民服务而言,一切应从人民的利益出发,"以中国最广大人民的最大利益为出发点"⑥。因此,是否以人民的利益为出发点和动机,是判断为人民服务之真假的根本标志。

第二,竭尽全力为人民服务,关乎为人民服务的结果,解决的是为人民服务的实践效果问题。行为的效果和结果作为整个行动的归宿,从终点上检验为人民服务的动机,以及是否竭尽全力为人民服务。社会实践及其效果是检验主观愿望或动机的标准。"一个人做事只凭动机,不问效果,等于一个医生只顾开药方,病人吃死了多少他是不管的。"⑦就为人民服务而言,同样不是看其动机是否正确和善良,而是看他的行为在社会大众中产生的效果。我们每个人注重为人民服务的效

---

① 《毛泽东文集》第七卷,人民出版社1999年版,第285页。
② 《毛泽东年谱(一八九三——一九四九)》中卷,中央文献出版社2013年版,第559页。
③ 《毛泽东年谱(一八九三——一九四九)》中卷,中央文献出版社2013年版,第597页。
④ 《毛泽东文集》第三卷,人民出版社1996年版,第71页。
⑤ 《毛泽东文集》第三卷,人民出版社1996年版,第47页。
⑥ 《毛泽东选集》第三卷,人民出版社1991年版,第1096页。
⑦ 《毛泽东选集》第三卷,人民出版社1991年版,第873页。

果,才可能"鞠躬尽瘁,死而后已"。就我们作为整体全心全意为人民服务而言,要看我们的路线方针政策是否合乎人民的要求;任务、政策和工作作风是正确抑或错误,以其是否和当时当地的群众要求相适合为标准①。没有或不能产生良好效果的为人民服务,不过是政治或道德上的口号、宣言和目标罢了。

全心全意为人民服务的规范性要求,反对为人民服务方式上的三心二意。三心二意或半心半意为人民服务,与全心全意为人民服务相反。这是因为三心二意的为人民服务,是虚情假意的、讲求条件的为人民服务;打着为人民服务的旗号,暗地里却"先替自己打算,然后再替别人打算"②。这种口是心非的为人民服务,不以合乎最广大人民群众的最大利益,不以为最广大人民群众所拥护为最高标准。这样的人对工作不负责任,拈轻怕重,脱离群众;对同志对人民冷冷清清,漠不关心,麻木不仁。毛泽东所批判的自由主义的种种表现③,都属于三心二意的为人民服务,离间我们与人民的密切联系与团结,对人民的利益和事业造成严重破坏。我们主张全心全意为人民服务,就必须从动机到结果的整个过程,都反对三心二意地为人民服务。

第一,反对为人民服务主体上的包办主义。人民群众必须自己解放自己。如果我们亲自或替代人民来完成该伦理目标,那么为人民服务就会变成少数人空忙,只是少数人冷冷清清地做工作,而不是我们每个人为人民服务。刘少奇说:"共产党人……不应该是、也不可能是代替人民群众包打天下的'英雄好汉'。"④毛泽东批判这种现象为资产阶级、小资产阶级的恩赐观点,这既否定了人民群众的无限创造力,又将我们与人民对立起来。这是因为人民是有能力、有力量的,他们能根据自己的主观目的改造现实环境,而非仅仅消极被动地适应现存的伦理秩序。为人民服务建立在人民群众的自觉能动性之上,我们应该尊重人民的自觉能动性,为人民发挥其自觉能动性创造条件。

第二,反对为人民服务作风上的官僚主义。全心全意为人民服务的前提,是密切联系人民群众。毛泽东说:"全心全意地为人民服务,一刻也不脱离群众。"⑤我

---

① 参见《毛泽东选集》第三卷,人民出版社 1991 年版,第 1095 页。
② 《毛泽东选集》第二卷,人民出版社 1991 年版,第 660 页。
③ 参见《毛泽东选集》第二卷,人民出版社 1991 年版,第 359 页。
④ 《刘少奇选集》上卷,人民出版社 1981 年版,第 352 页。
⑤ 《毛泽东选集》第三卷,人民出版社 1991 年版,第 1094 页。

们正确的任务、政策和工作作风,为之奋斗的伦理目标的实现,都是通过联系、壮大、巩固人民力量达成的。为人民服务上的官僚主义,就是脱离群众的错误思想倾向,表现为两种恶劣现象:一是命令主义,二是尾巴主义。命令主义的错误,在于超过群众的觉悟程度;尾巴主义的错误,在于落后于群众的觉悟程度。① 前者害了急性病,使得为人民服务蜕变为包办代替;后者害了慢性病,使得为人民服务变成了阻碍进步。所以,官僚主义作风贻害无穷,必须通过为人民服务予以坚决抵制。

不遵循为人民服务的伦理规范,不可能执守人民的利益,不可能进入为人民服务的伦理境域。因而领会和把握毛泽东为人民服务思想,既需要从正面探究其内涵的正道,又需要从反面剖析批判的误区,才能使为人民服务深入人心,并不断造就为人民服务的理想人格。

四、向何而执守:共产党人为人民服务的理想人格

中国共产党百年执守为人民谋幸福,在于一代代中国共产党人坚持为人民服务,并造就为人民服务的人格风范,从而引领和带动全体共产党人为人民服务。这需要提升为人民服务的执守境界,在自我实现中执守为人民服务,因而必须进入伦理境域来探寻为人民服务的理想人格。

为人民服务的伦理执守不仅需要现实的价值行动,更需要世世代代一批批为人民服务楷模的引领带动。为人民服务的楷模实现知行合一,构成为人民服务的理想人格。"毛泽东高度赞扬的张思德、白求恩、刘胡兰、雷锋,就是这种共产主义道德理想人格的典型。"②新中国成立后,毛泽东的书信与题词,也多次以为人民服务为内容③。毛泽东倡导每个人为人民服务,努力成为为人民服务的楷模,始终是其为人民服务思想的实践旨趣,也是其为人民服务的伦理理论的重要内容。

第一,为人民服务的理想人格,他们为人民服务是公而忘私的。谢觉哉解释

---

① 参见《毛泽东选集》第三卷,人民出版社 1991 年版,第 1095 页。
② 张锡勤等:《中国近现代伦理思想史》,黑龙江人民出版社 1984 年版,第 382 页。
③ "尚望努力工作,为民服务。"参见中共中央文献研究室编:《毛泽东书信选集》,中共中央文献出版社 2003 年版,第 326 页;"实事求是,努力为人民服务。"参见中央档案馆编:《毛泽东题词墨迹选》,人民美术出版社、档案出版社 1984 年版,第 164 页。

说:我们全心全意为人民服务,要完全忘记个人。"全心全意的'全'字,是百分之百的意思。不是一半为人民,一半为自己,也不是大部分为人民,小部分为自己,而是要百分之百。"①全心全意为人民服务的人,完全出于人民的利益,而没有任何个人动机;完全为了人民的利益,而不谋取自身的利益。这种公而忘私的人格特征,正是毛泽东所说的"毫不利己专门利人"②,白求恩就是如此为人民服务的典范。公而忘私的精神至为关键,它从起点开始担保为人民服务的全心全意性质。倘非如此,他的能力和本领越大,他对人民利益的破坏就越大,离为人民服务就越远。那些一事当前,先替自己着想,再替别人打算的人;那些对待工作,拈轻怕重,不负责任,自吹自擂的人;那些人民面前,冷冷清清,漠不关心,麻木不仁的人,无不根源于其自私自利之心。向白求恩学习,就是要将自己从私欲中解放出来,专心致志地去实现最广大人民群众的最大利益。

第二,为人民服务的理想人格,他们为人民服务是终生不移的。具有这种理想人格的人,在何时何地皆乐于全心全意为人民服务,因而是终生的为人民服务。白求恩、张思德都属于这样的典型,鲁迅没有一个时候不和被压迫的大众站在一起。全心全意为人民服务,看似是一句老生常谈,要做到却并不容易。这种困难在于它并非某时某地的为人民服务,而是无论何时何地为人民服务,一辈子忠贞不渝地为人民服务。徐特立"革命第一、工作第一、他人第一"③,终其一生全心全意为人民服务。毛泽东用"一辈子""一贯""几十年如一日"等修饰词,来赞誉吴玉章的为人民服务精神。他说:"一个人做点好事并不难,难的是一辈子做好事,不做坏事,一贯地有益于广大群众,一贯地有益于青年,一贯地有益于革命,艰苦奋斗几十年如一日,这才是最难最难的啊!"④终生不移为人民服务,党的初心守护才能世代延绵。

第三,为人民服务的理想人格,他们为人民服务源于热爱人民。理想人格公而忘私、终生不移地为人民服务,在根本上源于与他们筑牢了正确看待和对待人民的世界观。"对待人民群众的态度问题是中国革命道德的根本问题。"⑤正确对待人

---

① 谢觉哉:《谢觉哉杂文选》,人民文学出版社 1980 年版,第 148 页。
② 《毛泽东选集》第二卷,人民出版社 1991 年版,第 659 页。
③ 《毛泽东年谱(一八九三——一九四九)》上卷,中央文献出版社 2013 年版,第 651 页。
④ 《毛泽东年谱(一八九三——一九四九)》中卷,中央文献出版社 2013 年版,第 161 页。
⑤ 罗国杰:《中国革命道德:规范卷》,中共中央党校出版社 1999 年版,第 122 页。

民,关键在于热爱人民。热爱人民是一种深厚的伦理感情,具有辨别最广大人民群众最大利益的能力,并以强大的动力驱使着他们为人民服务。那些公而忘私、终生不移地为人民服务的人,无不密切联系、深深融入、无比热爱着人民群众。那些三心二意、包办主义、官僚主义为人民服务的人,皆源于缺乏热爱人民的真挚感情。这些灵魂深处的敌人深刻制约着为人民服务,严重影响着人民共同体的壮大和团结。"我们反对群众脑子里的敌人,常常比反对日本帝国主义还要困难些。"①树立为人民服务的道德人格,必须教育每一个同志热爱人民群众,不断告诫他们不要陷入脱离群众的种种误区。

第四,为人民服务的理想人格,他们为人民服务就是成物成人。公而忘私、终生不移地为人民服务,最终形成为人民服务的理想人格。毛泽东提出和提倡为人民服务,就是希望每个人都养成这样的理想人格。具有为人民服务的理想人格的人,是"一个高尚的人,一个纯粹的人,一个有道德的人,一个脱离了低级趣味的人,一个有益于人民的人"②。他们以最广大人民群众的最大利益为出发点,竭尽全力促进最广大人民群众的最大利益。而那些三心二意或不为人民服务的人,阻碍和破坏革命和建设的伟大事业。前者彰显自己的社会性,后者突出自己的自然性和动物性。人的动物性具有否定他者的特点,带有"破坏性的、个人主义的、把个人利益放在第一位"③的倾向。为人民服务的理想人格则相反,它是一种创造性的、集体主义的、把人民利益放在第一位的个性。就此而言,为人民服务的理想人格,建立在科学的人性论基础之上;树立为人民服务的理想人格,必须正确认识人之为人的本性。

公而忘私、终生不移地为人民服务,在促进人民利益的同时,又实现了个人的独立人格。毛泽东为人民服务的这种道德人格,与其早期自我实现思想有相似之处。④ 然而,随着青年毛泽东向马克思主义伦理观的转变,其道德理想从个性自由转向了社会自由。从此他不再从"我"之个人主义来思考自我实现问题,而是从"我们"之集体主义来思考伦理理想的实现问题。在此意义上,毛泽东为人民服务

---

① 《毛泽东选集》第三卷,人民出版社 1991 年版,第 1011 页。
② 《毛泽东选集》第二卷,人民出版社 1991 年版,第 660 页。
③ 《毛泽东文集》第三卷,人民出版社 1996 年版,第 416 页。
④ 参见《毛泽东早期文稿(1912—1920)》,湖南人民出版社 2013 年版,第 218 页。

的伦理思想,既与其早期自我实现思想截然不同,又是其早期自我实现思想的普遍升华;而在革命和建设事业发展的客观伦理面前,我们每个人对人民皆应像对孺子一样,要诚诚恳恳、老老实实为人民服务。

毛泽东哲学思想的
"去苏联教科书体系化"阐释研究[①]

罗伯中　彭利凯[②]

摘要：改革开放以后，中国学界逐渐摆脱了把毛泽东哲学思想完全纳入苏联马克思主义哲学的体系化阐释模式，开始从认识论和方法论维度对毛泽东哲学思想进行去苏联教科书体系化的阐释；20世纪90年代中期至今，毛泽东哲学思想的去苏联教科书体系化阐释引入了实践哲学的资源，呈现出一片繁荣局面。这种去苏联教科书体系化的哲学阐释研究丰富了毛泽东哲学思想研究的内涵，彰显了毛泽东哲学思想的中国性和人民主体性，但也有一些学者对毛泽东哲学思想进行了一些轻率的抽象化、片面化、碎片化的解读。为了适应新时代中国特色社会主义建设的需要，毛泽东哲学思想的去苏联教科书体系化阐释需要构建一种以科学性和人民性为价值原则、以马克思主义唯物史观为理论预设、体现中国人民对美好生活的追求的毛泽东哲学思想阐释学。

关键词：毛泽东哲学思想；去苏联教科书体系化；实践哲学；社会存在论；阐释学

与20世纪80年代以前的毛泽东哲学思想研究相比，当代的毛泽东哲学思想研究有一个鲜明的但很少被人提及的特点，即当代毛泽东哲学思想研究是一种去

---

①　本文为国家社科基金项目"马克思中期政治哲学的文本学研究"（17BZX030），湖南省研究生科研创新项目"大卫·哈维资本积累的当代批判理论及其对中国的启示研究"（CX20210524）阶段性成果。中国人民大学报刊复印资料《毛泽东思想》2022年第5期全文转载。文章来源：《湘潭大学学报（哲学社会科学版）》2022年第3期。

②　罗伯中，湖南长沙人，湘潭大学碧泉书院·哲学与历史文化学院教授、哲学博士、博士生导师，从事马克思主义哲学、德国哲学研究；彭利凯，湖南郴州人，湘潭大学碧泉书院·哲学与历史文化学院博士生。

苏联教科书体系化的阐释性研究。所谓苏联教科书体系,是指 20 世纪 30 年代在斯大林授意和指导之下苏联马克思主义学者编写的《论辩证唯物主义和历史唯物主义》,其后作为《联共(布)党史简明教程》的第 4 章第 2 节广泛流传,学界一般称之为苏联教科书体系。此体系将马克思主义哲学划分为辩证唯物主义和历史唯物主义两大块,并把历史唯物主义当作辩证唯物主义在社会生活中的应用和推广,而辩证唯物主义则分为本体论、认识论和辩证法三个小领域。后来它成为我国 20 世纪 80 年代以前马克思主义哲学的主流,下文我们将它简称为"苏联体系"。当代的毛泽东哲学思想研究不再倚重苏联体系,在去苏联体系化的基础上,按照新的时代需要并在更契合毛泽东哲学思想本质的基础上,走了一条完全独立的、中国化的马克思主义哲学道路。今天要推进毛泽东哲学思想的阐释性研究,就必须清晰地梳理这种去苏联体系化阐释模式的历程,合理地看待其成绩和局限,我们才能提出一种适合新时代中国特色社会主义需要的毛泽东哲学思想阐释路径。

一、毛泽东哲学思想去苏联体系化阐释的背景

当代中国毛泽东哲学思想研究的去苏联体系化阐释是在 20 世纪 80 年代以前的毛泽东哲学思想的苏联体系化阐释模式陷入僵局之后出现的。作为最早对毛泽东哲学思想进行苏联体系化阐释的哲学家,以李达、艾思奇和孙叔平等为代表的老一辈哲学家们非常熟悉马列主义经典和苏联马克思主义哲学体系,他们将毛泽东哲学思想纳入苏联马克思主义哲学体系进行理解,完成了对毛泽东哲学思想的苏联体系化阐释模式。李达使用苏联马克思主义哲学原理中物质生产活动中的受动作用与能动作用的基本理论来说明毛泽东关于人的认识的能动性的观点,以毛泽东哲学思想为例来说明从理性认识到革命实践的飞跃、绝对真理与相对真理的关系、辩证法与形而上学两种宇宙观的对立、人类认识从特殊到一般和从一般到具体两个飞跃过程的认识过程理论。毛泽东的《实践论》谈到了马克思主义唯物论与旧唯物论的主要区别在于马克思主义重视人的社会性:"马克思以前的唯物论,离开人的社会性,离开人的历史发展,去观察认识问题,因此不能了解认识对

社会实践的依赖关系,即认识对生产和阶级斗争的依赖关系。"①然而李达从苏联体系出发将马克思主义的辩证唯物论与旧唯物论的差别理解为认识论的差别,他反复几次说到马克思主义唯物论"是由自然领域扩张到社会领域的唯物论",旧唯物论"只是适用于自然领域的唯物论","前者是无产阶级的哲学,后者是资产阶级的哲学。两种哲学的基本差异的分歧点,是在认识论的基础之上"。② 很明显,毛泽东并没有明确地说,也不会认为,马克思主义唯物论是将自然科学的唯物论推广到社会领域,李达的那种解释完全是从苏联体系出发对毛泽东哲学思想的解释。艾思奇自觉地将毛泽东哲学思想纳入苏联体系中进行阐释。他主编并全国通用的教科书《辩证唯物主义历史唯物主义》的框架与斯大林的《辩证唯物主义历史唯物主义》完全一致,该书在"唯物主义认识论""实践智慧的辩证法""社会主义基本矛盾的历史观"③等三部分中将毛泽东哲学思想当作马克思主义的认识论、辩证法和历史观的注释。孙叔平更清晰地从辩证唯物主义中关于"物质第一性还是意识第一性""形而上学还是辩证法""可知论还是怀疑论"等三个层次来系统地总结毛泽东哲学思想,并提出要"用辩证唯物主义的方法去学习辩证唯物主义"④。这种阐释模式是 20 世纪 80 年代以前毛泽东哲学思想的主流阐释模式,这个时期的哲学教科书都将毛泽东哲学思想作为苏联体系的马克思主义哲学原理的说明。

毛泽东哲学思想的苏联体系化阐释在革命年代和中华人民共和国成立之初推动了马克思主义在中国的快速传播和普及,有效提升了各级党政干部和广大人民群众认识社会和改造社会的思想水平。但是,这种阐释以体系化的苏联哲学教科书为框架,虽然适应了时代需要,却没有真正描绘出毛泽东哲学思想的本来面目,遮蔽了毛泽东哲学思想的原创性,毛泽东哲学思想的"活的灵魂"被弄得黯淡无光。随着中国社会的发展,世界形势的变化,毛泽东哲学思想的苏联体系化阐释模式逐渐不适应社会主义建设和发展的新要求。探索适合中国国情的社会主义建设之路,要求我们在坚持毛泽东思想的同时,也要反思毛泽东哲学思想的苏联体系化阐释模式。"真理标准问题"的大讨论开启了对毛泽东哲学思想苏联体系化阐释

---

① 《毛泽东选集》第一卷,人民出版社 1991 年版,第 282 页。
② 李达:《〈实践论〉〈矛盾论〉解说》,人民出版社 2019 年版,第 1 页。
③ 王海锋:《艾思奇与毛泽东哲学思想的"苏联体系化"》,《中央党校(国家行政学院)学报》2021 年第 1 期。
④ 孙叔平:《学习毛泽东哲学思想》,《江海学刊》1960 年第 3 期。

模式的反思。在《解放思想,实事求是,团结一致向前看》一文中,邓小平指出:"一个党,一个国家,一个民族,如果一切从本本出发,思想僵化,迷信盛行,那它就不能前进,它的生机就停止了,就要亡党亡国。"①邓小平的观点既是针对"两个凡是"的错误思潮,同样适用于将毛泽东思想纳入苏联体系的僵化模式。

二、毛泽东哲学思想去苏联体系化阐释的逻辑展开

1981 年秋,我国第一届毛泽东哲学思想研讨会在广西桂林召开,我国学术界开始重新认识毛泽东哲学思想的本质和内涵,反思和改变毛泽东哲学思想的苏联体系化阐释模式的封闭性和教条化问题。毛泽东哲学思想的去苏联体系化阐释并非一蹴而就,它经历了一个漫长而艰难的过程。我们可以将这个过程分为两个阶段,第一个阶段是 20 世纪 80 年代到 90 年代初期,对毛泽东哲学思想的研究开始反思苏联体系化阐释模式的合理性,并从具有中国风格的认识论和方法论角度来重新解读毛泽东哲学思想,在这个阶段,苏联体系的完整结构已经受到质疑,但其核心概念得到了沿用;第二个阶段是从 90 年代中期至今,学界不再依赖苏联体系的核心概念,实践概念得到了空前的重视,毛泽东哲学中的中国因素得到了空前的强调。

在 20 世纪 80 年代到 90 年代早期,将毛泽东哲学思想进行认识论阐释的主要代表是冯友兰、许全兴和刘秉毅等。冯友兰认为:"马克思主义的主要原则是辩证唯物论,这个原则应用到历史学,就是历史唯物论。《实践论》的主题是应用这个主要原则到认识论。"②他认为《矛盾论》主要解决认识过程中的核心难题:"其一是两个对立面的统一和斗争问题,其二是一般与特殊、共相和殊相的关系问题。"③许全兴认为毛泽东关于"哲学就是认识论"的论断"反映了哲学发展的总趋势",又"概括了中国革命和建设经验",由此出发,他认为应该从"认识的客体""认识的主体"以及"主体和客体的相互关系"三个方面来重构马克思主义哲学和毛泽东哲学

---

① 《邓小平文选》第二卷,人民出版社 1994 年版,第 143 页。
② 冯友兰:《中国现代哲学史》,广东人民出版社 1999 年版,第 149—150 页。
③ 冯友兰:《中国现代哲学史》,广东人民出版社 1999 年版,第 151 页。

思想的体系。① 刘秉毅对何以需要从认识论来解读毛泽东哲学思想做了理论上和现实意义上的系统的论证,他认为"如何正确地认识世界""是吸引毛泽东走向哲学的关键问题","是毛泽东眼中最具现实性的问题","是改造世界的前提问题","是推动哲学群众化时关注的焦点问题",由此他得出结论:毛泽东提出"哲学就是认识论"是对自己一辈子以认识论为中心的哲学探索的准确概括。②

以冯契、石仲泉和沧南等为代表的学者则从方法论角度阐释毛泽东哲学思想。冯契认为毛泽东提出的"能动的革命的反映论"是把人类的认识理解为随着实践的不断深入而对客观事物的反映和人类的能动性作用不断发展的辩证过程,没有从认识论上升到辩证逻辑的高度,在"化理论为逻辑方法"方面可以继续完善。他坚持认为毛泽东的"认识论即方法论"可以实现从认识论到方法论的转化。冯契说:"他(指毛泽东——笔者注)认为,认识从实践中来,又到实践中去,就是从群众中来,又到群众中去的过程。"③ 在他看来,这就实现了"实事求是"和"群众路线"的结合,化"实事求是"的认识路线为"从群众中来到群众中去"的工作方法。他提出方法论的定义就是"以客观现实之道,还治客观现实之身",并从"类""故""理"等传统哲学范畴出发重构了毛泽东哲学方法论的概念系统,从"哲学方法""逻辑方法""具体工作方法"等三个不同层面探讨了毛泽东哲学思想的方法论内容。④ 石仲泉认为毛泽东的"思想方法论"既是对列宁等马克思主义者重视方法论优良传统的继承,又是在中国革命遭受挫折情况下的必然选择;毛泽东的"思想方法论"尽管在井冈山时期就有很多引用,但只有到了延安时期才完全达到了理论自觉的成熟状态;毛泽东"思想方法论"包含了"事实求是""矛盾分析""群众路线""阶级斗争""独立自主"等既具有中国文化特色,又符合马克思主义理论的一系列具体方法。⑤ 沧南高度评价了毛泽东哲学思想的方法论地位,认为毛泽东哲学思想具有区别于马克思、列宁哲学的两个显著特点:"毛泽东哲学思想根据马克思列宁主义哲学的基本原理提出并论证了主观因素在一定条件下的决定作用,这是其

① 许全兴:《毛泽东改造哲学体系意见浅解》,《北京大学学报》1986 年第 3 期。
② 刘秉毅:《如何理解毛泽东"哲学就是认识论"命题》,《武汉大学学报》2021 年第 4 期。
③ 冯契:《中国近代哲学的革命进程》,华东师范大学出版社 1997 年版,第 650 页。
④ 冯契:《逻辑思维的辩证法》,华东师范大学出版社 1998 年版,第 406—456 页。
⑤ 石仲泉:《艰辛的探索》,中共党史出版社 1996 年版,第 428—496 页。

一;其二,毛泽东哲学思想极端重视,并且非常善于把马克思列宁主义哲学的普遍原理应用于实际,转化为我们的思想方法、工作方法和领导方法。"①他认为第二方面极为重要。

20世纪90年代中期以后,中国改革开放实践的不断深入、中国化马克思主义哲学研究的实践话语的确立以及中西哲学史范式的重要变化,为毛泽东哲学思想的研究带来了新的机遇。正如毛泽东在《实践论》一文中所言:"马克思列宁主义并没有结束真理,而是在实践中不断地开辟认识真理的道路。"②学界开始意识到以往的认识论和方法论的阐释仍然属于传统理论哲学的范围,毛泽东哲学思想与西方哲学传统中的认识论和方法论没有本质性的联系,他们逐渐从毛泽东哲学思想内容的中国化特征、对苏联体系化哲学的批判及毛泽东哲学思想的实践智慧等方面来进行去苏联体系化的阐释研究,使得实践哲学特征成为毛泽东哲学思想阐释的核心视域。

在重视毛泽东哲学思想的中国化特征方面,学者多以《矛盾论》《实践论》等著作的中国主题和话语方式以及对苏联哲学的发展为立意重点。汪澍白认为毛泽东的哲学思想有双重渊源,一是马列哲学传统,二是中国哲学传统,后者对毛泽东哲学思想的中国化特征有重要贡献。他通过研究毛泽东军事哲学认为毛泽东善于把中国传统文化中的兵家智慧转化为现代战争的战略战术;③又指出毛泽东的辩证法思想继承和发展了中国传统辩证法,"矛盾双方转化的思想"正是毛泽东继承了传统中国哲学,完全区别于苏联教科书辩证法的特色所在。④ 李维武研究了"毛泽东《实践论》的中国性格",他认为这种中国性格表现为"马克思主义哲学兴奋点的转移";使得马克思主义哲学中国化的重心和兴奋点由最初的唯物史观最终走向了"实践认识论";继承和发展了湖湘"重现实、重实践"的学风;是"对中国问题的思考与解答"以及发展出来一种独特的"中国思维方式"。⑤ 胡为雄从"毛泽东哲学思想是中国马克思主义哲学的典型形态"的判断出发,认为毛泽东哲学思想的中国化特征是善于把马克思列宁主义基本原理转化为指导中国革命和建

① 沧南:《毛泽东哲学思想》,重庆出版社1993年版,第41页。
② 《毛泽东选集》第一卷,人民出版社1991年版,第296页。
③ 汪澍白:《毛泽东思想的双重渊源》,厦门大学出版社1993年版,第1页。
④ 汪澍白:《试论毛泽东哲学思想与中国传统哲学的继承关系》,《求索》1982年第6期。
⑤ 李维武:《中国哲学的现代转型》,中华书局2008年版,第165—195页。

设的具体认识路线以及"思想方法、领导方法和工作方法"。① 他认为,毛泽东哲学思想关于中国"阶级斗争、政治革命和国家学说"等理论蕴含具有本土特色的实践理性,它们在"革命的主体""思想者的主体""实践者的主体""价值主体"四个维度都具有中国政治伦理内涵。② 毛泽东的《矛盾论》和《实践论》就是善于用身边的事物和本土化的例子来阐释哲学的基本概念,加深了全党对中国革命特殊性的直观理解,所以它们是在吸收了马克思主义哲学一般观点的基础上,"结合新的时代特征,总结中国革命斗争经验"创造性地发展了马克思主义哲学理论。③

还有一些学者非常重视毛泽东对苏联马克思主义哲学体系的批判所蕴含的独创性价值。郭建宁较早注意到毛泽东对苏联辩证法理论的批评,并认为毛泽东1964 年"在北戴河关于哲学问题的谈话"与1965 年"在杭州会议上的讲话"就批评恩格斯和斯大林把"质量互变""否定之否定"等辩证法范畴过度拔高,错误地把握辩证法的本质"对立统一"规律。④ 王南湜也比较重视这个问题,他注意到毛泽东一方面"将苏联哲学教科书作为学习和研究马克思主义哲学的重要文本……但另一方面,对于苏联哲学教科书又多有批评,有时还颇为严厉"⑤。他在马克思主义基本原则的基础上批评苏联哲学关于"社会主义社会内部没有矛盾"、弱化上层建筑"能动的反作用"、将"否定之否定"规律当作辩证法核心的观点。毛泽东从"可变的""真实的存在"的世界观出发,批评体系化的苏联哲学的形而上学倾向,超越了苏联体系,自觉地克服这种体系中残留的形而上学倾向,将辩证法贯彻到底。由此,王南湜认为毛泽东哲学思想是一套与苏联哲学"相当不同的哲学"⑥,是基于具有中国特征的"生生不息"的世界观实践哲学。王南湜说:"把事物看成是发展变

---

① 胡为雄:《中国马克思主义哲学形态研究——毛泽东哲学思想》,黑龙江人民出版社 2013 年版,第 3 页。

② 胡为雄:《中国马克思主义哲学形态研究——毛泽东哲学思想》,黑龙江人民出版社 2013 年版,第 20 页。

③ 胡为雄:《马克思主义哲学在中国传播与发展的百年历史》,百花洲文艺出版社 2015 年版,第 437—438 页。

④ 郭建宁:《艰辛探索的哲学轨迹:1956—1966 年毛泽东的哲学思想研究》,北京大学出版社 1993 年版,第 70—71 页。

⑤ 王南湜、侯振武:《马克思主义哲学中国化的双重逻辑及其意蕴》,《哲学研究》2014 年第 9 期。

⑥ 王南湜、侯振武:《马克思主义哲学中国化的双重逻辑及其意蕴》,《哲学研究》2014 年第 9 期。

化的,对于实践哲学来说,是非常重要的。如果事物不可发展,不可变化,则任何改造世界的活动将都不可能进行。"①

毛泽东哲学思想的中国化特征及其反苏联体系的特征都植根于其实践哲学的总体特征,这使他重视马克思主义的一般方法论意义,更重视马克思主义方法论在各个领域的具体化和现实化,由此衍生出一系列实践智慧和战略、战术。孙正聿认为毛泽东哲学思想包含着丰富的实践智慧,其典型代表作品是《实践论》《矛盾论》。他认为从前的学者把毛泽东的《矛盾论》仅仅定位为描述世界形态的辩证法,把《实践论》仅仅定位为实践基础的认识论的做法失之偏颇,作为世界观的辩证法具有怎样来认识世界的认识论意义,所以辩证法也是认识论,即《矛盾论》也是认识论;而认识过程中人的感性认识和理性认识以及理论与现实的矛盾对立又是作为世界观辩证法的具体表现形式,所以认识论同时也是辩证法,即《实践论》也是辩证法。他认为《矛盾论》《实践论》既是认识论又是辩证法,辩证法和认识论不可分割地内涵于实践之中,不论是《矛盾论》还是《实践论》都具有在实践中认识世界和改造世界的方法论功用,因此是一种实践智慧。孙正聿总结说:"《实践论》《矛盾论》的辩证法和认识论的统一,是以实践为核心观点的统一,也是以实践为根本目的的统一。它们是实践智慧的辩证法,也是辩证法的实践智慧。"②李佑新研究了毛泽东哲学思想实践智慧特征与湖湘文化的渊源关系,认为毛泽东至少继承了湖湘文化以下几个方面的文化性格:"其一是注重实践的性格。其二是注重现实实际、实事求是的性格。其三是注重国情研究的性格。"他认为毛泽东实践智慧的精髓在于对辩证法的灵活运用,而毛泽东哲学思想的实践智慧特征主要表现在政治领域和军事领域,"就前者而论,主要是关于革命性质、道路、统一战线、新民主主义社会模式等问题上的智慧",后一方面表现为"地道的中国式的智慧,是传统兵家智慧的继承和发展"。③ 李庆云分阶段探讨了毛泽东文化哲学的形成与发展过程,对毛泽东以"古为今用""洋为中用"来辩证处理文化的"古今中西之争"的哲学智慧给予高度评价,并就"百花齐放、百家争鸣"等文化策略的现实意义

---

① 王南湜:《马克思主义哲学中国化的历程及其规律研究》,北京师范大学出版社 2012 年版,第117 页。
② 孙正聿:《毛泽东的"实践智慧"的辩证法——重读〈实践论〉〈矛盾论〉》,《哲学研究》2015 年第3 期。
③ 李佑新:《毛泽东实践哲学论要》,《哲学研究》2007 年第 12 期。

进行了深入探讨。① 我们还可以发现毛泽东在革命和建设年代创造了数不胜数的克敌制胜的战略和战术。这些战略战术也体现了毛泽东在伦理价值、政治价值和全球正义方面的基本哲学理念。比如，"团结——批评——团结"的六字方针在提升人民内部凝聚力方面具有无可比拟的优势，它既体现了毛泽东哲学思想的集体主义团结伦理关切，也体现了他将伦理当作一种有效方法的谋略。再如，针对破坏抗日民族统一战线的举动，毛泽东提出了斗争的"有理、有利、有节"的六字方针，这体现了毛泽东哲学思想对矛盾复杂性的灵活把握以及对统一战线政治价值持之以恒的坚守。而毛泽东的"人民战争"战略，体现了毛泽东哲学思想追求人民正义和全球正义的理想信念。

三、毛泽东哲学思想去苏联体系化
阐释的理论旨趣和偏差

改革开放以来的毛泽东哲学思想的去苏联体系化阐释已经取得了非常多令人瞩目的成绩，丰富了中国化马克思主义哲学研究的理论宝库；但我们也要看到过去数十年间毛泽东哲学思想去苏联体系化阐释研究中也出现了一些不和谐现象。不少学者的研究偏离了马克思主义轨道，这需要引起我们的高度重视。我们先来看看毛泽东哲学思想去苏联体系化阐释的积极意义。

首先，毛泽东哲学思想的去苏联体系化阐释有利于打破原有苏联体系化阐释模式的教条化框架，发掘毛泽东哲学思想的新视角、新观点，丰富毛泽东哲学思想研究的内涵。20 世纪 80 年代对毛泽东哲学思想的去苏联体系化阐释研究，强调根据当时社会的实际需要重新理解毛泽东的哲学思想，这是向毛泽东早年提出的"实事求是"认识路线的回归。去苏联体系化阐释研究调动了研究者的热情，解放了思想，让他们从多种不同的角度和方法来理解毛泽东哲学思想，同时能够发现以前不为大家所重视的新视角。比如有学者认为毛泽东的"能动的革命的反映论"是对近代中国哲学的"古今中西"之争的总结，是对近代中国哲学革命进程中历史

---

① 李庆云：《毛泽东的文化哲学与中国文化的现代化》，《当代世界与社会主义》2006 年第 6 期。

观和认识论"心物"之辩的科学总结。也有学者把毛泽东哲学思想作为第三世界国家民族解放和自身发展的重要理论借鉴,探讨了毛泽东哲学思想的国际意义。

其次,毛泽东哲学思想的去苏联体系化阐释彰显了人民主体能动性,阐发了马克思主义哲学实践精神的精髓。革命年代需要发动亿万群众的能动性来进行政治斗争。肯定人民群众对历史的创造能动性而非宿命论特征,使毛泽东哲学思想呈现出去苏联体系化和非教条化特征。正如毛泽东所言:"人民,只有人民,才是创造世界历史的动力。"[①]共产党领导的革命从来不是从抽象的教条出发,而是贯穿着"从群众中来、到群众中去"的实践精神。一方面,去苏联体系化阐释突出了毛泽东哲学思想在革命和建设年代对人民群众的有力动员,发挥了人民群众认识历史、改造历史的巨大能动性。另一方面,去苏联体系化阐释对毛泽东哲学思想中个人能动性方面的积极阐发和揭示,为社会主义理想人格的养成和个性解放的推动提供了理论支持和广阔空间。社会主义理想人格和个性解放不是一种抽象的人格和解放,而是充满了积极向上的能动精神。"铁人精神""雷锋精神""钱学森精神"都是各行各业中国人在毛泽东哲学思想的普照光芒下积极涌现出来的光辉人格,也是中国人民个性解放的典型代表。时至今日,毛泽东的哲学思想、毛泽东的伟大人格依然是激励中国各族人民积极向上不断进取的重要精神和人格资源。

最后,毛泽东哲学思想的去苏联体系化阐释更加凸显"独立自主"地研究中国新情况、新问题的重要性。毛泽东在《反对本本主义》一文中指出:"中国革命斗争的胜利要靠中国同志了解中国情况"[②]。改革开放后对毛泽东哲学思想的去苏联体系化阐释研究,其实也是对毛泽东哲学思想"独立自主精神"的恢复。而中国能够成功实现马克思主义(哲学)中国化的飞跃,与"独立自主"地研究中国社会的新情况、新问题的精神密不可分。毛泽东哲学思想的去苏联体系化阐释从毛泽东哲学思想的实质和内涵出发,是对毛泽东哲学思想及其强调矛盾特殊性世界观的一种回复,也是一种契合毛泽东哲学思想本质的新飞跃。

在毛泽东哲学思想的去苏联体系化阐释中,不少学者的研究也出现了一定的理论偏差。首先,有些学者认为毛泽东哲学思想不够尊重规律的客观性,将人的主体能动性抽象化了。他们认为毛泽东忽视了"物质""客体"作为人类历史发展限

---

① 《毛泽东选集》第三卷,人民出版社 1991 年版,第 1031 页。

② 《毛泽东选集》第一卷,人民出版社 1991 年版,第 115 页。

制性因素的应有地位。其实毛泽东不论是理论上还是实践中都比较重视对自然规律和社会规律的把握。正如毛泽东在《论持久战》一文中所言："我们反对主观地看问题,说的是一个人的思想,不根据和不符合于客观事实,是空想,是假道理,如果照了做去,就要失败,故须反对它。"①其次,有些人认为毛泽东哲学思想的核心是"斗争哲学",过分凸显世界的斗争性,由此认为毛泽东哲学思想已经不符合这个以和平与发展为主题的时代需要了,过时了,由此走上了"非毛化"道路。事实上,正如王向清指出的,把"斗争哲学"看作毛泽东哲学思想"实质和核心"的观点并不符合毛泽东哲学思想的本意,犯了"前后自相矛盾""攻其一点,不及其余""以偏概全"等错误。② 毛泽东认为在必要的时候我们要"针锋相对,寸土必争",但同时又认为斗争也可以是为了和平,斗争可以"有理、有利、有节",在抗日战争时期我党同国民党斗争的目的还是为了巩固"抗日民族统一战线",斗争也是为了和平,因此"斗争哲学"不是毛泽东哲学思想的"实质和核心"。最后,毛泽东哲学思想的去苏联体系化阐释还非常容易导致对毛泽东哲学思想的"碎片化"理解,有些学者不顾毛泽东哲学思想的整体性,对毛泽东的个别行动和观念进行片面的夸大化的解读。例如有些学者过分强调毛泽东哲学思想的"理想性"维度,一味强调毛泽东晚年"大跃进"等运动的错误,将毛泽东哲学思想定性为空想社会主义;另一些学者则过分强调毛泽东哲学思想的"现实性"维度,将毛泽东实事求是思想定性为经验主义思想。有感于此,李佑新认为,毛泽东哲学思想既有"现实性"的一面,又有"理想性"的一面,不能割裂二者的辩证关系。"在相当的程度上,我们可以将毛泽东思想理解为马克思主义的社会主义理想与中国现实之间张力关系的产物和表现。"③

四、毛泽东哲学思想去苏联体系化阐释的展望

毛泽东哲学思想的去苏联体系化阐释适应了改革开放之后中国人民"解放思

---

① 《毛泽东选集》第二卷,人民出版社 1991 年版,第 477 页。
② 王向清:《马克思主义基本原理问题探索》,湘潭大学出版社 2021 年版,第 8—14 页。
③ 李佑新、陈龙:《在理想与现实之间——评迈斯纳关于"毛泽东主义"的观点》,湘潭大学出版社 2010 年版,第 177—179 页。

想""独立自主"地探索适合中国国情的特色社会主义道路的需要。但它出现的种种理论偏差也暴露了由于过分强调毛泽东哲学思想相对于传统马克思主义哲学的独立性而呈现出来的理论局限。今天,我们需要正视这个事实:毛泽东哲学思想的中国性也是在世界性之中的中国性,毛泽东哲学中认识论、方法论和实践哲学等因素始终是现代世界历史视野之下的认识论、方法论和实践观。为了在新时代中国特色社会主义条件下继续推进毛泽东哲学思想的阐释工作,进一步挖掘毛泽东哲学思想的新内涵,避免毛泽东哲学思想去苏联体系化阐释的可能偏差,笔者认为未来的毛泽东哲学思想阐释需要坚持如下几个基本原则:

第一,毛泽东哲学思想的阐释在价值规范上应注重科学性和人民性的统一。毛泽东哲学思想始终坚持人民本位,它始终关注人民的需要、重视人民的疾苦,从人民的角度来认识世界和改造世界,对各种反对人民根本利益的哲学进行了旗帜鲜明的批判。但毛泽东哲学并非民粹哲学,他在坚持人民性原则的同时总是重视对社会科学认识的意义,他反复强调用科学的理论武装党,武装人民,强调对人民革命的领导性,对各种群众运动的引导性。所谓毛泽东哲学思想的理想主义或经验主义只是个别学者割裂毛泽东哲学思想的科学性和人民性价值规范才得出的形而上学结论。今天很多学者辩论毛泽东哲学思想的本质是否斗争哲学的问题,也是脱离了毛泽东哲学思想的科学性和人民性规范才得出结论,毛泽东的人民性赋予他的哲学思想一种正义的价值,脱离了正义价值去辩论是斗争还是和谐毫无意义,毛泽东对斗争的重视是基于他站在人民的立场上对社会阶层结构、国际结构的非正义性作出的回应;而毛泽东不仅仅重视斗争,也重视团结、让步、和平,这是他在人民立场的基础上客观分析各种社会环境之后得出的科学认知。很多学者对毛泽东哲学的中国性做出了非常多的论证,在新时代中国特色社会主义条件下的今天,我们应该指出,毛泽东哲学思想的中国性是在毛泽东思想人民性和科学性基础上衍生出来的派生性特征,毛泽东哲学思想就其表达而言固然有其中国文化的因素,就其主体而言固然有其中国革命时期现实的社会背景,但毛泽东哲学思想的基本观点和方法本身并不是中国性的,毛泽东哲学思想正是基于其对人民性和科学性的重视,才成为一种具有世界性的哲学思想,它不仅深入地影响过世界各国哲学的发展,而且未来仍然能对世界哲学的发展产生持久的贡献。

第二,毛泽东哲学思想的去苏联体系化阐释应当抛弃旧唯物主义中的物质本体论,应自觉地意识到毛泽东哲学思想本身以历史唯物主义的社会本体论为其基本理论预设。毛泽东哲学思想在性质上属于实践哲学,这是 20 世纪 80 年代以来毛泽东哲学思想的去苏联体系化阐释研究逐渐形成的共识,但很多研究者的实践哲学完全脱离历史唯物主义对当代世界历史的社会存在结构的研究,这种研究所得到的所谓种种"实践智慧""实践哲学"常常落入到实用主义的陷阱之中。毛泽东并没有对现代资本主义的结构和逻辑进行讨论,但马克思等经典作家对资本主义的内部矛盾及其历史命运的思想已经是中国共产党人和毛泽东本人思想的基本预设,脱离这个语境,国内外很多学者仅仅从毛泽东的各种文本证据出发来讨论毛泽东哲学思想与马克思哲学关系的研究都只能是似是而非的;很多学者对所谓毛泽东哲学思想是认识论还是世界观的讨论,没有注意到因为毛泽东哲学思想始终是毛泽东在马克思主义指导下领导中国的马克思主义政党进行社会革命过程中产生的哲学,所以毛泽东的认识论和方法论都是马克思主义世界观基础上的认识论和方法论,马克思主义的世界观构成毛泽东认识论和辩证方法论隐秘的预设、隐秘的诞生地。反过来,毛泽东在这一基础上结合中国文化而独创的认识论和方法论也影响了马克思主义的世界观,将原来马克思囿于欧洲(尤其是西欧)社会的资本主义结构的思想扩展为 20 世纪全球资本主义体制的批判性思想。在这种研究中,我们要对去苏联体系化的毛泽东哲学思想阐释的消极方面进行一个辩证的批判,这样才能在与时俱进的马克思主义潮流中确定毛泽东哲学思想在今天的意义。

第三,探索一种独具特色的毛泽东思想的哲学阐释学,这是推进毛泽东哲学思想研究的前提性条件。首先,当代西方哲学阐释学非常繁荣,已经产生了很多的哲学分支,很多学者在中国哲学中也挖掘出了阐释学资源,马克思主义历来重视对之前各种思想的阐释性研究,发展出马克思主义的哲学阐释学是马克思主义哲学研究的重要任务。其次,脱离了生活,任何人的文本都不可能完全地自洽,对这些不自洽只能根据文本作者立场进行阐释;毛泽东的文本中也有一些观点没有进行详细说明,而要说明这些文本,我们就只能结合毛泽东的立场给予一定补充,并认为毛泽东的文本总是在其共产主义革命实践和中华民族的复兴实践过程中产生的文本,它反映了中国的革命实践也为了中国的实践,中国革命实践是毛泽东哲学文本的元文本。最后,从毛泽东哲学思想产生至今,人们已经形成了多种多样的阐释,总结和提炼这些对毛泽东哲学的阐释,如何结合 20 世纪的世界史和中国历史说明这些阐释的变迁,形成毛泽东哲学阐释学,这是毛泽东哲学思想研究未来要着重解决的课题,这也是毛泽东哲学思想研究未来发展的必由之路。

| 论点摘编 |

毛泽东与乡村宗族改造

骆文杰　韩冬雪

骆文杰、韩冬雪在《高校马克思主义理论研究》2022 年第 1 期撰文指出，毛泽东明确反对宗族把持农村社会，提出了在农村社会治理中"战胜家族主义"的重要命题。在毛泽东领导中国共产党人结合形势需要逐步改革土地制度的长期探索实践轨迹中，不难看到宗族与土地分离的时代趋势，这也意味着长期垄断农村的宗族在土地制度变革中不可避免地走向边缘。围绕土地制度变革展开的农村群众运动，有力打击了地主阶级的统治，冲击了根深蒂固的宗族体系，长期垄断农村社会的族长族尊迅速敛迹，宗族长老失去了旧政权的保护，其依据儒家传统道德范式规范乡村社会的秩序维系职能亦快速消解，经济实力、传统影响力迅速下降。宗族开展的教化使儒家伦理道德深入人心，在数千年的封建社会发展过程中对巩固统治秩序发挥了重要作用。毛泽东领导的大众教育、政治教育解除了宗族的教化职能。面对封建乡村社会极难撼动的亲族本位文化，毛泽东主张把开展互助合作生产的理念注入中国乡村，打破封建农村传统生产方式孤立分散的局面，进而实现农村价值观念的本位转换。毛泽东高度重视建设完善基层组织，要求建立与健全各级党委管理党员和支部的机构。通过配合土地改革的整党工作，党对农村的政治领导得到了有力的巩固，县以下的区乡政权纷纷完善，党领导下的基层组织不再倚靠宗族。

国外学者基于传统文化构建的毛泽东形象

欧阳奇

欧阳奇在《现代哲学》2022年第2期撰文指出,纵观国外学者对毛泽东与中国传统文化关系探讨的学术历程,可以发现如下趋势:首先,研究视角逐渐聚焦,从整体探讨毛泽东思想与中国传统文化的内在联系到深入考察毛泽东在不同领域对中国传统文化的继承与发展。其次,研究方法更加多元,运用了文本比较法、人物比较法、心理分析法等不同考察方式。中国传统文化与毛泽东及其思想的关联,鲜明地体现在国外学者关于毛泽东的具体考察中,内嵌在其笔下的毛泽东形象中。用历史唯物主义的科学尺度甄别和分析这些国外研究成果,综合归纳其独到见解,可以窥见国外学者视域下毛泽东的多维形象,进而揭示中国传统文化对中国马克思主义的深刻影响。作为中华文化传承者,具有深厚传统文化底蕴的毛泽东形象。毛泽东早年接触了中国乡村的通俗文化,接受过良好的中国传统文化教育,生活于"传统"的中国社会,这使得他具有深厚的中国传统文化底蕴。作为中华文化实践者,灵活运用传统文化的毛泽东形象。毛泽东将中国传统文化的内容和形式灵活运用于理论阐发,使毛泽东思想呈现出民众喜闻乐见的中国作风和中国气派。作为中华文化创新者,基于传统文化发展马克思主义的毛泽东形象。毛泽东在理论建构中不断汲取中国传统文化养分,基于中国传统文化推进了马克思主义的创造性发展,诸如创新性地阐释了"马克思主义中国化"的理论命题,丰富和发展了马克思主义哲学和革命理论等。

毛泽东与中国医疗卫生事业

王洪车

　　王洪车在《毛泽东邓小平理论研究》2022年第3期撰文指出,在革命战争年代,毛泽东就率先提出夺取政权后要积极注意发展医疗卫生事业的主张。新中国成立后,他高度重视医疗卫生工作,领导全国人民创建了适合中国国情的医疗卫生服务体系,实现了中国历史上一大创举。毛泽东对医疗卫生事业的贡献主要包括四个方面:一是率先提出夺取政权后要积极注意发展医疗卫生事业。只有取得国家政权才有主动权与话语权去规划、建设医疗卫生事业,这是毛泽东发展中国医疗卫生事业的逻辑起点与历史起点。二是号召各级党委把医疗卫生工作看作一项重大的政治任务。毛泽东充分认识到做好医疗卫生工作对于解决人民病痛,密切同群众的联系,引导人民支持革命、拥护政府等的重要作用,甚至认为是影响国家政权存亡的重要因素。三是指导卫生部把医疗卫生工作的重点放到农村。毛泽东推动创建一套符合农村基本情况的医疗卫生制度,锻造一支扎根农村、服务农民的医疗卫生队伍,基本建立县、乡、村三级医疗保健网,保障了农民的基本就医需求。四是指示卫生部加强团结中医,组建了世界上独有的中西医医疗卫生队伍,迅速壮大了我国医疗卫生保健力量。毛泽东强调,中医具有切实的疗效而且是革命与建设时期的主要医疗力量,是宝贵的历史遗产。

毛泽东《论持久战》蕴含的时代观

曹应旺

  曹应旺在《党的文献》2022 年第 3 期撰文指出,读懂毛泽东,一个重要方面是要读懂他的时代观。作为毛泽东代表作之一,并成为中国共产党领导抗日战争的纲领性文献的《论持久战》,就充分反映了毛泽东的时代观。读懂《论持久战》,一个重要方面就是要读懂其中蕴含的时代观。"敌退步我进步"和"敌寡助我多助",是毛泽东在《论持久战》中分析和强调的当时"时代的特点"。毛泽东在《论持久战》中指出,中国正处于"进步时代",日本已处于"退步时代"。中国处于"进步时代"的主要标志是:"有了共产党","有了已经觉悟或正在觉悟的广大人民","有了资产阶级和无产阶级"且"中国已经结成了广大的统一战线,实现了空前的团结","有了政治上进步的军队","有了数十年革命的传统经验"等。《论持久战》通过对时代因素的分析,富有说服力地向全党全国充分阐述了这样一些道理:日本帝国主义对中国的全面战争必然失败;中国处于"进步时代"最重要的因素在于中国共产党的领导;国民党具有两重性,要力争其向抗战、团结、进步的方向走。《论持久战》蕴含的时代观,从时代、时局、时势的高度,批判了对于抗日战争的各种错误认识,阐明了争取抗战胜利的正确道路,从思想上武装了全党、全军和广大人民,极大地鼓舞和坚定了广大军民争取抗战胜利的信心和决心。

道德政治谱系中的毛泽东

孟　永

　　孟永在《现代哲学》2022 年第 2 期撰文指出，早期中国共产党人的底层立场正是中国无产阶级革命的意识根源。就毛泽东而言，关怀弱者的底层立场使他寻找到马克思主义思想，进而引致矢志不渝地反抗压迫的革命实践。他对底层群众感同身受，充满悲悯情怀，而对压迫群体却满怀仇恨与愤怒。由立场至思想进而付诸革命行动，不只是用笔杆子而且用枪杆子来表达他的世界观，或许是毛泽东一生行事的内在逻辑。一以贯之的底层立场是毛泽东一生革命实践的内在动力。在他看来，革命在于消除不平等，革命即是反抗压迫，为弱势群体谋权益。毛泽东内在的底层立场与其外在的革命实践是合二而一的。从现代政治思想史的广阔视域来看，此立场或可说是由卢梭所开启的个人权利（财产权）批判这一思想谱系的延续，是对现代政治去道德化内在困境的激进反应，是现代政治诞生以来所造成的极端功利化、忽视弱者权利的强烈反弹。隐含在这一政治现象背后的问题意识是，失却了德性向度的现代政治如何弥合个人利益与公共利益之间的罅隙、如何保护弱者权利，以及如何重新寻求一种普遍性载体以解决"社会如何可能"的问题。将毛泽东置于现代政治思想史的谱系中予以考察，或许能寻得毛泽东政治思想及其实践一个较为清晰的背景图像。

毛泽东《同音乐工作者的谈话》对推进"两个结合"的启示

罗 馨

罗馨在《湖南科技大学学报(社会科学版)》2022 年第 3 期撰文指出,毛泽东 1956 年在《同音乐工作者的谈话》中具体论述了艺术要有民族风格与民族形式,强调中国的东西有自己的规律,并通过艺术表现形式和革命表现形式的讨论,在哲学高度上重申了"马克思主义中国化"的逻辑必要性和重要性。这一系列关于"中国化"基本原则的重要论断,内蕴普遍原理与民族形式、中国化与国际化、传统性与现代化等多对辩证关系。一是马列主义的基本原理在实践中的表现形式,各国应有所不同;二是中西文化要从两个"半瓶醋""有机结合"为"一瓶醋";三是批判性吸收和借鉴西方"织帽子"的方法来织好"中国帽子"。《同音乐工作者的谈话》作为毛泽东论"中国化"的一篇重要文献,具体关涉共性与个性、内容与形式、民族性与世界性等多重辩证关系,其中对于"中国化"何以必要以及外来文化(包括马克思主义)同中华优秀传统文化相结合的基本原则的系列论述,对我们进一步深入推进马克思主义中国化"两个结合",坚定文化自信,建设社会主义文化强国,乃至接续展望新时代中国共产党人的文化使命与文化视野无疑有着重大的现实启示与价值意义。

毛泽东在革命战争年代维护党中央权威的坚定意志及其重要贡献

郑志强

郑志强在《毛泽东邓小平理论研究》2022年第5期撰文指出,维护党中央权威是党的历史传统和政治优势,是党领导民主革命走向胜利的根本保障。毛泽东对维护党中央权威显现出坚定意志,是忠诚拥护党的集中统一领导的杰出代表。在早期革命斗争中,面对复杂的内外形势,毛泽东在维护党中央权威方面始终显现出坚定的意志。从井冈山到瑞金,维护党中央权威铸就毛泽东领导苏区革命斗争的成功之道。从苏区中央局成立到长征初期,毛泽东成为维护中央权威的重要表率。从遵义会议到新中国成立前夕,作为党内领导核心,毛泽东对维护党中央权威发挥了重要作用。毛泽东在革命战争年代维护党中央权威的重要贡献具有深刻的启示意义:革命政党要有高度组织纪律性,党中央一定要有权威,这是形成强大凝聚力的根本保障;革命政党必须坚持群众路线,做好调查研究,这是实现上情下达的重要基础;革命政党要开展批评和自我批评,以勇于纠错的精神坚持真理,这是实现集中统一领导的必要条件。深入研究毛泽东在革命战争年代维护党中央权威的坚定意志及其重要贡献,总结相关经验,对当下全党坚决拥护"两个确立"和始终做到"两个维护",有着十分重要的意义。

毛泽东关于"党领导一切"的思想及其当代价值

方　涛

方涛在《马克思主义研究》2022年第7期撰文指出,毛泽东关于"党领导一切"的思想内涵丰富,揭示了马克思主义政党执政规律的基本原理,具有重要的时代价值,必须毫不动摇坚持,科学、准确把握并推进制度化。

从思想史的角度看,毛泽东关于"党领导一切"的思想始终贯穿于其革命生涯,初步提出于土地革命战争时期,正式形成于全民族抗日战争时期,在新中国成立后继续丰富发展,从开始的处理党和军队关系,逐步拓展到党领导政权、民众团体、经济工作等各领域。毛泽东关于"党领导一切"的思想内涵丰富,有力回应了党在领导中国革命和建设实践中的突出问题,深刻回答了"党领导一切"的缘由、主体、内容、方法和制度保障等基本问题:在党的领导地位上,强调党是领导中枢、中流砥柱和领导核心,回答了党为什么要领导一切;在党的领导主体上,突出党中央的集中统一领导,明确了"党领导一切"的关键所在;在党的领导内容上,提出思想领导、政治领导和组织领导的命题,明确了"党领导一切"的实现方式;在党的领导方法上,强调坚持领导和群众相结合、一般和个别相结合、抓中心工作等,明确了"党领导一切"的基本路径;在党的领导制度上,推动建立健全请示报告制、党委制、归口领导制等,为"党领导一切"提供了重要保障。随着实践的发展,毛泽东关于"党领导一切"思想所揭示的马克思主义政党执政规律的科学性和真理性愈加凸显:毫不动摇坚持"党领导一切",以充分发挥党的集中统一领导这一最大优势;科学准确把握"党领导一切",加强和维护党中央集中统一领导;推进"党领导一切"的制度化,以制度的刚性约束确保了"党领导一切"。

毛泽东青年观的核心意蕴及其当代价值

郭宝付　李　婧

　　郭宝付、李婧在《思想教育研究》2022 年第 7 期撰文指出,毛泽东在领导中国革命和建设的过程中,从自身参与青年运动和作为青年组织早期负责人的实践经验出发,对青年的地位本质、成长成才规律方向、青年工作原则路径等做出了诸多精辟论述和体系化思索,形成了具有鲜明理论品质和思想张力的毛泽东青年观,是马克思主义青年观与中国青年具体实际第一次结合所形成的重大理论成果,具有重要的理论意蕴和现实价值。

　　毛泽东从中国的历史状况和现实境遇出发,准确把握青年的集体属性和个性样貌,团结青年、凝聚青年、发动青年,视青年为中国革命事业的先锋队、社会主义建设事业的生力军和无产阶级事业的接班人,赋予了其革命性、解放性和发展性的现代化意蕴,这些成为毛泽东青年观的基础性内容。毛泽东从中国革命和建设的历史经验出发,不断推进与中国青年实际相结合,深刻洞悉坚定正确的政治方向是青年成长的价值前提,德智体全面发展是青年成长的基本目标,同工农群众相结合是青年成长必经的实践路径。体系完备、内涵丰富、意蕴深远的青年成才观,是毛泽东青年观的核心内容。毛泽东始终高度重视青年工作自身的特点和科学化的问题,多次强调青年工作在领导统筹上要坚持党的领导,在组织实施主体上要依托共青团,在方式方法上要照顾青年特点,成为毛泽东青年观的重要内容。毛泽东的青年观是马克思主义青年观与中国青年实际相结合的第一次重大理论创新。它丰富和发展了马克思主义青年观,奠定了中国化马克思主义青年观的思想基础,为新时代做好青年工作指明了原则方向,在党的青年观思想体系中起到了奠基性的重要作用,指导着新时代青年工作实践,具有重要的时代价值。

毛泽东如何读马列主义经典著作

陆卫明　任　欣

陆卫明、任欣在《党的文献》2022 年第 4 期撰文指出，中国共产党是用马克思列宁主义武装起来的马克思主义政党。马克思主义是我们党的灵魂和旗帜，提高马克思主义理论素养，离不开对马列主义经典著作的深入阅读、学习和研究。

毛泽东在领导中国共产党进行革命和建设的过程中，反复研读马列主义经典著作，形成了许多比较有效的阅读方法，主要表现在以下五个方面。第一，系统广泛地读，完整准确地理解马克思主义基本原理，以此不断提高个人理论素养。第二，有重点地精读，根据我们党在不同历史时期主要任务的变化调整读书重点，并把"攻书到底"作为精读书本的具体办法。第三，联系历史读，把马克思主义基本原理同中国历史，特别是中共党史和中国革命史联系起来阅读。第四，联系实践读，联系中国革命和建设的具体实践读马列主义经典著作，坚持理论联系实际有的放矢地阅读。第五，在反对盲从盲信中阅读，运用批判的态度，既学习领会马克思主义基本原理，又不能教条、机械地去固守和照搬这些基本原理。综上，毛泽东读马列主义经典著作的方法丰富独特，引人深思。学习毛泽东读马列主义经典著作的方法，有助于我们更好地掌握理论学习的正确方法，把读马克思主义经典、悟马克思主义原理当作一种生活习惯、当作一种精神追求，从而不断提高马克思主义理论素养，用发展的马克思主义观察时代、分析时代、引领时代，从而更有力地发挥科学理论指导实践的重要作用，有力推动新时代中国特色社会主义事业不断前进。

毛泽东对新中国"教育与生产劳动相结合"的探索

庞立生　王　林

庞立生、王林在《湘潭大学学报（哲学社会科学版）》2022 年第 5 期撰文指出，在毛泽东关于新中国教育的思想与实践中，对教育与生产劳动相结合的探索是极具特色的一个部分。这一探索是在社会主义革命和建设的背景下开启的，是毛泽东探索适合中国国情的教育发展道路的一部分。正确认识毛泽东关于"教育与生产劳动相结合"的思想与实践，必须加强对相关历史的认知性研究，这既是新时代劳动教育理论发展的重要理论命题，也是新时代社会主义现代化建设的现实命题。

新中国成立初期，伴随着对社会主义教育事业的开创性探索，毛泽东开启了对新中国教育与生产劳动相结合的探索性实践。这一时期的教育与生产劳动相结合虽尚未作为一项明确的原则被提出，但始终内含在教育战线的主要任务之中。随着 1956 年社会主义改造的基本完成，毛泽东明确指出不能再以苏联教育模式为参照，而是在马克思主义教育理论的指导上，借鉴革命根据地的教育经验，以中国社会的现实发展为基础，重新构建中国的社会主义教育。在此过程中，毛泽东继续加强了对教育与生产劳动相结合的探索。随着社会主义制度在中国的建立，教育与生产劳动相结合应当成为新中国教育发展道路的重要内容。从 1957 年开始，毛泽东对教育与生产劳动相结合的探索走向深入，并在结合中国国情的实践中将其确立为党的教育方针的重要内容。毛泽东对教育与生产劳动相结合的探索可谓与整个国家、民族的命运紧密联系在一起，是他对经济文化落后的东方大国如何摆脱"东方从属于西方"的世界历史格局的重要思考，也是他对中国社会主义发展道路探索中的重要内容。纵观毛泽东对新中国教育与生产劳动相结合的艰辛探索，教育与生产劳动的结合在实践中的发展时有起伏，使教育事业呈现出蓬勃发展—偏离轨道—调整提高的半循环运动态势。在这一探索中,毛泽东总体上坚持了实事求是、自愿发展、试点先行的原则,在一定程度上保证了教育事业的稳定发展。

论毛泽东"中国化"概念的认识论意蕴

徐艳红　曾祥云

　　徐艳红、曾祥云在《湖南科技大学学报（社会科学版）》2022 年第 5 期撰文指出，从认识论看，"中国化"涉及的是理论实现过程中的理论具体化这一认识中介环节，它是我党将马克思主义的事实性认识具体转化为中国实践所需要的应用性认识的过程，也即我党开展调查研究、进行理论创新的认识过程。毛泽东通过对"中国化"本质、成因及实现方式的具体分析与阐发，充分彰显了其对"中国化"认识论本质的深刻理解与根本性把握。

　　毛泽东在倡导"中国化"这一思想原则时，就已经阐明了其何以发生的依据和理由。首先，"中国化"缘生于我党领导的中国实践。其次，坚持马克思主义指导，是"中国化"的固有之义。再次，在各国实践中，马克思主义必然有其"表现形式"。最后，也是最重要的一点，毛泽东虽然没有直接指出但已很明确地认识到，马克思主义原理原则是不能直接用以具体指导中国革命实践的。在毛泽东看来，调查研究即是实现马克思主义中国化、形成和创建中国革命理论和策略的根本途径与主要方式。从认识论看，毛泽东语境的调查研究过程，也就是我党使马克思主义具体化过程。毛泽东立足于马克思主义认识论立场，深度揭示了"中国化"本质的认识论意涵，并且在认识上也明显表现出一个逐渐深化的认识过程。首先，在表述上，从"中国化"到"具体化"。其次，在认识上，从"具体政策"到"中国革命的图样"。最后，在对教条主义批判上，从政治性批判走向方法论批判。马克思主义认识论，才是真正开启"中国化"理论研究大门的一把金钥匙，这是毛泽东"中国化"概念给予我们最深刻也最重要的经验与启迪。

党的七大与毛泽东思想指导地位的确立

石仲泉

石仲泉在《思想理论教育导刊》2022 年第 9 期撰文指出,从思想理论层面说,党的七大最重要的成果和历史性贡献就是通过对党的重要历史问题做出科学总结,把毛泽东思想确立为党的指导思想并写入党章,实现了马克思主义中国化的第一次历史性飞跃。并使全党特别是党的高级干部对于中国民主革命的发展规律有了比较明确的认识,从而使全党在马克思列宁主义、毛泽东思想的基础上达到了空前的团结,为实现中国革命的伟大胜利奠定了思想基础。

毛泽东先是在 1938 年党的扩大的六届六中全会上提出"要使马克思主义中国化"的思想理念;一年后,又提出"马克思列宁主义的理论和中国革命的实践相结合"这个根本原则。这是形成中国化马克思主义理论的逻辑起点。以毛泽东同志为主要代表的中国共产党人创立的新民主主义理论,是马克思主义中国化理论形成的重要标识。延安整风运动空前提高了党的马克思主义理论水平,基本弄清了党的历史问题的路线是非,使全党对过去的发展历程有了比较正确的认识,初步达到了思想的统一,为科学提出毛泽东思想,实现马克思主义中国化的历史性飞跃起了奠基作用。《关于若干历史问题的决议》是延安整风的理论结晶,为七大确立毛泽东思想成为党的指导思想作了全面准备。1945 年 4 月 23 日至 6 月 11 日,中国共产党第七次全国代表大会在延安举行,大会肩负着全面总结中国革命经验、迎接抗日战争胜利和引导中国走向光明前途的历史重任。大会最耀眼的成就是将马克思主义中国化的首个理论成果毛泽东思想写在中国共产党指导思想的大旗上。最后,在毛泽东思想的指引下,我们取得了抗日战争和解放战争两大胜利;实现了马克思主义基本原理同中国具体实际进行"第二次结合";党的指导思想又实现了两次马克思主义中国化新的飞跃。

毛泽东政治哲学思想及其现实启示

郭红军　童　晗

郭红军、童晗在《湖南社会科学》2022年第5期撰文指出,政治哲学是对现实社会的政治生活、国家治理进行哲学思考而形成的理论形态,其致力于将理论回归现实并观照现实。毛泽东政治哲学是来源于马克思主义基本原理的理论奠基、中国传统文化的文化土壤以及当时中国的现实境遇,蕴含着人民主体性视域的民主政治观、唯物史观基础上统筹兼顾的国家发展观以及自由人联合体构想下的永久和平世界观等丰富内涵。毛泽东政治哲学高度关涉民主政治、统筹发展以及世界大势,在中国革命与中国建设的双重语境下发挥了重要作用,成功推动中国由落后的农业国走向先进的工业国。

在新时代,以毛泽东著作为遵循,阐发毛泽东政治哲学思想,对毛泽东的政治哲学思想进行探析,对于推进新时代中国特色社会主义伟大事业具有重要的现实启示。首先,毛泽东对人民的关切以及对其主体性的领会,催生了囊括民主集中制与人民民主专政的民主政治观,坚定了我国以人民群众为出发点的治国理政路向。其次,毛泽东政治哲学强调经济基础和上层建筑的辩证统一关系,重视经济、政治、文化等各项事业的统筹兼顾与全面发展。最后,毛泽东立足正义之战实现永久和平的思想,彰显了对共产主义的承继与践行,体现了中国对世界和平的向往与期冀。

毛泽东关于领导干部作风建设思想及其当代启示

杨 畅

杨畅在《马克思主义理论学科研究》2022 年第 10 期撰文指出,领导干部是党和国家事业发展的骨干力量,在中国特色社会主义发展的新时代中发挥着举足轻重的核心引领作用,是影响政府公信力显著提升的关键因素。毛泽东在新民主主义革命时期、社会主义革命和建设时期的实践探索中形成了一系列关于加强领导干部作风建设的思想,也为新时代加强领导干部作风建设以最大程度提升政府公信力提供了理论武器和方法指导。

一、毛泽东通过高度重视思想作风建设、学风建设、工作作风建设、生活作风建设提升群众政治情感认同,解决主观主义、官僚主义问题,遏制享乐主义、奢靡之风发展,进一步以为人民服务的实际行动,提升群众获得感、幸福感,赢得群众支持、获得群众信任。二、在毛泽东领导干部作风建设思想影响下,革命战争年代和新中国成立后涌现了一大批身先士卒、为人民鞠躬尽瘁的优秀领导干部,塑造了高责任感、高效率、服务于民、清正廉洁的政府形象,他们将坚定信念转化为执政担当获得民众认同,将科学决策转化为执政效率拉近民众距离,将政民互动转化为执政举措凝聚民众力量,将勤俭廉洁转化为执政严明收获民众信赖,极大地拉近了人民群众距离、取得了人民群众信任。三、毛泽东从思想作风、学风、工作作风、生活作风四个方面强调了领导干部作风建设,即进一步站稳人民立场提升人民群众对政府的情感认同;进一步深入开展调查研究提升政府科学决策程度;进一步拓展群众参与路径提升政民互动程度;进一步发挥监督力量提升政府廉洁自律程度。这些举措为新时代领导干部队伍建设自身优良作风,获得群众信任和拥护,助推政府公信力显著提升提供了路径指引。

毛泽东与《共产党宣言》

贺全胜

贺全胜在《科学社会主义》2022 年第 5 期撰文指出,《共产党宣言》是马克思主义诞生、科学社会主义创立的鲜明标志,是中国共产党人的初心使命之根,是毛泽东坚信马克思主义的学理之源。毛泽东在领导中国革命和社会主义建设的伟大实践中总是勤读《共产党宣言》并向党内大力推介,从中找到了解决问题的立场观点方法,推进中国革命和社会主义建设不断取得新的伟大胜利。

毛泽东历经艰难辉煌,伴随研读《共产党宣言》成长成事成功。在他伟大壮丽的人生谱系中,从一个激进民主主义者转变为坚定马克思主义者,成就建党建国的旷世伟业,《共产党宣言》具有思想奠基、方向引领、成就事业的哺育滋润之功。毛泽东紧密联系中国革命和社会主义建设的具体实际研读《共产党宣言》并向党内广为推介,从中找到解决实际问题的有益思路和方法,加快革命建设步伐,推进马克思主义中国化发展。毛泽东常读精读深读《共产党宣言》,并用之指导解决中国实际问题,给当代中国共产党人留下了弥足珍贵的精神财富、人生教益和实践启示。要不忘初心使命,坚定理想信念,推进新时代中国特色社会主义伟大事业;要坚持以人民为中心的发展思想,不断提高为人民服务水平;要不负韶华,弘扬伟大建党精神,增强斗争本领,推进党的建设新的伟大工程,建设社会主义现代化强国。总之,毛泽东伟大壮丽一生认真读用马克思主义,为我们党建树卓越崇高的马克思主义精神高地、思想丰碑,成就创党、立国、建设社会主义的伟大事业,作出了瞩目景仰的重大贡献。

毛泽东经济思想及其当代价值

陈克清

陈克清在《云南大学学报(社会科学版)》2022年第6期撰文指出,毛泽东思想是博大精深的科学理论体系,经济思想是其中不可或缺的重要组成部分。毛泽东经济思想注重解放和发展生产力,强调人民至上,坚持自力更生,主张独立自主进行经济建设,制定了把我国建设成为一个强大社会主义国家的发展战略,包含着内涵丰富的真理性认识,直到今天都具有很强的现实指导意义。

一、毛泽东经济思想在井冈山革命斗争时期初步形成,在延安时期得到了丰富与发展。新中国成立前,毛泽东经济思想已经发展到了相当高度。在人民解放战争取得全国胜利的前夕,毛泽东在党的七届二中全会上规划了新中国经济发展的宏伟蓝图,明确提出使中国稳步地由农业国转变为工业国,把中国建设成一个伟大的社会主义国家。二、毛泽东经济思想体系学内涵丰富、实践品格鲜明,提出社会主义革命的目的是解放生产力;实施工业强国战略,走发展自强的道路;统筹国民经济基本关系,注重协调发展与综合平衡;全面实现现代化,使我国国民经济走在世界前列。三、毛泽东经济思想蕴含着丰富的真理性认识,其时代价值与中国特色社会主义经济建设的现实需要具有高度一致性,是党和人民应当倍加珍惜的宝贵精神财富:艰难困苦,玉汝于成,依靠自己的力量把经济搞好;坚持以人民为中心,发展经济以更好满足人民需要;以完整的工业体系和国民经济体系抵御外部不利因素的冲击。深入阐释和开掘毛泽东经济思想的当代价值,能够深化我们对中国共产党经济思想既一脉相承又与时俱进的理解,在实践中推动新时代中国特色社会主义经济健康发展、行稳致远。

(王文兵　李雅兴　摘编)

| 研究综述 |

从原著中读出智慧和启迪

——第四届毛泽东著作及版本研讨会综述

张贵军①

2022 年 7 月 29 日至 31 日,由毛泽东哲学思想研究会、教育部人文社科重点研究基地湘潭大学毛泽东思想研究中心、湖南省韶山管理局韶山毛泽东图书馆共同举办的第四届毛泽东著作及版本研讨会在韶山胜利召开。来自中共中央党史和文献研究院、中国海洋发展基金会、中共中央党校、中国社会科学院、国防大学、北京大学、清华大学、中国人民大学、南开大学、武汉大学、中山大学、华南师范大学、湖南省社会科学院、中共湖南省委党史和文献研究院等高校和研究机构,以及人民出版社、《光明日报》、《求索》、《毛泽东研究》等媒体单位的 100 余名专家学者围绕"毛泽东关于中共党史论著及版本研究"主题,从多个视角和维度进行交流,激荡思想,形成共识。

新时代:深化毛泽东著作版本及其当代意义的研究意义重大

习近平总书记在纪念马克思诞辰 200 周年大会上的讲话中指出:"共产党人要把读马克思主义经典、悟马克思主义原理当作一种生活习惯、当作一种精神追求,用经典涵养正气、淬炼思想、升华境界、指导实践。"②这是习近平总书记基于理论逻辑、历史经验和现实发展对全党提出的明确要求。

---

① 张贵军,韶山毛泽东图书馆采编部主任、馆员,主要从事毛泽东著作版本研究。

② 习近平:《论党的宣传思想工作》,中央文献出版社 2020 年版,第 334 页。

中共中央党史和文献研究院杨明伟研究员在致辞中指出,持续深化毛泽东著作及版本研究,不仅仅是个学术问题,而且是重要的现实问题。因为毛泽东著作及各种版本中,体现出我们党的指导思想之一的毛泽东思想的深刻内涵,包涵了毛泽东思想发展的主要线索,反映了我们党一路走来的清晰路径,渗透着中国共产党人的精神特质,也传递着中国共产党过去为什么"能",未来必将取得更加伟大胜利的"密码"。要读懂毛泽东思想,首先必须读懂毛泽东著作。毛泽东著作及版本研讨会始终坚持以习近平新时代中国特色社会主义思想为指导,紧紧围绕党和国家重大关切,围绕新时代学术研究热点,深入探讨毛泽东著作及其版本问题,研讨主题一次次深化、影响力一步步扩大。

新收获:毛泽东著作及版本研究成果丰硕

近几年,毛泽东著作及版本研究逐渐成为学界关注的热点,越来越多的学者关注毛泽东著作及版本研究领域,取得了丰硕成果。本届研讨会上,各位专家学者就从多个视角和维度展开研讨交流。

中共中央党史和文献研究院杨明伟研究员指出,在毛泽东《如何研究中共党史》这一报告发表80周年之际,会议将其作为此次会议的重要选题之一,有重要的理论意义和极强的现实指导作用。毛泽东这一报告系统、全面、科学地阐明了党史研究的目的和意义、对象和立场,认真地思考了中国共产党如何看待过去以及如何走向未来的问题,开启了中国共产党全面而深刻地总结党的历史经验和历史智慧的先河。《如何研究中共党史》对我们党先后作出的三个历史决议都产生了深刻影响,其中蕴含着我们实现中华民族伟大复兴的历史进程中必须牢牢掌握的伟大智慧和辩证方法。

华南师范大学历史文化学院蒋建农教授认为,毛泽东在中央学习组作题为《如何研究中共党史》的报告,熟练运用马克思主义的唯物史观,全面系统地阐明中共党史研究的对象、方法、立场、切入点和中共党史的分期,以及如何评价党史人物等问题,不仅为广大党员干部学习和研究中共党史提供了可借鉴的方法,成为中共党史学科建设的奠基之作,而且对于进一步肃清主观主义、宗派主义和党八股的影响,彻底纠正教条主义和经验主义的错误,发挥了重要的作用。

华南师范大学马克思主义学院陈金龙教授则从情感维度来阐述如何阅读毛泽东著作,并从理论渊源、实践基础、政党性质、文化底蕴等四个方面具体阐述了毛泽东著作形成的缘由。毛泽东的著作蕴含丰富的情感,如《新民主主义论》一文中,"中国向何处去","我们民族的灾难深重极了"等论述表达了对国家、民族前途命运的忧虑;"民族的科学的大众的文化"等论述,表达了民族认同、历史自信、人民情怀。此外,《新民主主义论》中的情感表达方式,还包括立足现实表达情感、通过比较表达情感、运用比喻表达情感、放眼世界表达情感等。

武汉大学哲学学院李维武教授认为,毛泽东的《论人民民主专政》一文,在中国革命即将迎来伟大胜利之际,总结了中国共产党自成立以来的 28 年奋斗历程,阐明了中国共产党是从哪里来的、中国共产党已经做了什么事、中国共产党还将做什么事、中国共产党最后要向哪里去四个问题,以其独特语境,从理论上透彻而深刻地阐明了中国共产党的过去、现在与未来。时至今日,文中关于中国共产党历史的论述,对总结和书写中国共产党历史仍然有着重要的启示。

湘潭大学毛泽东思想研究中心李佑新教授以毛泽东《〈怎样分析农村阶级〉一文写作时间商榷》为题,通过历史文献的考察和比较,提出了《怎样分析农村阶级》具体发表时间的商榷意见。

中共中央党校哲学教研部胡为雄教授以毛泽东审阅、选定和主持编辑的《整风文献》为分析对象,指出《整风文献》的杰出之处是,对把马克思列宁主义的普遍真理与中国革命的具体实践结合起来的必要性加以精确而通透的说明,不仅解决了困扰中国共产党近 20 年的实践与理论难题,而且还解决了中国的马克思主义发展的难题。《整风文献》在中国共产党转型现代政党和在中国的马克思主义发展中具有里程碑般的地位。

湖南省社会科学院刘建武教授、中共湖南省委党史和文献研究院夏远生研究员、国防大学周炳钦研究员、中国社会科学院马克思主义研究院朱继东研究员、北京联合大学海外中国学研究中心梁怡教授、广东海洋大学马克思主义学院苗体君教授、中国人民大学哲学院陈世珍副教授、广东工业大学马克思主义学院周兵副教授、武汉大学马克思主义学院付克新副教授、韶山毛泽东图书馆朱春飞研究馆员先后作了大会发言。

研讨会上,北京大学、清华大学、南开大学、中山大学等国内知名高校的一批青年学者向大会汇报了研究毛泽东著作及版本的一些心得和成果,昭示着毛泽东著作及版本研究人才辈出。

新征程:书写毛泽东著作及版本研究新篇章

与会专家一致认为,开展毛泽东著作及版本学术研讨,有利于把毛泽东著作蕴含的丰富的政治智慧和道德滋养挖掘出来、宣讲出去,充分发挥毛泽东著作立德树人、启智润心、激扬斗志的作用,激发起新时代实现中华民族伟大复兴中国梦的强大动力。

迈上新征程,如何做好毛泽东著作及版本研究?湘潭大学毛泽东思想研究中心副主任黄显中教授提出了几点建设性的意见:一是要聚焦主题,拓宽论著广度。比如把历史和现实联系起来,国内专家和国外专家研究版本结合起来。二是要面向未来,提高研学高度,把准政治站位。三是要在厚实理论中提升研学效果,不拘泥于考证,注重史料与事实,党史系统研究要全面。四是要在回应问题中,提高针对强度。五是要在超越前人中,加大创新力度。六是要对史料收集考证更加严谨。注重运用新媒体新技术,提高资料收集水平。

中共中央党史和文献研究院杨明伟研究员着重强调,深化毛泽东著作及版本研究,第一,要以习近平总书记在庆祝中国共产党成立 100 周年大会上的讲话为指引,深化毛泽东著作中蕴含的伟大建党精神和中国共产党精神谱系的深刻内涵的研究。第二,要贯彻落实党的十九届六中全会精神和第三个历史决议精神,深化毛泽东著作中蕴含的总结党的历史经验丰富内容和深远智慧的研究。第三,要着眼我们党带领人民实现中华民族伟大复兴的伟大历史新征程,深化毛泽东著作中蕴含的深刻思想和思想方法的研究。

毛泽东为中国式现代化奠定基础

——第十五届全国"毛泽东论坛"综述

吕梦丽①

为学习贯彻党的二十大精神,深入理解以中国式现代化全面推进中华民族伟大复兴的使命任务,深化毛泽东思想及其当代价值的研究,在毛泽东同志诞辰129周年之际,由全国毛泽东思想哲学研究会、湘潭大学毛泽东思想研究中心、湖南省韶山管理局韶山毛泽东同志纪念馆等单位联合主办的第十五届全国"毛泽东论坛"于2022年12月17日在湖南省韶山市、湘潭市召开。来自全国高校、科研院校、出版机构、新闻媒体等单位的100余位专家学者以线上线下方式参加此次会议,围绕"毛泽东与中国式现代化"的主题,开展了多方面的交流与研讨。

与会学者认为,毛泽东领导党和人民不懈奋斗,为探索中国式现代化创造了根本前提。毛泽东领导党和人民推翻了"三座大山",实现了民族独立和人民解放,为探索中国式现代化创造了根本社会条件。唐洲雁研究员认为,毛泽东作为新中国现代化建设的开拓者,是中国式现代化的奠基人。一个没有独立的、自由的、民主的和统一的中国,不可能发展工业。毛泽东团结带领党和人民浴血奋战、百折不挠,实现了中华民族的独立和人民的解放,走上了追求繁荣富强的工业化和现代化道路,使得民族自信心和自尊心空前提高,为探索中国式现代化创造了根本前提。王立胜研究员认为,中国式现代化的历史与中国共产党的历史是一致的,没有共产党的努力,没有中国共产党做中国人民的中流砥柱,中华民族的独立和解放是不可能的,中国的工业化和农业近代化也是不可能的,毛泽东作为中国共产党的缔造者,带领党和人民实现了民族独立和人民解放。金民卿研究员认为,毛泽东把由农

---

① 吕梦丽,湘潭大学毛泽东思想研究中心博士研究生。

业国向工业国的转变看作是改变国家命运、实现人民幸福的决定性条件和基础性环节,强调实现农业国向工业国的转变,必须首先取得革命胜利。在半殖民地半封建的社会性质下,毛泽东团结带领各族人民推翻了帝国主义、封建主义、官僚资本主义三座大山,建立了工人阶级领导的、以工农联盟为基础的人民民主专政的社会主义国家,创造了由农业国变为工业国的先决条件,证明了革命的重要性以及革命是实现转变的根本性的基础条件。

与会学者认为,毛泽东为探索中国式现代化奠定了物质基础。在毛泽东时代建成了比较完整的国民经济体系和工业体系,为中国式现代化建设奠定了物质力量基础。唐洲雁研究员认为,毛泽东领导新中国开始了历史上第一次大规模的工业化建设和全面的社会主义经济建设,初步建成了相对独立的比较完整的国民经济体系和工业体系,农业生产条件发生显著变化,城市商业和对外贸易有明显增长,国防尖端技术实现了"零的突破",研制成功"两弹一星",证明了中国具有世界先进水平的能力和魄力,极大提高了中国的国际地位,直接奠定了新中国的大国地位。蒋建农教授认为,毛泽东在中共七大上勾画了新民主主义经济建设的宏伟蓝图和实现路径,对如何建设一个现代化中国进行了展望。认为打败日本侵略者和建设新中国必须发展工业,提出了中国工业化和农业近代化的战略目标;指明工人阶级和农民阶级是实现工业化和农业近代化的领导阶级与主要依靠力量;把能否推动和发展生产力作为判别一个政党优劣的标准;强调只有经过民主主义,才能达到社会主义;提出没收帝国主义在华财产和没收买办资产阶级资产为国家所有的政策构想;为了发展工业,欢迎外国投资等。程美东教授从毛泽东现代化的若干论述出发分析了毛泽东现代化意识的基本取向,认为无论是《论持久战》中提到的"革新军制离不开现代化",还是同米高扬会面时讲到的"建设崭新的、现代化的、强大的国民经济",抑或是七届二中全会上指出的"使我们的农业和手工业逐步地向着现代化发展",都体现了1949年前毛泽东提到现代化的着重点是富国强兵,是技术层面的现代化。李楠教授从农业现代化的视角出发,强调了中国农业发展是中国现代化发展的基础,农业生产位于我国经济建设工作的首位,阐述了毛泽东在理论、实践等方面对中国式现代化道路的历史贡献,证明了毛泽东是中国农业现代化的奠基人。

与会学者认为,毛泽东为探索中国式现代化建立了制度基础。毛泽东领导社会主义改造取得了伟大胜利,确立了根本制度、基本制度和重要制度,为探索中国式现代化道路打下了坚实的制度基础。唐洲雁研究员认为毛泽东领导社会主义改造的完成和基本经济制度的确立,是中国历史上前所未有的一场伟大变革,为后来开展的大规模工业化建设和社会主义现代化建设提供了经济基础,以公有制为主体的社会主义基本经济制度具有集中力量办大事、促进社会生产力迅速发展的优越性,由此催生了万众一心、风雨同舟的前进动力,形成了社会主义经济建设的制度保障。薛广洲教授认为,毛泽东建设社会主义现代化是以新中国和新社会为前提条件的。毛泽东为新中国走上稳定的建设道路作出了有益探索。一是建立了民主的、统一的联合政府;二是制定了新中国的第一部宪法,并将人民民主专政的国体、全国人民代表大会的政体写入其中。毛泽东以改造中国与世界为出发点思考了如何建设新社会,在完善对人类理想社会的构思和思考如何从现实历史过程当中向目标迈进的双重合力下,造成了一种现实与未来、空间与时间的相互渗透,以及在建设新社会的诸多实践中彰显出追求建设和谐、幸福、平等的理想社会。这些思想观点影响指导着现代化目标的实践进程和战略部署。徐俊忠教授以《毛泽东读社会主义政治经济学批注和谈话》文本为考察内容,认为"批注和谈话"对中国式现代化道路的探索具有重大意义。毛泽东对社会主义与商品生产相结合、中央与地方合理配置权力、乡村在地工业化和在地城镇化、社会主义民主实践的路径等问题的探索与实践,为中国现代化经济体制、政治体制的确立与改革提供了借鉴与遵循,因此科学把握中国式现代化道路的内涵和意义,必须高度重视"批注和谈话"的研究。李永进副教授认为毛泽东围绕社会主义现代化建设的若干问题,明晰了"工业化""四个现代化""赶英超美"等中国式现代化的目标任务;勾画了经济、政治、文化"三位一体"的总体布局,以及工业和农业、沿海和内陆、经济建设和国防建设等的具体布局,为中国式现代化道路规划了全方位的发展格局;提出了"两步走"的宏观设计和五年计划的具体方案,构想出中国式现代化道路的战略步骤,为实现现代化提供了时间表和路线图。

与会学者认为,毛泽东为探索中国式现代化提供了精神文化支撑。毛泽东制定的文化发展方针与保持的优良传统为探索中国式现代化提供了精神文化滋养。肖贵清教授从毛泽东在七届二中全会上的报告出发,认为在"进京赶考"时提出"两个务必"的优良作风以及"敢于斗争,敢于胜利"的历史经验是毛泽东非常宝贵的精神遗产,在全面建设社会主义现代化国家新征程的节点上,对走好新时代的赶考之路具重大的历史意义和时代意义。陈金龙教授立足党的二十大报告分析了毛泽东思想的当代价值,认为"两个务必"和"三个务必"都是在中国共产党的关键时刻提出的,"三个务必"是对"两个务必"的继承与发展。段妍教授回顾和总结新中国成立初期毛泽东对文化现代化的实践探索,认为毛泽东明确了文化在社会主义现代化建设中的战略地位和社会主义文化的发展方向,对如何认识文化在国家战略布局中的地位提供了指导;提出了古为今用、洋为中用以及百花齐放、百家争鸣的文化建设方针和原则,对如何更好地处理社会主义文化与中华传统文化以及西方文化的关系指明了方向,对新时代发展中国特色社会主义文化,以文化建设推进中国式现代化建设具有重要意义。蒋建农教授认为,毛泽东在《新民主主义论》中主要着眼于对如何建设"近代化中国"的文化,把知识分子看作是国家和社会的宝贵财富;明确要建立民族的科学的大众的文化和新教育;指明农民是近代化中国文化运动的主要对象;制定出对待知识分子工作的方针和政策。

与会学者认为,毛泽东为探索中国式现代化确立了方法指导。毛泽东作为中国式现代化的奠基者,为建设社会主义现代化国家贡献了独特智慧。杨明伟研究员认为,以中国式现代化推进中华民族伟大复兴的新思想、新举措都有着自身的历史逻辑,都能从毛泽东等老一辈革命家那里找到开创性的线索;中国式现代化的两大亮点是共同富裕和走和平发展道路,中国式现代化的根本点和最本质的特征是中国共产党的领导,而这些恰恰是毛泽东开启的政治智慧。金民卿研究员认为,独立自主是毛泽东思想活的灵魂,毛泽东在革命问题上毫不动摇地坚持独立自主,走自己的路,独立自主是中国革命、建设、改革的立足点,是中国共产党百年奋斗的重要经验,从源头上就规定了中国式现代化探索必须突出独立自主的特质。徐俊忠教授认为,毛泽东捍卫了中国独立自主的发展道路,新中国既不愿意成为帝国主义的附庸,也不愿意被绑在以苏联为首的集团的战车上,毛泽东选择建立独立的工业体系,强调把发展的基点放在依靠自己的力量上,经过历史岁月考验,证明它是中国式现代化战略的精华。陈金龙教授认为,党的二十大报告中提出的自立自强是对毛泽东独立自主思想的继承和发展,自立强调要从国情出发,依靠自己的力量,实际上就是毛泽东所讲的独立自主;加强党的领导和党的建设,坚持和加强党中央的集中统一领导,坚持全心全意为人民服务的根本宗旨,贯彻群众路线,从群众中来,到群众中去,始终同人民群众保持血肉联系等,都是毛泽东首创的,都是对毛泽东思想的继承和借鉴。

此外,与会学者还从毛泽东与社会主义改造、毛泽东与伟大建党精神、毛泽东与中国传统文化、毛泽东伟大人格、毛泽东书信文体等视角展开了深入研究。

2022 年毛泽东研究综述

邓琴林①

摘要： 2022 年的毛泽东研究，从研究载体来看，包括学术会议、期刊论文、学位论文、报纸、著作，并以期刊论文为主；从研究内容来看，包括对毛泽东及其著作、思想的研究，以及对"毛泽东研究"本身的探讨；从研究热点来看，围绕具有周年纪念和时代价值的文本、事件以及路线战略展开，如《在延安文艺座谈会上的讲话》发表 80 周年、中国共产党统一战线政策提出 100 周年、共青团建立 100 周年、"人民主体论"、"党的领导"、"党的建设"、"第三个历史决议"等；从研究方法路径来看，重视原始文献，强调在整体之下研究具体的大历史观，着眼问题导向推进跨学科交叉研究，以及努力拓展"扎根中国、融通中外"的研究视野。综合来看，2022 年的毛泽东研究，体现了新时代深度挖掘毛泽东这一学术富矿和思想宝库的时代价值和伟大意义。

关键词： 2022 年；毛泽东研究；研究综述

2022 年的毛泽东研究，是在党的二十大精神、党的十九届六中全会审议通过的《中共中央关于党的百年奋斗重大成就和历史经验的决议》精神指导下进行的，取得了较为丰硕的研究成果。本文依托"中国知网""读秀""超星""CRS 核心论文库""Cambridge Journals Online（剑桥期刊库）""中国国家版本馆数据中心"等数据库，从研究载体和研究内容两大维度出发，对 2022 年的毛泽东研究进行梳理和分析总结，并对 2023 年（毛泽东诞辰 130 周年）的毛泽东研究进行了展望。

---

① 邓琴林，哲学博士，湘潭大学马克思主义学院讲师。

一、2022 年毛泽东研究的载体分析

综合来看,2022 年毛泽东研究的载体主要分为以下五大类:学术会议、期刊论文、学位论文、报纸、著作,并以期刊论文为主。

(一)学术会议

学术会议是引领研究方向、展示研究动态、推进学界探讨交流的重要学术共同体和平台。2022 年,以"毛泽东研究"为主题的学术会议,主要包括以下两类。

其一,由毛泽东研究相关代表性研究机构主办的、有全国性影响的、基本每年均会主办的常态化学术会议。总的来看,2022 年主要有以下五场:4 月 29 日召开的"学习弘扬李大钊、毛泽东等建党先驱伟大精神与当代青年的使命奋斗"学术研讨会;7 月 3 日召开的"毛泽东与中国共产党的伟大精神"学术研讨会暨毛泽东哲学思想研究会第 29 次年会;7 月 30 日召开的第四届毛泽东著作及版本研讨会;9 月 5 日至 6 日召开的"毛泽东党建思想及在株洲的早期革命实践"学术研讨会暨中国中共文献研究会毛泽东思想生平研究分会 2022 年年会;12 月 17 日召开的以"毛泽东与中国式现代化"为主题的第十五届全国"毛泽东论坛"。

其二,为纪念毛泽东《在延安文艺座谈会上的讲话》(以下简称《讲话》)发表 80 周年,2022 年 5 月召开了不少相关的纪念座谈会和研讨会,并结合开展相关作品的展览、演出等纪念活动。其中影响最大的,是 5 月 23 日在北京举行的"纪念毛泽东同志《讲话》发表 80 周年座谈会",中共中央政治局常委、中央书记处书记王沪宁出席会议并讲话。其他纪念研讨会主要包括以下三类。(1)由国家文艺相关部门牵头主办的研讨会。如 5 月 19 日,国家广播电视总局召开"纪念《讲话》发表 80 周年——推动新时代广播电视和网络视听文艺繁荣发展理论研讨会"。(2)由文艺界相关社会组织和人民团体主办的研讨会。如 5 月 22 日,中国文联主办"纪念毛泽东同志《讲话》发表 80 周年理论研讨会"。(3)由相关高校主办的研讨会。如 5 月 22 日,天津音乐学院举办"与人民同行　为时代放歌"纪念《讲话》发表 80 周年专题研讨会。

（二）期刊论文

根据"中国知网"数据库的查询，2022 年毛泽东研究的国内期刊论文共有1000 余篇，其载体主要分为以下两类。

1. 学术研究类

其一，以"毛泽东研究"为主题的学术研究专刊。一是《毛泽东研究》，每期刊载 5—8 篇"毛泽东研究"论文，涉及的期刊栏目包括："毛泽东思想与实践研究""毛泽东著作文本研究""纪念延安文艺座谈会 80 周年研究""海外毛泽东研究""毛泽东研究动态"。二是《毛泽东思想研究》，每期刊载 6—10 篇"毛泽东研究"论文，2022 年共计刊发 51 篇文章，是刊发"毛泽东研究"论文数量最多的期刊。涉及的期刊栏目包括："毛泽东思想基本理论""毛泽东思想与中国共产党""毛泽东思想与马克思列宁主义""毛泽东思想与中华优秀传统文化""毛泽东思想与思想政治教育""周恩来与毛泽东思想""刘少奇与毛泽东思想""朱德与毛泽东思想""海外译丛"。其中，"毛泽东思想基本理论"栏目固定每期刊发 6 篇论文。三是《毛泽东论坛》，期刊栏目包括："名家特稿与专访"；全国"毛泽东论坛"、毛泽东著作及版本研讨会、马中化高峰论坛等会议论文选录；转载 2021 年度重要文章和著作；2021 年度毛泽东研究论点摘编与研究述评等。

其二，常设有"毛泽东研究"相关专栏的学术期刊。主要包括：一是《毛泽东邓小平理论研究》，其中有"毛泽东研究"专栏的期数，每期刊发 2—4 篇论文。二是《湖南科技大学学报（社会科学版）》，每期的"毛泽东研究"专栏固定刊发 4 篇论文，2022 年共计刊发 24 篇。三是《湘潭大学学报（哲学社会科学版）》，每期的"毛泽东思想研究"专栏刊发 2—3 篇论文，2022 年共计刊发 14 篇。四是《现代哲学》，其中有"毛泽东研究"栏目的期数，每期刊发 2—3 篇论文。五是《党的文献》，该刊虽没有专门的"毛泽东研究"专栏，但该刊常设的"党和国家领导人思想生平研究""考订与探讨"专栏，每期刊发了 2—5 篇"毛泽东研究"论文。六是《中国井冈山干部学院学报》，其中有"毛泽东思想研究"栏目的期数，每期刊载 1 篇论文。

其三，为纪念《讲话》发表 80 周年，不少学术期刊尤其是文艺界期刊，特别增设了纪念专栏。主要包括：一是《中国文艺评论》，该刊第 6 期整期包括：中国文联党组书记、副主席李屹撰写的特稿《走好新时代新征程文艺发展道路》，以及"纪念专题"栏目的 13 篇文章。二是《艺术评论》,该刊第 6 期整期分四个栏目纪念《讲话》发表 80 周年:"纪念"栏目(15 篇)、"访谈"栏目(5 篇)、"理论"栏目(8 篇)、"创作——中国艺术研究院主题创作作品展示"栏目 43 篇。三是《现代中文学刊》,该刊第 3 期增设"纪念专辑",刊发了 7 篇文章。四是《中国国家博物馆馆刊》,该刊第 5 期增设"纪念专题",刊发了 6 篇文章。五是《文艺理论与批评》,该刊第 3 期增设"特稿·纪念"栏目,刊发了 5 篇文章。同时,《甘肃社会科学》第 1 期和第 6 期、《中国戏剧》第 5 期和第 6 期、《现代哲学》第 3 期、《毛泽东研究》第 4 期、《延安大学学报(社会科学版)》第 3 期也均增设了纪念栏目,各自每期刊发了 2—3 篇文章。

除了前面提到的三类期刊外,刊发"毛泽东研究"论文的学术研究期刊还有很多,如《哲学动态》《科学社会主义》《世界社会主义研究》《社会科学论坛》《思想教育研究》《湖南社会科学》《山东社会科学》《江西社会科学》《甘肃社会科学》《复旦学报(社会科学版)》《武汉大学学报(哲学社会科学版)》《四川师范大学学报(社会科学版)》《云南师范大学学报(哲学社会科学版)》《湖南大学学报(社会科学版)》等,足可见"毛泽东研究"依然是学术界普遍重视和努力挖掘的学术富矿。

2. 生平史实类

聚焦毛泽东生平史实的期刊,既有助于构建毛泽东的多维丰满形象,又有助于深入拓展党史学习,同时,依托史实的考证辨析,也有助于激浊扬清、有力回击历史虚无主义。综合来看,相关期刊主要包括:一是《党史博采(上)》,该刊相关栏目有"领袖风采""史海观澜""史实考证",每期刊发 2—9 篇相关文章,2022 年共计刊发 50 余篇。二是《党史博览》,该刊相关栏目有"本刊专稿""博览之窗""红墙纪事""国是春秋""史林折枝""珍闻逸事""名人逸事""名人档案""纪事本末""世纪回眸",每期刊发 1—4 篇相关文章,2022 年共计刊发近 30 篇。三是《湘潮》,该刊相关栏目有"走近伟人""再读经典""一切为了人民""理论视野""地市风采",除第 6 期没有刊发相关文章外,其余每期均刊发 1—4 篇,2022 年共计刊发近 30 篇。四是《百年潮》,该刊相关栏目有"人物春秋""文史漫笔""史事忆念""史海钩沉""史事本末""庆祝中国人民解放军建军 95 周年",每期刊发 1—3 篇,2022 年共计刊发 20 篇左右。五是《党史文苑》,该刊相关栏目有"党史诗词""史海钩沉"

"红色经典",2022 年共计刊发近 20 篇。此外,《炎黄春秋》《红岩春秋》《党史纵览》《文史春秋》《档案记忆》《档案天地》等也刊发了相关文章。

依托"CRS 核心论文库""Cambridge Journals Online(剑桥期刊库)"等数据库的查询,英语学界 2022 年"毛泽东研究"的期刊论文,数量为 20 篇左右,散见于 *China Quarterly*、*China Journal*、*Asian Studies*、*China Report*、*China Review-An Interdisciplinary Journal on Greater China*、*American Historical Review*、*Medical History*、*Isis* 等期刊中,且大多是对近两年来国外毛泽东研究专著的书评(Book Review)。

(三)学位论文

根据"中国知网"数据库的查询,2022 年"毛泽东研究"的学位论文中,硕士学位论文共计 80 篇,博士学位论文尚未查询到。

从论文的学校出处来看,涵盖北京大学等 59 所高校,其中论文数量较多的有:北京外国语大学(4 篇)、辽宁大学(4 篇)、西南大学(3 篇)、山东大学(2 篇)、吉林大学(2 篇)等。[①]

从论文作者的学科专业方向来看,主要包括:马克思主义中国化、马克思主义理论、马克思主义发展史、中国近现代史、思想政治教育、翻译、音乐、美术等。

从论文聚焦的主题来看,一是"毛泽东与人民",包括:人民观、人民主体、人民民主、群众思想、人民健康、民生等;二是"毛泽东与中国共产党",包括:党的政治建设、党的自我革命、"赶考"精神、党史学习等;三是"毛泽东与教育",包括:青年教育、农民教育、红军教育、思想政治教育、劳动教育、体育等;四是"文艺",包括:文艺思想、文化自信、文化建设、新民主主义文化、毛泽东诗词、《讲话》等;五是以"翻译"为切入点,包括《毛泽东选集(第一卷)》的汉英翻译研究、《毛泽东诗词》的英译本研究、特里尔《毛泽东传》汉译本研究等;此外,还有围绕"调查研究"(寻乌调查、吉安调查等)"组织起来""现代化""工业化""自然辩证法""矛盾学说"等

---

① 参见靳璐:《延安时期毛泽东青年理想信念教育思想研究》,北京大学 2022 年硕士学位论文;张姝:《评价理论视角下的概念隐喻翻译研究——以〈毛泽东选集(第 1 卷)〉为例》,北京外国语大学 2022 年硕士学位论文;王子寒:《翻译目的论视角下特里尔〈毛泽东传〉汉译本研究》;王爽:《文化翻译观视域下的毛泽东诗词英译比较研究》;王伟:《毛泽东外交思想及其当代价值研究》;冯进超:《土地革命战争时期毛泽东思想建党理论研究》,辽宁大学 2022 年硕士学位论文;衣雪仪:《延安时期毛泽东党的政治建设思想研究》;尹媛祺:《全民族抗战时期毛泽东的人民观研究》;马文杰:《过渡时期毛泽东农民教育思想研究》等。

主题展开。①

（四）报纸

根据"中国知网""超星"数据库的查询,2022 年刊发"毛泽东研究"文章的主要报纸包括:一是《学习时报》,2022 年共计刊发了 30 篇左右的文章,涉及的相关版块主要有:"学习文萃""党史国史""中外历史""军事国防""国内大局""特别策划"。二是以"纪念《讲话》发表 80 周年"为主题的相关报纸,如《人民日报》《光明日报》《解放军报》《中国文化报》《中国社会科学报》等,各自刊发了 3—13 篇相关新闻报道与纪念专题文章,其中以《中国文化报》的刊发数量为最多。

（五）著作

根据"中国国家版本馆数据中心"的查询,2022 年国内出版了近 50 部毛泽东研究的相关著作,其主要分为以下五类。

其一,围绕"毛泽东思想"展开。如刘洪森的《毛泽东思想研究的当代诠释》,围绕毛泽东思想的内容、党对毛泽东思想体系的建构以及毛泽东思想研究视域的拓展等方面,力图呈现理论创新、体系建构及实践发展三者的有机统一。

其二,围绕"毛泽东著作"展开。余满晖、唐圆梦的《〈实践论〉〈矛盾论〉及其哲学价值研究》,既论述了"两论"的理论展开及其跃迁发展,也揭示了"两论"在国内外的哲学影响。刘忠的《〈在延安文艺座谈会上的讲话〉研究》,是少有的研究《讲话》的专著。同时,科学出版社出版的"新时代马克思主义经典文献精学导读丛书"中,有 4 部相关著作:李佑新的《〈实践论〉精学导读》;何怀远的《〈论持久战〉精学导读》;王树荫、连欢的《〈改造我们的学习〉〈整顿党的作风〉〈反对党八股〉精学导读》;孙蚌珠、汪越的《〈论十大关系〉精学导读》。

---

① 参见李菁华:《毛泽东人民健康观研究》,南京邮电大学 2022 年硕士学位论文;李振夏:《毛泽东党的自我革命思想及其当代价值研究》,上海师范大学 2022 年硕士学位论文;崔茜茜:《毛泽东劳动教育观研究》,海南大学 2022 年硕士学位论文;符嘉文:《延安时期毛泽东文艺思想及其价值研究》,沈阳理工大学 2022 年硕士学位论文;王玥颖:《"象思维"视角下辜正坤李正栓〈毛泽东诗词〉两个英译本对比研究》,云南师范大学 2022 年硕士学位论文;王小静:《毛泽东吉安五处调查及当代启示研究》,江西理工大学 2022 年硕士学位论文;郑梦娟:《农业合作化运动时期毛泽东"组织起来"思想研究》,天津师范大学 2022 年硕士学位论文;蒋腾予:《毛泽东现代化思想研究》,江西师范大学 2022 年硕士学位论文;刘晓烨:《毛泽东自然辩证法思想研究》,山东大学 2022 年硕士学位论文等。

其三,从史料维度展开。如中央文献出版社出版的《忆毛主席》第二版,根据作者吴冷西手稿,汇总作者亲自所做的几处更正和补充,对第一版进行了补正。又如首都师范大学出版社出版的《窑洞红光》系列图书,分为"延安出发""榆林转战""佳县东渡"三篇,以毛泽东转战陕北途中宿营入住的 41 孔民家窑洞为主线,立足普通人的视角,通过实地采访窑洞房东或房东后人,搜集相关历史资料与革命文物。曾珺编著的《笔端乾坤:毛泽东著作中的党史大事》,依托毛泽东及其著作这个载体讲述党史。彭勇编的《益读日历:毛泽东》,以 2023 年日历的形式,依据《毛泽东年谱(一八九三——一九四九)》,记录毛泽东亲历的重大事件、作出的重大决策,以及工作生活中的具有重大意义的事情。丁晓平的《世界是这样知道毛泽东的》,主要围绕《毛泽东自传》《毛泽东印象记》《毛泽东印象》三书的源流、述考、翻译出版经过及对 1949 年前 50 多种版本的详细考证,介绍了国外关于毛泽东的传记方面的情况。同时,上海译文出版社也立足国际视野,出版了《红星照耀中国:导读注释版》《明日中国:导读注释版》。

其四,围绕"学习毛泽东"展开。如陈晋主编的《读书有法:毛泽东的读书故事》《书山有路:毛泽东的学用之道》,主要面向大众读者,讲述了毛泽东科学阅读《红楼梦》《史记》等中华传统文史哲典籍的故事,呈现了毛泽东如何将书中的智慧灵活运用于制定军事战略、识人用人、准确把握世界格局走向等,使读者加深对毛泽东及其思想的认识,领悟伟人读有所得、得而能用、用而生巧的读书方法。同时,中国盲文出版社面向盲人读者,出版了盲文版《向毛泽东那样读书》(徐中远著)。裴平星的《向毛泽东学习调查研究》,对调查研究的重要价值、理论内容和路径方法进行了较为全面的阐述。

其五,从文艺维度展开。崔志远的《毛泽东书法考论》,在建构了一种比较完整且具有思辨性的书法批评方法之后,对毛泽东书法进行了比较系统完整的阐释。周振甫的《毛泽东诗词欣赏:大字本》,既从艺术角度欣赏作品运用的各种艺术手法,又结合毛泽东生动而丰富的革命生活以及所处的时代背景阐释其内涵。

此外,还有十余部著作,立足高校思政课的深入与创新,主要探讨了《毛泽东思想和中国特色社会主义理论体系概论》课程的"导读""教学案例""教学设计""学习指导""拓展学习课程""实践教程"等。

从英语学界来看,毛泽东研究的相关著作并不多。值得一提的是,由 Nancy

Hearst 和 Joseph Fewsmith 编辑，Routledge 出版的 *Mao's Road to Power*, *Revolutionary Writings*: *Volume X*，即哈佛版第十卷《毛泽东文集：1947 年 7 月—1949 年 10 月》，该卷涵盖了从中国共产党在内战期间发动战略进攻到中华人民共和国成立的时期。[①] 同时，参与编辑哈佛版第十卷《毛泽东文集》的 Joseph Fewsmith 也有一本毛泽东研究专著，*Forging Leninism in China*: *Mao and the Remaking of the Chinese Communist Party*, *1927-1934*。此外，*The Rise of China*, *Inc.*: *How the Chinese Communist Party Transformed China into a Giant Corporation*, *Coalitions of the Weak*: *Elite Politics in China from Mao's Stratagem to the Rise of Xi* 等著作中，有不少章节涉及毛泽东研究。

二、2022 年毛泽东研究的内容综述

综合来看，2022 年毛泽东研究的内容主要分为以下五类。

（一）毛泽东著作研究

1. 纪念《讲话》发表 80 周年

《讲话》相关研究，可谓是本年度毛泽东研究的最热主题。就研究专著来看，刘忠的研究专著分上、下两编进行了系统探讨。上编围绕《讲话》产生的语境，阐述了延安时期的社会结构与知识分子政策、延安知识分子的生活方式与精神形态、苏共文艺政策与左翼文学传统、延安座谈会召开原因及过程；下编围绕《讲话》的理论价值，阐述了《讲话》的文本价值、理论品格、文本接受、从《讲话》到第一次文代会的《祝词》的联系。[②] 就期刊论文来看，在毛泽东研究相关文章 1000 余篇的总数中，《讲话》研究文章有 200 余篇，基本占了五分之一，其主要从以下八个维度展开。

其一，围绕"毛泽东与《讲话》"展开。如胡为雄从七个方面展开探讨：

---

① 参见 https://fairbank.fas.harvard.edu/research/publications/maos-road-to-power-revolutionary-writings-volume-x/。

② 参见刘忠：《〈在延安文艺座谈会上的讲话〉研究》，湖南文艺出版社 2022 年版。

（1）毛泽东博学多才，在彼时党内唯有他能作出有关文艺的经典性讲话；（2）毛泽东文艺思想在五四运动时期已开始孕育，并为以后的发展奠定基础；（3）毛泽东领导的革命战争与文艺生活紧密相连；（4）《讲话》这部经典所阐明的文艺理论仍是鲜活的；（5）《讲话》中有关文艺与政治关系的论述被证明是正确理论；（6）提高和普及问题是文艺发展的一个永恒主题；（7）文艺在普及的基础上加以提高在当前是一项紧迫任务。① 罗平汉也论述了"毛泽东为什么要召开延安文艺座谈会"。②

其二，围绕"《讲话》的人民性"展开。（1）进一步深入探讨了"文艺是为什么人的"这一问题。如丁国旗依托文本细读，分析阐述这一问题何以成为问题、没有得到解决的原因，以及解决这一问题的方法途径等，并总结了其时代价值。③（2）围绕"主体论""主客问题"展开。如程凯认为，《讲话》很大程度上不单是文艺论文本，更是主体论文本，即通过强调知识分子与工农兵相结合以及与革命政治的"完全结合"来扭转、改造五四以来现代意识影响下的新青年的主体状态、意识构造、情感机能，使之有能力"先做群众的学生，再做群众的先生"，在自己实现革命新人转化的基础上带动工农群众的新人化，完成革命意义上的"普遍教育""普遍启蒙"。而且主体转化必然是一个长期、持续、反复的过程。④ 周展安强调，理解《讲话》的思想性，要以"主客问题"为牵引，在 20 世纪 40 年代抗战的文艺构图中分析《讲话》的位置与特点；还要以"文野问题"为牵引，在晚清以来的思想和文化脉动中分析《讲话》对以往历史的承接、推进及其面临的困难。⑤（3）从长时段的历史性比较视野出发。如张瑜指出，继五四新文化运动提出的"人的文学"观之后，《讲话》提出了"人民的文艺"观。并以"人的文学"为参照，评述了"人民的文艺"观的特征、80 年的发展理论得失和当下的调整及发展。⑥（4）围绕"马克思主义美学中国化"展开。如韩振江强调，人民美学是以《讲话》为代表的中国马克思

---

① 参见胡为雄：《毛泽东与〈在延安文艺座谈会上的讲话〉》，《现代哲学》2022 年第 3 期。

② 参见罗平汉：《毛泽东为什么要召开延安文艺座谈会》，《新西藏（汉文版）》2022 年第 6 期。

③ 参见丁国旗：《对"文艺是为什么人的"新认识》，《中国文艺评论》2022 年第 6 期。

④ 参见程凯：《从革命主体论及历史、现实的辩证关系看〈讲话〉》，《中国现代文学研究丛刊》2022 第 5 期。

⑤ 参见周展安：《主客与文野——在历史中阅读作为思想文本的〈在延安文艺座谈会上的讲话〉》，《文艺理论与批评》2022 年第 3 期。

⑥ 参见张瑜：《从"人的文学"到"人民的文艺"——重读毛泽东〈在延安文艺座谈会上的讲话〉》，《上海文化》2022 年第 8 期。

主义美学的核心理念。从学理上来讲,人民创造历史的唯物史观是人民美学的哲学根基,即人民成为政治和革命的主体,也必然成为审美的主体。毛泽东的人民美学是马克思的政治解放和审美解放的继承和发展,作为革命主力军的人民不仅是审美活动的表现对象,还是文艺活动的服务对象。由此,人民文艺是对中国传统文艺、外国文艺和民间文艺的综合改造、推陈出新的结果,是中国气派的新文艺形态。①

其三,围绕"《讲话》的文本思想"展开。(1)论述《讲话》的核心思想。如谢春林将《讲话》的核心思想概括为:一是齿轮和螺丝钉:文艺是革命事业的一部分;二是孺子与牛:文艺工作者要有人民大众立场;三是普及与提高:文艺大众化是文艺的发展方向。② (2)围绕"文艺与革命""文艺与政治""文艺与现代性"等展开。如李永新认为,《讲话》把文艺与当时以民族独立为主要目标的新民主主义革命联系起来,体现出毛泽东重构中国现代性——"革命的现代性"的逻辑。《讲话》是新民主主义文化的重要构成部分,在推动现代文艺走向民族化的过程中,对中国现代性的建构进行革命观照。③ 肖文明指出,尽管中国革命深受西方思想与学说之影响,但中国革命有其深刻的中国性格,进而使得中国现代性呈现出与西方别样的格局。《讲话》所揭示的文艺与政治的关系能鲜明地呈现这一点,该文展示出反对现代社会彻底分化的趋向,强调"政治"以及相应的"人心"的中心地位与统合作用。④ (3)围绕《讲话》的批评观展开。如泓峻指出,《讲话》可以作为一个批评文本看待,而其在进行文艺批评时强烈的现实针对性,以及将时代性、策略性与理论性、原则性相结合的批评方法,对今天的文艺批评活动仍有重要启发。⑤ 李惠子认为,延安文艺座谈会对文艺发展方向起了关键性作用,并从理论依据和手段保证两

---

① 参见韩振江:《马克思主义美学要以人民为中心——〈在延安文艺座谈会上的讲话〉的人民美学思想》,《甘肃社会科学》2022 年第 6 期。
② 参见谢春林:《〈在延安文艺座谈会上的讲话〉的核心思想、历史价值和现实意义》,《中国广播电视学刊》2022 年第 5 期。
③ 参见李永新:《"革命的现代性":〈在延安文艺座谈会上的讲话〉的双重面向》,《湖北大学学报(哲学社会科学版)》2022 年第 6 期。
④ 参见肖文明:《文艺与政治——现代性视野下的〈在延安文艺座谈会上的讲话〉精神再阐释》,《开放时代》2022 年第 2 期。
⑤ 参见泓峻:《〈在延安文艺座谈会上的讲话〉批评观探析》,《东岳论丛》2022 年第 7 期。

方面,合力建构起本质是一种"革命政治批评"的、影响深远的新批评形态。① 此外,还有学者围绕"两个结合""文艺审美""理想信念教育"等展开论述。②

其四,从方法论的维度展开。(1)综合论述《讲话》的方法论。如谭好哲指出,《讲话》的经典性,不仅在于毛泽东提出和阐发了具有根本性的文艺理论问题、观念、命题和论断,也在于确立起了按照科学方法研究文艺问题、开展文艺工作的理论范本。其方法蕴含包括:从客观实际出发的思想认识路线;以问题为中心的理论研究导向;以辩证思维的方法分析和阐发问题。③ (2)从马克思主义文艺理论中国化的方法路径展开。如宋伟和孙汉阳认为,长期以来,学者们多侧重于从文艺理论层面探讨《讲话》,而较少从"哲学方法论"或"思想方法论"的角度探讨。并进一步围绕毛泽东主持编辑的《马恩列斯思想方法论》和毛泽东《讲话》,从"哲学理论"与"文艺理论"、"思想方法"与"创作方法"的双重视域出发,阐释经典马克思主义哲学基本理论与中国马克思主义文艺理论建构之间的历史逻辑与内在关联。④ (3)围绕"经"与"权"的辩证法展开。如陈黎明强调,郭沫若提出的"有经有权"原则,对于当下重评《讲话》,依然具有理论的普适性和现实的有效性。同时,《讲话》中"经"与"权"在毛泽东文艺思想体系内具有辩证统一性。⑤

其五,围绕"《讲话》带来的实践改变"展开。正如马克思所强调的,问题在于改变世界。《讲话》对文艺界所带来的革命性改变,学界主要从三个方面展开。(1)从文艺工作者的维度出发。何吉贤指出,《讲话》作为一个"事件",对丁玲的思想、情感和创作都产生了重要影响,重塑了她的精神结构乃至文学和人生道路。同时丁玲也是《讲话》精神的重要阐释者和践行者。⑥ 鲁太光指出,受《讲话》指

---

① 参见李惠子:《转向与构建——论延安文艺座谈会与美术批评新形态的理路生成》,《西北美术》2022 年第 2 期。

② 参见罗嗣亮、韩伽伽:《从"两个结合"看〈在延安文艺座谈会上的讲话〉》,《毛泽东研究》2022 年第 4 期;徐功献:《延安时期毛泽东文艺审美思想》,《湖南社会科学》2022 年第 5 期;段建军:《毛泽东延安文艺观中的审美共同体思想》,《甘肃社会科学》2022 年第 1 期。

③ 参见谭好哲:《〈在延安文艺座谈会上的讲话〉的方法论意义》,《艺术评论》2022 年第 6 期。

④ 参见宋伟、孙汉阳:《真理与方法:作为思想方法的中国马克思主义文艺理论——以〈马恩列斯思想方法论〉与〈在延安文艺座谈会上的讲话〉为例》,《艺术评论》2022 年第 6 期。

⑤ 陈黎明:《"经"与"权"的辩证法——重评〈在延安文艺座谈会上的讲话〉的两个基本原则》,《甘肃社会科学》2022 年第 6 期。

⑥ 参见何吉贤:《"从延安走来的人"——丁玲与〈在延安文艺座谈会上的讲话〉的发生及其当代阐释》,《文艺理论与批评》2022 年第 3 期。

引,柳青殚精竭虑,致力于攀登社会主义文艺史诗高峰;赵树理则立足民间文艺形式,探索社会主义文艺普及,不追求"文坛"名利,而专注于"文坛"事业,终生为满足、提高农民的文艺需求而奋斗;周立波选择了一条"中间道路",即民族形式的道路。① 同时,《艺术评论》杂志第 6 期的"访谈"栏目,通过对张庚、刘炽、王朝闻、彦涵、向隅这五位杰出文艺家的后人、学生的访谈,展现了《讲话》对他们的影响和指引。② (2)从解放区文艺领域的革命新貌出发。李富龙指出,在《讲话》指引下,延安美术从创作者立场到美术作品的内容和形式都发生了脱胎换骨的巨变,美术大众化在解放区晴朗的天空下变成了现实。③ 周春健指出,《讲话》促进了边区"革命民歌"的大量创作和"新秧歌运动"的蓬勃发展,使当时如火如荼的"新音乐运动"发生了工作作风的转变,边区的乐教面貌焕然一新。④ 同时,还有学者围绕"根据地音乐创作的大众化""民族歌剧《白毛女》""华北抗日根据地的戏剧变革""中国文艺的文化创造""红色歌谣"等展开论述。⑤ (3)《讲话》在解放区之外的传播与影响。文浩论述了香港文委邵荃麟等党员编撰的《大众文艺丛刊》对《讲话》的接受。一方面,从接受传播的效力看,该刊增强了《讲话》在非解放区的话语权和影响力;另一方面,从接受的内容看,该刊对《讲话》内涵有实质性的增益和补充。⑥ 朱建国指出,《讲话》因战争局势的发展、中共在香港的文化布局,以及香港特殊的地理位置与殖民地文化环境,在战后获得了广泛出版与传播,并直接促成香港文坛

---

① 参见鲁太光:《未完成的〈讲话〉道路——以柳青、赵树理、周立波的创作为例(上)》,《中国戏剧》2022 年第 5 期;鲁太光:《未完成的〈讲话〉道路——以柳青、赵树理、周立波的创作为例(下)》,《中国戏剧》2022 年第 6 期。

② 参见王安葵、谢雍君:《在毛泽东同志〈讲话〉精神的哺育下:张庚的艺术活动与实践——王安葵先生谈》;刘欣欣、崔柯旅:《刘炽:从"延河两岸"到"一条大河"——刘欣欣先生访谈》;邓福星、王成国:《王朝闻:一生践行和传播〈讲话〉精神的美学大家——邓福星先生访谈》;彦东、郝民、于溟跃:《时代、思想与彦涵革命艺术人生——访彦东先生》;向延生、艺工:《向隅:"第一个来到延安的专业音乐家"——向延生先生访谈》,《艺术评论》2022 年第 6 期。

③ 参见李富龙:《延安文艺座谈会对革命文艺的重塑》,《美术》2022 年第 6 期。

④ 参见周春健:《〈在延安文艺座谈会上的讲话〉与边区乐教新貌》,《现代哲学》2022 年第 3 期。

⑤ 参见石一冰:《〈讲话〉与抗日民主根据地音乐创作"大众化"的转变》,《艺术评论》2022 年第 6 期;黄蓉:《民族歌剧《白毛女》的戏剧核心与艺术价值——纪念〈在延安文艺座谈会上的讲话〉发表 80 周年》,《中国戏剧》2022 年第 5 期;尹志兵、侯秀华:《延安文艺座谈会前后华北抗日根据地的戏剧变革与抗日动员》,《河北学刊》2022 年第 3 期;赵学勇:《延安〈讲话〉与中国文艺的文化创造》,《中国社会科学》2022 年第 7 期;江烜、潘振颖:《延安文艺座谈会后红色歌谣对党的领袖形象塑造》,《延安大学学报(社会科学版)》2022 年第 3 期。

⑥ 参见文浩:《〈大众文艺丛刊〉对〈在延安文艺座谈会上的讲话〉的两重接受》,《中国文化研究》2022 年第 2 期。

迎来了一个"批评的时代",一定程度上开启了中华人民共和国文学的发生"通道",使香港成为中华人民共和国文学的诞生之地。①

其六,围绕"两个《讲话》"(1942 年毛泽东的《在延安文艺座谈会上的讲话》和 2014 年习近平的《在文艺工作座谈会上的讲话》),论述毛泽东《讲话》这一"活着的历史文献"的时代价值。王次炤指出,"两个《讲话》"明确了音乐评论的出发点和理论基础,阐明了音乐评论的标准,指明了音乐评论的方法和作用。② 潘鲁生认为,"两个《讲话》"在中华民族抵御外侮的解放斗争和中华民族实现伟大复兴的关键阶段,对文艺为谁服务和如何服务作出阐释和部署,对文艺的地位和作用、文艺与时代的关系、文艺的评价标准等作出分析,在中国民间文艺发展上形成现代化的创构之路。③ 邓凯强调,重温"两个《讲话》"这两个马克思主义文艺理论中国化的经典文本,能感受到不同的时代语境赋予两者不同的历史使命和问题意识,既一脉相承又有超越发展。毛泽东的《讲话》不仅凝结了毛泽东思想在文艺领域的精华,标志着中国化马克思主义文艺理论的诞生,也集中体现了中国共产党"为人民服务"的宗旨;习近平的《在文艺工作座谈会上的讲话》是新时代治国方略中对文化建设特别是对文艺工作的深刻阐述和重要指引。④

其七,从版本维度出发。李惠和高锐从研究者普遍忽略了的《讲话》原始口述版切入,通过梳理相关文献及亲历座谈会的作家日记、回忆记述,发现原始口述版《讲话》"引言"提请参会者讨论的应为六个问题,而非公开发表时的五个问题,其内容并不局限于单纯的文艺问题,而是将文艺问题置于延安时期陕甘宁边区特定的政治、军事、经济语境中去考量,并与参会者进行轻松和谐的现场互动。"结论"虽不及公开发表时语言严谨、逻辑严密,却颇为生动风趣,现场感极强。⑤ 周兵指出,毛泽东发表的"引言"和"结论"两次讲话的记录稿,经胡乔木整理后形成了《讲

① 参见朱建国:《毛泽东〈在延安文艺座谈会上的讲话〉在战后香港的出版、传播与"批评时代的到来"》,《世界华文文学论坛》2022 年第 3 期。
② 参见王次炤:《音乐评论的基本原则——学习两个〈讲话〉的一点体会》,《中国文艺评论》2022 年第 6 期。
③ 参见潘鲁生:《民间文艺发展的现代化创构之路——两次文艺座谈会的理论与实践导向》,《中国文艺评论》2022 年第 6 期。
④ 参见邓凯:《百年文艺道路 两座醒目路标》,《中国文艺评论》2022 年第 6 期。
⑤ 参见李惠、高锐:《毛泽东〈在延安文艺座谈会上的讲话〉原始口述版考察》,《河北学刊》2022 年第 2 期。

话》这一经典著作。座谈会后,《讲话》在延安整风运动中被传达和学习,由此形成了"传达版"。1943 年 3 月党的文艺工作者会议的新闻报道和大会发言较大篇幅地引用了"传达版"。1943 年 10 月 19 日,《解放日报》首次公开全文发表《讲话》,由此形成了"1943 年发表版"。"传达版"和"1943 年发表版"在文字上差别较大。1943 年 10 月后,全国各地以不同的版式和体例印刷出版"1943 年发表版",促进了《讲话》的学习和传播。① 黄立波以《讲话》三个英译本为语料,借助语料库方法考察毛泽东著作书面口语体特征的英译。文章将这种糅合口语和书面语体特征的文本类型界定为"书面口语体",并指出对人称代词"我们"和能愿式祈使词"应该"的高频使用是毛泽东书面口语体语言的突出特征。②

其八,立足国际视野展开。蒋晖指出,要说明《讲话》在非洲接受、传播和阐释的历史,须把握住《讲话》是第三世界的革命文艺理论,以区别于西马的批判理论和苏联的社会主义现实主义理论。《讲话》在非洲发生作用主要集中在 20 世纪 70 年代,这是非洲一些国家通过武装斗争来完成国家独立和确立社会主义道路的关键时期。③ 魏然认为,20 世纪 70 年代初《讲话》在阿根廷的引入,给皮格利亚等新左派批评家反思美学与政治的关系带来了启示。新左派主导的《书籍》杂志借此提出了既超越自由人文主义文学观又不囿于社会主义现实主义的文学批判观。皮格利亚对中国理论与经验的书写克服了美学先锋和艺术政治化之间的对立。④ 韩振江指出,当代法国美学家雅克·朗西埃的左翼文论与毛泽东文艺思想存在某种联系,也存在差异。"五月风暴"前后,朗西埃受到了毛泽东哲学和文艺思想的影响,朗西埃的歧义政治、无分者等思想与毛泽东的解放政治和人民概念既有相似性联系,又存在结构性差异。此外,他的文学政治论对毛泽东的人民文艺也有某种借鉴。⑤ 王海军梳理了 1946—1956 年期间《讲话》的国际传播语境和传播历程,探究

① 参见周兵:《1949 年以前〈在延安文艺座谈会上的讲话〉版本形成和比较研究》,《现代哲学》2022 年第 3 期。

② 参见黄立波:《基于语料库的毛泽东著作书面口语体特征英译考察——〈在延安文艺座谈会上的讲话〉三个英译本比较》,《外语研究》2022 年第 5 期。

③ 参见蒋晖:《"普遍的启蒙"与革命:〈讲话〉和非洲左翼文学运动》,《现代中文学刊》2022 年第 3 期。

④ 参见魏然:《南方的合奏——〈在延安文艺座谈会上的讲话〉与 1970 年代阿根廷文艺批评》,《中国现代文学研究丛刊》2022 年第 5 期。

⑤ 参见韩振江:《朗西埃的左翼文论与以〈讲话〉为中心的毛泽东文艺思想》,《学习与探索》2022 年第 7 期。

其国际传播的重要特征,并认为这对我们今天讲好中国故事和加快中国话语体系建构有一定启发和借鉴。①

2. 毛泽东其他著作研究

其一,研究对象。学界研究的毛泽东单篇著作本身的时间跨度,从 1913 年的《讲堂录》到 1959—1960 年的《读苏联〈政治经济学教科书〉的谈话》。胡为雄指出,《讲堂录》是毛泽东1913 年秋冬在湖南第四师范求学时期留下的学诗学文的唯一文字材料,可从中挖掘毛泽东在学生时代怎样勤奋学诗,为日后成为伟大诗人打下牢固的诗文化基础。② 乔惠波指出,毛泽东《读苏联〈政治经济学教科书〉的谈话》,形成了一系列关于发展阶段、发展战略、经济制度等反映社会主义经济建设规律的理论观点。其不仅是推动当时经济建设的指导思想,而且对当前建设中国式现代化、构建中国特色社会主义政治经济学、推进全面深化改革以及完善社会主义基本经济制度等有重要启示。③ 同时,还有以《毛泽东选集》《毛泽东文集》《毛泽东年谱》《毛泽东军事文稿》等汇编著作为对象的研究。④ 黄江军指出,《毛泽东选集》的著作编排有着特定意涵。编辑者以时间顺序为著作编排的基本原则,兼以文章主题成组编排著作,并精心布局关键位置的篇目。其形式既遵循苏联出版的经典作家权威著作集的体例,亦追随中共此前文献编辑的经验,其内容则是已趋成熟的以毛泽东为中心的新民主主义革命的历史叙事。《选集》与《中国共产党的三十年》两种著述,一经一史互为支撑,共同建构出建国初期权威的革命史叙事。⑤

其二,研究主题。主要包括:(1)以"调查研究"为主题,如《中国社会各阶级的分析》《湖南农民运动考察报告》《反对本本主义》《兴国调查》《寻乌调查》《才溪乡

① 参见王海军:《〈在延安文艺座谈会上的讲话〉文本的国际传播探析(1946—1956)》,《马克思主义理论学科研究》2022 年第 4 期。

② 参见胡为雄:《从〈讲堂录〉看毛泽东求学时期勤奋学诗》,《毛泽东邓小平理论研究》2022 年第 8 期。

③ 参见乔惠波:《探索符合中国国情的社会主义经济建设规律——再读毛泽东〈读苏联《政治经济学教科书》的谈话〉》,《毛泽东研究》2022 年第 2 期。

④ 参见王郝维:《抗战时期马克思主义史家对中国社会停滞性问题的论争——从〈毛泽东选集〉一处改动说起》,《历史教学问题》2022 年第 3 期;朱健:《〈毛泽东年谱〉中的浙江情——新中国成立后毛泽东赴浙江的次数、天数"双最"新考》,《浙江档案》2022 年第 9 期;等等。

⑤ 参见黄江军:《〈毛泽东选集〉著作编排与革命史叙事的经典化》,《党史研究与教学》2022 年第 2 期。

调查》。刘福军从无神论的角度切入探讨《湖南农民运动考察报告》,在分析其形成背景的基础上,总结了其主要内容:"什么是神权""为什么要推翻神权""怎样推翻神权"。① (2)以"中国共产党"为主题,如《古田会议决议》《〈共产党人〉发刊词》《改造我们的学习》《整顿党的作风》《反对党八股》《如何研究中共党史》《六大以来》《为人民服务》《关于建立报告制度》《论人民民主专政》。李维武指出,《论人民民主专政》一文,在中国革命即将胜利、新中国就要诞生之际,总结了中国共产党自成立以来的 28 年奋斗历程,阐明了党从哪里来、已经做了什么事、还将做什么事、最后要向哪里去四个问题,从理论与实际的结合上深刻阐明了党的过去、现在与未来。② (3)以"新民主主义革命"为主题,如《星星之火,可以燎原》《中国共产党在抗日时期的任务》《论持久战》《新民主主义论》《经济问题与财政问题》《组织起来》《关于重庆谈判》。张神根指出,毛泽东的《新民主主义论》是中国共产党人建立新中国的宣言书。在抗日战争进入相持阶段的关键时刻,回答了中国向何处去的时代之问,制定了中国革命两步走战略,清晰揭示了中国革命发展的历史进程,并对新民主主义的政治、经济和文化进行了探索和谋划。③ (4)以"社会主义改造与建设"为主题,如《关于农业互助合作的两次谈话》《论十大关系》《关于正确处理人民内部矛盾的问题》。聂文婷指出,在《关于正确处理人民内部矛盾的问题》中,毛泽东明确提出社会主义社会仍然存在矛盾,并第一次阐述了社会主义社会具有敌我矛盾和人民内部矛盾两种不同性质的矛盾,强调把正确处理人民内部矛盾作为国家政治生活的主题。进而把正确处理人民内部矛盾的方法归纳为"团结——批评——团结"的公式,其中蕴含的既解决矛盾、又实现团结奋斗的政治智慧,对今天仍有重要启示。④ (5)以"诗词"为主题,如《讲堂录》《毛泽东诗词》及其部分名篇(《清平乐·六盘山》《卜算子·咏梅》《忆秦娥·娄山关》等)。胡为雄指出,毛泽东1915 年 8 月致萧子升的信中,抄赠了一篇"自讼"赋,该赋是一个新发

① 参见刘福军:《〈湖南农民运动考察报告〉中的无神论思想及其启示》,《科学与无神论》2022 年第 6 期。

② 参见李维武:《〈论人民民主专政〉语境中的中国共产党》,《毛泽东思想研究》2022 年第 6 期。

③ 参见张神根:《中国共产党人建立新中国的宣言书:〈新民主主义论〉》,《马克思主义与现实》2022 年第 4 期。

④ 参见聂文婷:《正确处理人民内部矛盾,团结一致建设社会主义——重温毛泽东〈关于正确处理人民内部矛盾的问题〉》,《党的文献》2022 年第 4 期。

现。该赋共 390 个字符,借鉴了枚乘《七发》的赋体,以客、主问答的叙事形式来展开,借物言意。①

其三,研究方法与路径。(1)克服碎片化修补,提倡在整体之下研究具体的大历史观。桑兵指出,《论持久战》与抗战研究的进路要从大处着眼,强调重写大历史,并非一般教科书式的通史或面面俱到的专门史,而是以枢纽性的历史环节为中心,深入探究前人语焉不详、争论不休甚至误读错解的重大问题,以求在先行研究的基础上更进一步。若是一味以钻空子找漏洞为填补空白,希望由此超越前人,百衲衣终究遮不住欠安的龙体。必须视野开阔,超越分科、专门、时段的局限,抓住具有枢纽作用的关键问题,才能在整体之下研究具体。② (2)批驳历史虚无主义。何怀远围绕"持久战论的实质与其发明权问题",明确指出毛泽东是持久战论当之无愧的创立者。③ (3)文本考证。邹卫韶指出,《中国社会各阶级的分析》自 1925 年 12 月 1 日在《革命》半月刊上首次发表,到 1951 年收入出版的《毛泽东选集》,毛泽东根据社会状况和中国革命进程的变化,主要作过四次修改,在文章精髓一以贯之的基础上,这些修改更深刻地反映了作者的思想变化,也反映了毛泽东一切从实际出发的思想路线和毛泽东思想不断发展并逐步走向成熟的过程。④ (4)版本考证。高晓晨指出,《整顿党的作风》是毛泽东1942 年 2 月 1 日在中共中央党校开学典礼上的演说,最早刊发于 1942 年 4 月 27 日出版的《解放日报》。问世 80 年来,《整顿党的作风》流传甚广,版本几经变动。新中国成立后,毛泽东对其进行精心校订,收入人民出版社 1953 年版《毛泽东选集》第三卷。1991 年《毛泽东选集》再版时就正文和注释作了少许修改,标志着其版本最终定型。⑤ (5)国际视野。谭素琴围绕《寻乌调查》英译本,通过描述其内副文本(译者引言、注释、插图、附录、参考文献等),分析总结了译介者汤若杰的深度翻译策略。⑥ (6)系统综合研究,这主要体现于"研究专著"。如李佑新的《〈实践论〉精学导读》,全面论述了《实践

---

① 参见胡为雄:《新发现:毛泽东一篇"自讼"赋》,《毛泽东思想研究》2022 年第 1 期。

② 参见桑兵:《大处着眼:〈论持久战〉与抗战研究的进路》,《抗日战争研究》2022 年第 1 期。

③ 参见何怀远:《毛泽东是持久战论当之无愧的创立者》,《阅江学刊》2022 年第 5 期。

④ 参见邹卫韶:《"开篇之作"与"首要问题"——剖析毛泽东对〈中国社会各阶级的分析〉文本修改的深刻内涵》,《毛泽东邓小平理论研究》2022 年第 5 期。

⑤ 参见高晓晨:《〈整顿党的作风〉版本考略》,《出版发行研究》2022 年第 5 期。

⑥ 参见谭素琴:《深度翻译视角下汤若杰〈寻乌调查〉英译本的内副文本研究》,《中国翻译》2022 年第 3 期。

论》的理论价值及其在马克思主义体系中的光辉地位、写作背景与形成过程、理论内涵与逻辑框架、对建设新时代的启示与意义以及经典论断的赏析。①

(二)毛泽东思想研究

毛泽东思想研究,一直是学界常研常新、不断深入拓展的研究主题。综合来看,2022 年毛泽东思想研究主要从以下几个领域展开,由于文艺领域的相关研究可参照前面的《讲话》研究部分,这里就不再展开。

1. 理论思想领域

在理论思想领域,学界最重视的研究主题,聚焦在"马克思主义中国化的第一次历史性飞跃——毛泽东思想"。

其一,围绕"毛泽东与马列主义经典著作"展开。贺全胜指出,《共产党宣言》是马克思主义诞生、科学社会主义创立的鲜明标志,是中国共产党人的初心使命之根,是毛泽东坚信马克思主义的学理之源。毛泽东在领导中国革命和社会主义建设的伟大实践中总是勤读《共产党宣言》并向党内大力推介,从中找到解决问题的立场观点方法,推进中国革命和社会主义建设不断取得新的伟大胜利。② 蒋辛探讨了毛泽东推进马克思主义经典著作编译的方法,一般方法包括:组织保障、分工协作、人才支撑;具体方法包括:遵循"以我为主"、写"序言"和"注释"、赞成"硬译"、分类编译。③

其二,围绕马克思主义中国化的"两个结合"展开。主要包括:(1)聚焦"第二个结合",这与"第二个结合"是习近平总书记新近正式提出的论断有密切联系,体现了研究的时代导向。刘鹤亭以毛泽东对《庄子》几则典故(有涯与无涯、庖丁解牛、浅水与大舟、简与巨、小麻雀与大鹏鸟等)的创造性转化为切入点,认为可从形象语言和辩证思维两个维度,来把握马克思主义基本原理同中华优秀传统文化相结合。④ 龚宸指出,毛泽东运用唯物辩证原理与历史批判方法,在"用"和"体"的

---

① 参见李佑新:《〈实践论〉精学导读》,科学出版社 2022 年版。
② 参见贺全胜:《毛泽东与〈共产党宣言〉》,《科学社会主义》2022 年第 5 期。
③ 参见蒋辛:《毛泽东推进马克思主义经典著作编译的方法及启示》,《毛泽东思想研究》2022 年第 4 期。
④ 参见刘鹤亭:《毛泽东对〈庄子〉几则典故的创造性转化及其当代回响——兼论马克思主义与中华优秀传统文化结合的两个维度》,《毛泽东思想研究》2022 年第 2 期。

层面推动了关于孔子思想的哲学研究,形成了一系列辨识、批判、重释、改造儒学的重要论断和哲学成果,展现了马克思主义中国化"第二个结合"在辩证生成、曲折发展中发挥科学理论与文化传统双重效用的内在逻辑。① (2)从方法论维度展开。彭冰冰指出,毛泽东在以"两个结合"开创马克思主义中国化的事业中蕴含着鲜明的方法论特质:在理论建构中坚持问题导向;使"国际主义的内容"和"民族的形式"紧密地结合起来,形成中国作风和中国气派的马克思主义;彰显人民主体地位,善于用老百姓喜闻乐见的方式把马克思主义中国化的理论成果表达出来,从而更好地为人民所掌握。这些方法论特质是由马克思主义理论的实践性内在决定的。②

其三,聚焦"毛泽东思想"的形成与在党内领导地位的确立。石仲泉指出,从思想理论层面说,党的七大最重要的成果和历史性贡献就是通过对党的重要历史问题作出科学总结,把毛泽东思想确立为党的指导思想并写入党章,实现了马克思主义中国化的第一次历史性飞跃。党的七大使全党特别是党的高级干部对于中国民主革命的发展规律有了比较明确的认识,从而使全党在马克思列宁主义、毛泽东思想的旗帜下达到了空前的团结,为实现中国革命的伟大胜利奠定了思想基础。③张忠山和陈磊详细探讨了延安时期"毛泽东思想"概念生成的演进逻辑,认为其是辩证唯物论与特定历史时代和社会实践相结合的产物,表明了马克思主义具有开放性。④

其四,从党的历史决议尤其是第三个历史决议出发,探讨"毛泽东思想"的界定。全华指出,党的第三个历史决议与前两个历史决议有紧密联系,对毛泽东思想作出了新界定,总结了党百年奋斗的历史经验,对深化毛泽东思想研究给予了有力指导。⑤ 李泽泉指出,中国共产党三个历史决议围绕"马克思列宁主义基本原理与中国具体实际相结合"这条主线,对毛泽东思想在概念界定、内容体系概括以及指导地

---

① 参见龚宸:《毛泽东辨识"孔子"的理论及其时代价值》,《湖南科技大学学报(社会科学版)》2022年第3期。
② 参见彭冰冰:《毛泽东在推进"两个结合"中的方法论特质》,《毛泽东思想研究》2022年第4期。
③ 参见石仲泉:《党的七大与毛泽东思想指导地位的确立》,《思想理论教育导刊》2022年第9期。
④ 参见张忠山、陈磊:《延安时期"毛泽东思想"概念生成的演进逻辑》,《毛泽东研究》2022年第5期。
⑤ 参见全华:《党的第三个历史决议对深化毛泽东思想研究的指导》,《毛泽东研究》2022年第3期。

位和作用评价等方面作出了既具有历史特点,又前后衔接、与时俱进的科学阐释。①
朱继东认为,党的第三个历史决议不仅更加全面、科学、精准地评价了毛泽东思想
对中国革命和建设的伟大贡献,而且引导全党更加深刻认识到,毛泽东思想是马克
思列宁主义在中国的创造性运用和发展,是被实践证明了的关于中国革命和建设
的正确的理论原则和经验总结,是马克思主义中国化的第一次历史性飞跃。②

同时,随着"中国式现代化"成为备受关注的时代课题,毛泽东的"现代化思
想"也成为 2022 年的重要研究主题。赵婧文指出,毛泽东现代化战略思想的形成
经历了不同的阶段,包括战略目标、战略步骤、战略布局、战略路径等组成部分,且
对当下全面推进社会主义现代化强国建设有重要启示。③ 韩喜平和郝婧智认为,
作为中国式现代化道路的开创者,毛泽东运用马克思主义关于现代化发展的相关
理论,通过把科学社会主义与中国国情的成功结合,形成了关于中国式现代化的科
学理论,突破了西方资本主义现代化模式与苏联工业化模式中关于"发展"问题的
逻辑框架,为中国特色社会主义现代化道路的成功开辟提供了重要理论来源。④

2. 政治领域

其一,围绕"中国共产党"展开。主要包括:(1)毛泽东与伟大建党精神。李捷
指出,毛泽东不仅在革命实践中哺育了建党精神,而且在为实现中华民族复兴奠定
根本政治前提和制度基础的探索和实践中赓续弘扬建党精神,还创作了大量诗词
礼赞中国共产党和中国人民不怕牺牲、英勇奋斗的革命精神;毛泽东哲学思想为建
党精神提供了哲学基础;毛泽东领导中国共产党在长期艰苦奋斗过程中所形成的
党的优良传统作风为建党精神奠定了优良传统作风和红色基因;毛泽东为建党精
神转化为强大物质力量指明了方向,探索了使党的思想理论和革命精神转化为指
导党和人民进行革命和建设的强大物质力量的根本途径。⑤ 史家亮围绕"筑牢政

① 参见李泽泉:《中国共产党三个历史决议对毛泽东思想阐释的比较研究》,《理论导刊》2022 年第
11 期。
② 参见朱继东:《从党的历史决议看毛泽东思想的重要地位和伟大贡献》,《中国井冈山干部学院学
报》2022 年第 2 期。
③ 参见赵婧文:《毛泽东现代化战略思想的历史演进、理论意蕴与时代价值》,《毛泽东思想研究》
2022 年第 4 期。
④ 参见韩喜平、郝婧智:《毛泽东对中国式现代化理论和实践的双重探索》,《毛泽东研究》2022 年第
2 期。
⑤ 参见李捷:《毛泽东对伟大建党精神的开创性贡献》,《毛泽东思想研究》2022 年第 1 期。

治灵魂""践行目标追求""增强政治本色""提升政治情怀",论述了毛泽东对传承弘扬伟大建党精神的重要贡献。① (2)毛泽东与党的领导。方涛认为,作为"党领导一切"的先行者、探索者和奠基者,毛泽东早在土地革命时期就初步提出,全民族抗战时期明确党"应该领导一切",新中国成立初期强调"党必须领导一切",再到探索社会主义建设时期提出"党是领导一切的",并采取举措坚决纠正各种错误倾向,确保了党对中国革命和建设的坚强领导。② 同时,还有学者围绕"毛泽东对党中央权威的维护""报告制度""一线二线制度""话语领导权"等展开探讨。③ (3)毛泽东与党的建设,既包括正面维度的党的初心使命、政治建设、理论建设、作风建设、组织建设、执政能力建设、学习型政党建设等,也包括整顿维度的党的自我革命、监督、纠正党内错误思想、反腐、反教条主义、反官僚主义、反对和平演变等。④ 沧南和王松平指出,以毛泽东同志为主要代表的中国共产党人,依据马列主义的基本原理,从理论和实践的结合上科学地解决了如何巩固无产阶级专政、防止"和平演变"的问题,为国际共产主义运动作出了重大贡献。⑤ 杜家丞强调,反官僚主义是毛泽东的毕生事业。新中国成立后,毛泽东对官僚主义性质的认识经历了从归属人民内部矛盾,到在"两类矛盾"之间摆动,再到成为敌我矛盾和人民内部矛盾混合物的演变过程。⑥ (4)毛泽东与党史学习。汪伟平指出,毛泽东高度重视并探索党史学习教育,其立足革命实际,从革命进程、组织建设、理论创新三方面科

① 参见史家亮:《毛泽东对传承弘扬伟大建党精神的重要贡献》,《山东师范大学学报(社会科学版)》2022 年第 1 期。

② 参见方涛:《毛泽东关于"党领导一切"的思想及其当代价值》,《马克思主义研究》2022 年第 7 期。

③ 参见郑志强:《毛泽东在革命战争年代维护党中央权威的坚定意志及其重要贡献》,《毛泽东邓小平理论研究》2022 年第 5 期;孙伟:《毛泽东在井冈山时期执行中央决定的政治能力与历史启示》,《毛泽东思想研究》2022 年第 2 期;周树辉:《解放战争时期毛泽东建立报告制度的历史过程与重要意义》,《毛泽东研究》2022 年第 4 期;张海燕、许筱婷:《毛泽东与"一线二线"制度再探》,《湘潭大学学报(哲学社会科学版)》2022 年第 1 期;等等。

④ 参见黄亚楠:《20 世纪 30 年代前后毛泽东关于党的建设的认识与实践》,《毛泽东研究》2022 年第 5 期;唐良虎、高盛楠:《延安时期毛泽东的思想政治教育叙事:场景、载体与现实启示》,《毛泽东思想研究》2022 年第 5 期;代红凯:《毛泽东对社会主义前途命运的深切忧思及战略应对——基于新中国成立后两次手书〈三垂冈〉的分析》,《湖南科技大学学报(社会科学版)》2022 年第 5 期;郭国祥、涂业隆:《新中国成立初期毛泽东对中国共产党执政形象建设的探索及其当代价值》,《武汉科技大学学报(社会科学版)》2022 年第 6 期;伍洪杏:《毛泽东的廉洁文化观及其当代价值》,《毛泽东研究》2022 年第 4 期;等等。

⑤ 参见沧南、王松平:《论毛泽东反对"和平演变"及其对党建的意义》,《毛泽东思想研究》2022 年第 5 期。

⑥ 参见杜家丞:《新中国成立后毛泽东对官僚主义性质的认识演变》,《现代哲学》2022 年第 2 期。

学定位党史学习教育,阐明了党史学习教育的重要意义,并从端正学习态度、坚持正确原则、进行科学组织三方面总结形成了党史学习教育的基本经验。①

其二,围绕"治国理政"展开,主要包括国家治理、城市治理、乡村改造、社会管理、中央与地方关系等,以及毛泽东的战略观、底线思维、预见思想、斗争精神等。② 季春芳指出,新中国国家治理的重要路径包括:民主与集中的辩证统一、依法治国与以德治国的双管齐下、原则坚定性与策略灵活性的刚柔并济。③ 杨勇认为,毛泽东的城市治理方略,一是强化城市制度建设着力夯实城市治理的政权基石;二是以城市工业化建设作为现代化城市治理的战略依托;三是全力满足人民需要以更好发动人民参与城市治理。④ 习近平总书记将毛泽东的底线思维称为"治党治国很重要的政治经验和政治智慧"。孔翠萍就此指出,毛泽东底线思维表现在既坚定国家独立、民族振兴、人民幸福的社会主义信念,又清醒地预见各种困难与不利情况,强调在最坏可能性的基础上制定政策,有组织、全方位地采取措施应对内外困难,以确保最有利局面并取得光明前途。⑤

其三,围绕"人民"展开。主要包括:(1)"以人民为中心""为人民服务"。⑥ 黄显中和胡丹指出,在毛泽东为人民服务思想中,为何去执守的价值理论,就是最广大人民群众的最大利益;如何来执守的行动理论,就是全心全意为人民服务;向何而执守的人格理论,就是忠实无私、终生不移为人民服务的理想人格。⑦ (2)从人

---

① 参见汪伟平:《毛泽东与党史学习教育》,《世界社会主义研究》2022 年第 4 期。
② 参见郭志东:《批转地方经验:毛泽东关于新中国制度创设的探索》,《毛泽东思想研究》2022 年第 2 期;郭强:《论西柏坡时期毛泽东的新中国国家制度和国家治理体系思想》,《观察与思考》2022 年第 7 期;骆文杰、韩冬雪:《毛泽东关于改造乡村宗族的论述理析》,《高校马克思主义理论研究》2022 年第 1 期;刘超、李世雄:《毛泽东社会管理思想及其当代启示》,《毛泽东研究》2022 年第 3 期;毕京京:《论毛泽东的战略决断》,《毛泽东研究》2022 年第 1 期;李洪峰:《战略家毛泽东的道路》,《毛泽东思想研究》2022 年第 4 期;等等。
③ 参见季春芳:《中华人民共和国成立初期毛泽东国家治理的实施路径探析》,《湖南科技大学学报(社会科学版)》2022 年第 5 期。
④ 参见杨勇:《建国前后毛泽东城市治理方略及时代意义》,《湖湘论坛》2022 年第 1 期。
⑤ 参见孔翠萍:《论毛泽东对底线思维的探索与思考》,《湖南科技大学学报(社会科学版)》2022 年第 1 期。
⑥ 参见黄显中、李盼强:《为人民服务:社会主义文明的创生密码——毛泽东为人民服务思想的文明创生境域》,《湘潭大学学报(哲学社会科学版)》2022 年第 1 期;黄显中、刘东旭:《为人民服务:中国共产党人的专长——毛泽东为人民服务思想新探》,《毛泽东研究》2022 年第 1 期;翁文艳:《青年毛泽东"人民至上"价值领导力的形成历程与当代意义》,《甘肃社会科学》2022 年第 1 期;等等。
⑦ 参见黄显中、胡丹:《毛泽东为人民服务思想的伦理蕴含》,《伦理学研究》2022 年第 2 期。

民当家作主的人民民主理论及其实践展开,包括人民民主专政的国体、协商民主、多党合作、新闻思想的民主意蕴等。① 宋俭和杨斐然指出,新民主主义革命时期,毛泽东对国体问题的思考,从"革命民众合作统治的国家"到"各革命阶级的联合专政",从筹划"人民大众的国家"到系统阐述人民民主专政的学说,为新中国建国建政奠定了理论基础。毛泽东人民民主专政的国体思想中,党的领导是核心,"人民共和"与"人民共治"是其中极富特色的重要内容。②(3)围绕民生领域展开,包括教育、医疗、体育等。③ 王洪车指出,在革命战争年代,毛泽东就率先提出夺取政权后要积极注意发展医疗卫生事业的主张。新中国成立后,毛泽东号召各级党委把医疗卫生工作看作一项重大的政治任务;指导卫生部把医疗卫生工作的重点放到农村;指示卫生部加强团结中医,组建了世界上独有的中西医医疗卫生队伍,迅速壮大了我国医疗卫生保健力量。④ 胡为雄认为,毛泽东对中国教育的贡献至少有十一个方面:办工人夜校培养工人的文化与政治觉悟为民主革命做准备;最早提出共产党夺取教育权的主张;最早创办传播马克思列宁主义、专门研究中国革命实际问题的大学;率先开办农民夜校并结合开展农民运动;国共合作时期主办农民运动讲习所时大力传播共产主义;在土地革命战争时期利用政权大办教育;最早提炼出十点教学法;延安时期创造了黄土地上的办学奇迹;提出让社会成为"大学校"思想;中华人民共和国教育方针、路线的总体设计者;提倡文字改革,支持新文字工作、支持普通话推广。⑤(4)围绕构成人民的特定阶层群体展开,如青年、妇女、农民等。由于 2022 年是共青团建立 100 周年,因而对毛泽东的青年观探讨得最多。郭宝付和李婧认为,毛泽东在领导中国革命和建设的过程中,始终将目光锁定青

---

① 参见李雅兴、孙雨:《毛泽东政治协商思想的生成逻辑、主要内容和治理意义》,《湘潭大学学报(哲学社会科学版)》2022 年第 2 期;叶子维、李向勇:《考验与发展:新中国成立初期毛泽东多党合作思想探析》,《福建省社会主义学院学报》2022 年第 4 期;时啸鸽:《毛泽东新闻思想的民主意蕴及时代启示》,《毛泽东思想研究》2022 年第 1 期;等等。

② 参见宋俭、杨斐然:《新民主主义革命时期毛泽东对国体问题的思考和理论特点》,《毛泽东思想研究》2022 年第 1 期。

③ 参见陈永辉、马翠萍:《毛泽东体育思想的民族情怀及其当代价值》,《毛泽东研究》2022 年第 2 期;庞立生、王林:《毛泽东对新中国"教育与生产劳动相结合"的探索》,《湘潭大学学报(哲学社会科学版)》2022 年第 5 期;等等。

④ 参见王洪车:《毛泽东对中国医疗卫生事业的开拓与奠基》,《毛泽东邓小平理论研究》2022 年第 3 期。

⑤ 参见胡为雄:《毛泽东对中国教育的重大贡献》,《毛泽东邓小平理论研究》2022 年第 1 期。

年、将热情投向青年、将希望寄予青年,形成了包括青年地位观、青年成才观、青年工作观等在内的科学系统的青年观。① 江大伟和孟珊认为,抗日战争时期,毛泽东关于模范青年的思想是在分析革命形势以及青年运动实践的基础上形成发展的,既明确了模范青年的能动作用和实践路径,又宣传了中国共产党的政治立场和理想信念,是党引领青年、培育青年、成就青年的宝贵财富。② 同时,"毛泽东与农民"也是探讨热点。王向清和江名指出,毛泽东致力于充分发挥"农民革命性",经济上给予农民以正当的物质利益,政治上赋予农民以往未有过的权益,思想上提高农民觉悟。③

其四,为纪念中国共产党统一战线政策提出 100 周年,围绕"统一战线"展开,并聚焦于"抗日民族统一战线"。主要包括:(1)从唯物史观展开。李士芹指出,毛泽东运用唯物史观的社会基本矛盾理论、阶级分析理论、历史主体理论、政党与社会革命理论、国家理论、社会存在与社会意识的辩证关系理论等,深入思考了抗日民族统一战线的形成、内容、巩固与扩大等,推动了唯物史观中国化进程,发展了马克思主义革命统战思想。④ (2)从新的视角切入。杜谆从侨务工作切入,认为从统一战线的视角看,毛泽东侨务思想同习近平总书记关于侨务工作重要论述存在着理论传承与创新的发展脉络。⑤ 彭波和彭玉凌从全面抗战时期的对日统战切入,认为中国共产党始终坚持贯彻毛泽东统一战线思想,积极开展对日统战工作,在确立宽待俘虏的政治工作原则后,积极开展思想政治教育工作,大力支持在华日人反战组织的工作,在 6213 人作战俘虏日军中争取投降反正 746 人,将世所公认的顽固"鬼子兵"改造为坚定的反法西斯斗士,取得了世界反法西斯战争中绝无仅有的成就,并得到了盟友美军的高度重视。⑥

---

① 参见郭宝付、李婧:《毛泽东青年观的核心意蕴及其当代价值》,《思想教育研究》2022 年第 7 期。
② 参见江大伟、孟珊:《抗日战争时期毛泽东关于模范青年思想的科学意蕴及时代价值》,《中国青年社会科学》2022 年第 1 期。
③ 参见王向清、江名:《毛泽东对"农民革命性"理论的探索及其历史贡献》,《湘潭大学学报(哲学社会科学版)》2022 年第 3 期。
④ 参见李士芹:《毛泽东革命统战思想对唯物史观的创造性运用(1937—1945)》,《毛泽东思想研究》2022 年第 5 期。
⑤ 参见杜谆:《统一战线视角下新中国成立以来侨务思想的理论传承与创新——以毛泽东、习近平关于侨务工作重要论述为中心的考察》,《云南师范大学学报(哲学社会科学版)》2022 年第 5 期。
⑥ 参见彭波、彭玉凌:《全面抗战时期毛泽东对日统一战线思想的顶层设计与历史贡献》,《毛泽东思想研究》2022 年第 3 期。

此外,还有学者围绕毛泽东的"民族"思想展开,包括"中华民族伟大复兴""中华民族共同体意识""民族区域自治""处理边疆域民族问题"等。如曹应旺指出,毛泽东既强调没有中国共产党就没有新中国,又从历史文化根基和自然根基上指出"没有中华民族,就没有中国共产党"。毛泽东一生都在为"战胜外寇,复兴中国"而奋斗,为中华民族独立而战;确立工业化、现代化的发展目标,为中华民族富强而谋;将学习马克思主义和学习中华民族历史遗产结合起来,为民族复兴奠定了文化根基。①

3. 经济领域

其一,围绕"毛泽东与社会主义政治经济学"展开。孟捷认为,毛泽东是当代中国社会主义制度经济学的先驱。他的相关理论贡献,一方面预示了20世纪70年代兴起的当代制度经济学——包括马克思主义制度经济学与新古典制度经济学(即新制度经济学)——的研究议程,另一方面在方法论上构成了中国特色社会主义政治经济学的发端。② 代红凯指出,毛泽东立足辩证唯物主义和历史唯物主义,在充分强调生产力决定性地位和生产力不断变化发展的基础上,规划经济基础和上层建筑的联动变革以发挥其反作用。其中,生产关系变革只是发展生产力的关键一环,而作为经济基础和上层建筑融汇结合体的社会关系变革,根本上即人与人之间的社会关系变革,才是发展生产力的根本举措。③ 同时,还有学者探讨了毛泽东的经济思想、毛泽东对社会主义基本经济制度的探索等。④

其二,结合"四个现代化",围绕工业、农业、金融、科技等经济具体领域展开。⑤徐坤指出,毛泽东工业化思想形成与发展的历史进程,经历了救亡图存的忧患意识与工业化思想的历史性出场、从"以苏为师"到"以苏为鉴"的主体自觉,以及从社会主义工业化向社会主义现代化的整体性转变三大历史阶段。厘清毛泽东时代

---

① 参见曹应旺:《"战胜外寇,复兴中国"——探寻毛泽东初心的民族心》,《毛泽东邓小平理论研究》2022年第8期。

② 参见孟捷:《毛泽东与社会主义制度经济学》,《复旦学报(社会科学版)》2022年第4期。

③ 参见代红凯:《生产关系变革还是社会关系变革——关于毛泽东发展生产力思想的再思考》,《现代哲学》2022年第5期。

④ 参见陈克清:《毛泽东经济思想及其当代价值》,《云南大学学报(社会科学版)》2022年第6期;乔惠波:《毛泽东对社会主义基本经济制度的探索、贡献及其启示》,《湖南科技大学学报(社会科学版)》2022年第4期;等等。

⑤ 参见陈兰英、韩平:《社会主义革命和建设时期毛泽东对国家工业化的探索及基本经验》,《毛泽东思想研究》2022年第1期;任映红、陈荟如:《毛泽东科技思想的内涵特征及现实启示》,《毛泽东思想研究》2022年第6期;弘毅:《重温毛泽东同志有关金融论述》,《中国金融》2022年第7期;等等。

"中国的工业化道路",不仅关乎中国共产党人探索中国式现代化道路的"原问题",也关乎当前对中国式现代化道路时代价值的理解。① 赵丛浩强调,"先写正楷,后写草书",是毛泽东针对新中国核工业创建过程中铀同位素分离工厂的技术争论作出的原则性指示。②

4. 外交领域

其一,围绕"外交指导思想"展开,如国际正义思想、"中间地带"理论。钮维敢指出,毛泽东"中间地带"理论,是从宏观的全球视域对一定历史时期内的中微观聚类的国际行为体运行状况及其特点进行总结性概括所形成的地缘战略理论,展现出中间(游移)力量对世界格局变迁的重要作用,不仅指导了当时的中国外交,也有助于后来人们认清中间游移力量的运行规律和特点,认识冷战结束以来世界格局的演化。③

其二,围绕中国与特定国家的关系展开。在 2020 年"6·15 中印加勒万河谷边境冲突"的背景下,许可人围绕中印边界问题,论述了毛泽东处理这一历史遗留问题时体现出的立场、观点和方法,及其现实启示。④ 大国关系尤其是中美关系,一直是中国的外交重心。薛庆超围绕中美关系指出,20 世纪 70 年代初期,毛泽东科学判断世界大势,为了中国人民和中华民族的最高利益,冲破意识形态束缚,邀请尼克松总统访华,实现了中美关系的历史性突破。⑤

此外,还有学者立足"国防军队领域",围绕"建军思想""党指挥枪""人民军队的政治工作""新中国军事""国家安全""国防现代化"等展开毛泽东研究。⑥ 曾敏和李泉霖指出,毛泽东领导中国人民实现了常规武器由装配仿制到自主研制的

① 参见徐坤:《毛泽东工业化思想的历史逻辑与范式转化》,《现代哲学》2022 年第 5 期。
② 参见赵丛浩:《"先写正楷,后写草书"——毛泽东关于我国核技术研发指示蕴含的工作方法》,《党的文献》2022 年第 5 期。
③ 参见钮维敢:《论中间游移力量——毛泽东思想"中间地带"理论及其当代意义》,《宁夏社会科学》2022 年第 2 期。
④ 参见许可人:《毛泽东处理中印边界问题决策的历史启示》,《湖南科技大学学报(社会科学版)》2022 年第 4 期。
⑤ 参见薛庆超:《毛泽东与中美关系的历史性突破》,《毛泽东思想研究》2022 年第 2 期。
⑥ 参见王新生:《秋收起义至井冈山革命根据地初创时期的毛泽东建军思想》,《中国井冈山干部学院学报》2022 年第 5 期;惠晓峰、范晨阳:《延安时期毛泽东论人民军队的政治工作》,《延安大学学报(社会科学版)》2022 年第 2 期;江涌:《建设强大而可亲的社会主义现代化国家——毛泽东国家安全思想解读》,《国家安全研究》2022 年第 1 期;张树德、张超颖:《毛泽东领导新中国军事实践的思想内涵和理论贡献——〈建国以来毛泽东军事文稿〉编辑札记》,《毛泽东思想研究》2022 年第 3 期;等等。

转变,创建了保障尖端武器成功研制的举国体制,建立了支撑国防现代化建设的工业科技体系,走出了武器装备现代化建设的中国道路,为新时代中国武器装备现代化建设奠定了基础、提供了经验。①

(三)毛泽东生平事迹研究

其一,多维度论述毛泽东的生平事迹,大多兼具可读性和知识性。有的围绕"毛泽东与历史人物"展开,如毛泽东与中国诗人词人系列,就包括屈原、曹操、李白、杜甫、辛弃疾等。有的围绕"毛泽东的人际交往"展开,有习仲勋、夏明翰、黄克诚等党内同志,也有张澜、齐白石等党外人士,还有李顺达、王玉坤等劳动群众,更有白求恩、赫鲁晓夫、西哈努克等国外人士。有的围绕"他人眼中的毛泽东"展开,如警卫员、延安文艺者等眼中的毛泽东。有的围绕"毛泽东或鲜为人知的、或有重大影响的、或有一定传奇色彩的经历"展开,如习武经历、转战陕北中几次化险为夷、1949 年从清华园火车站进北平秘闻等。与"人的维度""文本维度"相互支撑,有学者从"毛泽东遗物与红色建筑遗产"这一"物"的维度展开探讨。李丽指出,毛泽东遗物是毛泽东使用过并留存下来的物品,不仅是他人生的重要见证,还是毛泽东思想和精神的重要体现。同时,毛泽东在中国精神的滋养下成长,又丰富发展了中国精神的内涵。遗物作为重要的红色资源,也是中国精神的生动教材。②

其二,基于史实考证与辨析,推进对毛泽东研究的科学性、准确性,并主动出击、激浊扬清,压缩历史虚无主义迷雾的空间。围绕毛泽东世界观转变的时间问题,学界主要有 1920 年"夏天说""冬天说""过程说"三种观点。吴璇指出,毛泽东世界观的转变是一个复杂过程,是其思想结构中马克思主义思想因素逐步积累并占主导地位的艰难过程,其间经过了对多种学说的比较鉴别、对马克思主义理论的亲身实践,以及对湖南自治运动的深刻反思。在理解这一动态过程时,不能简单用

① 参见曾敏、李泉霖:《毛泽东领导新中国武器装备现代化建设的实践路径》,《湖南科技大学学报(社会科学版)》2022 年第 2 期。
② 参见李丽:《毛泽东遗物:中国精神的真实体现和生动教材》,《湖南科技大学学报(社会科学版)》2022 年第 1 期。

"夏天"或"冬天"等具体尺度来界定,也不应当机械地同读过哪些马列著作等同起来。① 李单晶、李后强辨析了成都彭县龙兴寺起义的时间、人物、过程以及蒋介石逃离祖国大陆的时间、地点等史实。② 冯超指出,修订本《毛泽东年谱》与增订本《刘少奇年谱》关于 1938 年 12 月 10 日一则电报中八路军一部南下地域的记述存在差异,因中央档案原文记述"津浦路东",《刘少奇年谱》直接采用,而修订本《毛泽东年谱》则根据史实改为"津浦路西"。冯超认为修订本《毛泽东年谱》的修改是正确的。③

(四)以"毛泽东研究"为研究对象

以"毛泽东研究"为研究对象,学界主要围绕"研究的方法路径"展开。

其一,文献史料学。梁怡指出,文献史料学是有关文献史料搜集、考证、校勘、编纂和利用的理论和方法的学科。2003 年,中共党史学会、毛泽东思想邓小平理论研究会等单位发布了《"毛泽东与马克思主义在中国的发展"学术研讨会征文启事》,首次把"毛泽东生平、思想文献史料学研究"列入参考选题。北京大学历史系张注洪教授撰写了《毛泽东生平、思想文献史料学研究初探》一文,全面论述了毛泽东生平、思想文献史料学研究的情况,强调这一学科的重要意义。当下毛泽东研究,仍需发挥文献史料学的重要功能。④

其二,文本学方法。张明指出,文本学方法产生于国内马克思主义发展史研究领域,将其运用至毛泽东研究有重要的理论开拓性。并强调确立使用这一方法的科学规范,如应自觉区别"文献学"与"文本学",避免将文本学方法局限为毛泽东文本的资料收集、版本考证等考据性研究。不能离开对文本所生发的具体历史"场域"的科学分析,更不能以文本对抗、消解关于毛泽东思想史的研究,而应在思想史宏大参照系下勾勒文本的微观发展,通过对文本的具象化阐释叙述来做实

---

① 参见吴璇:《青年毛泽东世界观转变历程再考察——兼评 1920 年"夏天说""冬天说"和"过程说"》,《毛泽东研究》2022 年第 5 期。

② 参见李单晶、李后强:《毛泽东解放大西南部署与国民党在祖国大陆的彻底崩溃——以彭县龙兴寺起义史实辨析为中心》,《毛泽东思想研究》2022 年第 6 期。

③ 参见《"津浦路东"还是"津浦路西"? 修订本〈毛泽东年谱〉与增订本〈刘少奇年谱〉一则史实辨析》,《军事史林》2022 年第 6 期。

④ 参见梁怡:《重视毛泽东生平、思想文献史料学研究的基础作用——从〈毛泽东生平、思想文献史料学研究初探〉一文说起》,《毛泽东邓小平理论研究》2022 年第 8 期。

毛泽东思想史的研究。①

其三，重视"毛泽东日常谈话"。唐正芒和张春丽指出，毛泽东日常谈话内容极为丰富，与其著作、文稿上理论著述丰富相得益彰的是，其日常谈话更多体现出他对具体、实际工作的指导。其言谈风格独特，具有"毛氏特色"，在海量的毛泽东资料中，披露、留存、记录下来的他的日常谈话特别丰富，堪称一座亟待开发的思想"富矿"。②

其四，毛泽东著作及版本研究要"关注现实"。杨明伟指出，深化毛泽东著作及版本研究的学术取向，就是关注现实问题，跟着时代脚步走，紧紧围绕党和国家重大关切，围绕新时代学术研究热点，深入探讨毛泽东著作及其版本的深刻内涵和时代价值。③

（五）国际视野下的毛泽东研究

其一，以"国外毛泽东研究"为研究对象。（1）著作译介维度。《毛泽东思想研究》第 1—5 期，刊发了哈佛版第七卷《毛泽东文集：1939—1941 年》、第八卷《毛泽东文集：1942—1945 年 7 月》的导言，主持导言翻译项目的萧延中指出，哈佛版《毛泽东文集》是目前西方学术界所编辑翻译的最权威的英文毛泽东著作集，整体系列为 10 卷本规模，选取 1912 年至 1949 年期间毛泽东著述的原始资料，加以翻译、注释。文集每卷前除均刊有由施拉姆撰写的"总序"外，还刊有针对各卷具体内容所撰写的"导论"，说明所选文献历史背景和编辑体例。这些"导论"可被看成编译者对毛泽东此一时期著作版本的诠释性导读。把这些导读连接在一起，就构成了一部西方学者对 1949 年以前毛泽东著作版本研究的高水平通论。④（2）思想内容维度。裴宜理指出，关于毛主义在当今中国意义的争论，追溯处于冷战高峰期时关于毛主义自身意义的早期辩论，并重访、反思本杰明·史华慈与卡尔·魏特

① 参见张明：《文本学方法与深化毛泽东研究的新路向》，《四川师范大学学报（社会科学版）》2022 年第 4 期。

② 参见唐正芒、张春丽：《毛泽东日常谈话研究的学理探析》，《中州学刊》2022 年第 6 期。

③ 参见杨明伟：《关注现实：毛泽东著作及版本研究的基点和魅力》，《毛泽东研究》2022 年第 4 期。

④ 参见莱曼·P. 范斯莱克、斯图亚特·施拉姆：《第七卷〈毛泽东文集：1939—1941 年〉导言》（上、中、下），霍伟岸译，《毛泽东思想研究》2022 年第 1—3 期；斯图亚特·施拉姆：《第八卷〈毛泽东文集：1942—1945 年 7 月〉导言》（上、下），齐慕实、霍伟岸译，《毛泽东思想研究》2022 年第 4—5 期；萧延中：《主持人语：哈佛版〈毛泽东文集〉各卷"编者导论"翻译项目顺利结束》，《毛泽东思想研究》2022 年第 5 期。

夫之间的这场争论。① 米占民指出，施拉姆关于毛泽东群众路线的思想观点，实际上否认了毛泽东群众路线思想的哲学智慧和中国特性，究其原因在于他未能真正把握毛泽东群众路线思想的生成逻辑和丰富内涵。事实上，毛泽东群众路线思想不是对列宁观点的照搬照抄，其生成有科学哲学基础和实践基础，它是马克思主义与中国实际相结合的典范。② 徐克谦评述了美国学者爱莲心（Robert E. Allinson）的新著《毛泽东的哲学影响：批注、反思和洞见》，认为该书聚焦于毛泽东独特的哲学思想体系的形成发展过程，与海外许多偏重于从政治和历史角度来研究毛泽东有所不同。指出书名包含两层含义：毛泽东自己的哲学思想体系在形成过程中所受到的中、西方哲学传统的影响；毛泽东哲学对中国革命乃至当代世界的深远影响。③（3）研究方法维度。张明围绕"海外毛泽东研究的路径"指出，20 世纪 90 年代，以德里克、哈里和奈特为代表的新左翼学者从马克思主义理论谱系出发，从毛泽东的思想的多元面相和复杂历史遗产出发，致力于突破经验主义阅读模式的限制、引入症候阅读等解释学方法来勾画毛泽东思想肖像。但这种理论探索一定程度上存在着不可避免的局限性。④ 薛念文和高亚利指出，海外毛泽东研究的缘起与发展，凸显出去西方中心主义的当代价值，这源于西方一些学者意在通过毛泽东研究解决西方现代化危机，将毛泽东思想当作反思现代性、探索新型现代化道路的重要参照。海外毛泽东研究的去西方中心主义从单一观照到多元视角审视，对进一步准确把握毛泽东研究的世界意义有重要价值。⑤（4）国际传播与影响维度。邓天奇和龙鸿祥梳理了毛泽东思想国际传播的历程及其价值取向，从国际传播图景、特点与经验等方面重新观察毛泽东思想国际传播的历史成就，并总结其现实启示。⑥ 龙潇指出，毛泽东著作在日传播经历了萌芽、发展、成熟，其成功传播

---

① 参见［美］裴宜理：《当代中国的毛主义辩论——反思本杰明·史华慈〈中国共产主义和毛的崛起〉》，萧延中译，《毛泽东思想研究》2022 年第 2 期。

② 参见米占民：《理性审视施拉姆关于毛泽东群众路线思想观点——兼论毛泽东群众路线思想的生成逻辑》，《毛泽东研究》2022 年第 3 期。

③ 参见徐克谦：《评［美］爱莲心〈毛泽东的哲学影响：批注、反思和洞见〉——毛泽东早期哲学思想新论》，《毛泽东思想研究》2022 年第 6 期。

④ 参见张明：《海外学者对毛泽东思想肖像的学术透视——从 20 世纪 90 年代海外毛泽东研究两种路径的争论谈起》，《武汉大学学报（哲学社会科学版）》2022 年第 3 期。

⑤ 参见薛念文、高亚利：《海外毛泽东研究的去西方中心主义》，《晋阳学刊》2022 年第 3 期。

⑥ 参见邓天奇、龙鸿祥：《毛泽东思想国际传播的历史成就及其对新时代中国经验走向世界的现实启示》，《学术探索》2022 年第 1 期。

与毛泽东思想的独特魅力、日本左翼人士积极参与等密切相关。同时,其也面临官方色彩较浓厚、传播渠道有局限性、传播内容单一等问题。① 唐正芒和李林围绕"毛泽东逝世的国际悼念和反响"指出,不同国家在社会制度、意识形态上不同,但都盛赞毛泽东对中国人民和世界人民立下的丰功伟绩,体现出毛泽东在世界人民心中的巨大影响力。②

其二,英语学界的毛泽东研究。(1)大多是书评(Book Review),介绍评析近两年海外毛泽东研究的专著。如对 2020 年出版的 Robert E. Allinson, *The Philosophical Influences of Mao Zedong*:*Notations*,*Reflections and Insights*,③Selusi Ambrogio 评道,该书对毛泽东思想进行了哲学探究,但不仅是一部毛泽东思想史,也是运用毛泽东哲学思想对当代中国社会和文化状况的哲学反思。Allinson 提供了一个全新叙事,论述了毛泽东"伟大舵手"的知识分子形象和整个 20 世纪的中国文化。此外,书评所涉及的专著主要包括:*Between Mao and Gandhi*:*the Social Roots of Civil Resistance*,*Knowledge Production in Mao-Era China*:*Learning from the Mass*,*Mao's Bestiary*:*Medicinal Animals and Modern China*,*China and the Cholera Pandemic*:*Restructuring Society under Mao*,等。(2)从研究论文来看,较有代表性的包括 National University of Singapore 的 Tu Hang 借鉴日记、回忆录、科幻小说和讽刺小说等文学体裁,认为毛泽东的政治学可以被解读为一部宏大的"政治小说",将毛泽东不朽的身体加倍与中国共产党的永久主权联系起来。④ (3)从研究专著来看,最有相关性的是 Joseph Fewsmith, *Forging Leninism in China*:*Mao and the Remaking of the Chinese Communist Party*,*1927-1934*。该书的章节构成为:引言(Introduction)、正文五章(Disaster and Local Rebellion, The Donggu Revolutionary Base Area, A Different Approach to Revolution, Mao versus Local Forces, The Logic of Sufan)、结论(Conclusion)。作者认为,毛泽东创建国家民族革命的努力与地方利益间存在冲突,共产主义运动对士兵和金钱的需求与地方不愿意提供足够数量间存在冲突。

---

① 参见龙潇:《毛泽东著作在日本的传播及其启示》,《湖南科技大学学报(社会科学版)》2022 年第 1 期。

② 参见唐正芒、李林:《毛泽东逝世的国际悼念和反响述析》,《云梦学刊》2022 年第 2 期。

③ 这即是本文前面提到的徐克谦评述的爱莲心新著《毛泽东的哲学影响:批注、反思和洞见》。

④ 参见 Tu Hang, "Long Live Chairman Mao! Death, Resurrection, and the (Un)Making of a Revolutionary Relic", *The Journal of Asian Studies*, Vol. 81, 2022, pp. 507-522。

三、毛泽东研究的 2022 年总结与 2023 年展望

总的来看,2022 年的毛泽东研究,主要有以下特点。其一,从研究载体来看,年度性和纪念性的学术会议、学术研究专刊以及设有"毛泽东研究"专栏的学术期刊、59 所高校的 80 篇硕士论文以及近 50 本研究专著等,均体现了毛泽东研究的重要性和常态化,证明了毛泽东研究的常研常新性。其二,从研究内容来看,涵盖对毛泽东及其著作、思想的研究,以及对"毛泽东研究"的研究,足见研究范围之广,体现了新时代深度挖掘毛泽东这一学术富矿和思想宝库的时代价值。同时,研究内容的代表性主题,可参见下表的词频分析。其三,从研究热点来看,一方面,结合纪念性的文本、政策、事件等展开,如《讲话》发表 80 周年、中国共产党统一战线政策提出 100 周年、共青团建立 100 周年;另一方面,站稳人民立场,立足问题导向

2022 年毛泽东研究的内容词频表①

---

① 词频表中,"生平事迹"由于涉及的主题太多太分散,故整合为一个词频;"毛泽东诗词"既包括汇编的《毛泽东诗词》,也包括诗词单篇(如《七律二首·送瘟神》等);《概论》指代的是《毛泽东思想和中国特色社会主义理论体系概论》,主要围绕这一高校思政课程的教学、学习、实践、拓展等,整合为一个词频。

和时代关切围绕国家重大战略和经济社会需要,体现出研究的时代性与实践性,如"人民主体论""党的领导""党的建设""第三个历史决议"等。其四,从研究方法来看,一是强调原始文献,确保研究的科学性和准确性,压缩历史虚无主义迷雾作乱的空间,如文本考证、版本考证、史实辨析等;二是强调在整体之下研究具体的大历史观,破除碎片化研究导致的互相消解对抗的难题和"百衲衣难以蔽体"的困境;三是从研究切入点来看,不少学者跳出了单一学科的土围子,基于问题导向进行跨学科的交叉研究,推进了研究的创新性和实践性;四是从研究视野来看,体现了很强的"扎根中国"的特性,同时鉴于毛泽东及其著作思想的国际影响,不少学者自觉立足国际视野展开研究,推动了毛泽东研究一定程度上呈现出"扎根中国、融通中外"的优秀特质。

2023 年,是毛泽东诞辰 130 周年,结合相关纪念活动,学界必将迎来一波百花齐放、百家争鸣的毛泽东研究热。这从 2013 年(毛泽东诞辰 120 周年)的毛泽东研究就能看出,依托"中国知网"数据库,在"篇名"中搜索"毛泽东",就查询到 2013 年有 3000 多篇论文,足见研究热度之高。就 2023 年的毛泽东研究,笔者认为,应注重把握以下几个维度:其一,重视党的第三个历史决议对毛泽东思想的新界定中增写的"创造性",聚焦毛泽东在中国革命和建设维度对马列主义的创造性发展,这既是对毛泽东研究的守正创新,又有助于激励新时代全党进一步基于"两个结合"发挥创造性。其二,将毛泽东研究与"四史"结合起来,立足百年大党的发展实践,总结其历史经验与时代价值。其三,立足建设社会主义现代化国家的新征程,以问题为导向,弘扬斗争精神,结合国家重大战略和经济社会需要展开。其四,结合兼具周年纪念意义和时代价值的毛泽东著作和相关路线战略展开,如 1933 年的《必须注意经济工作》《怎样分析农村阶级》,1943 年的《关于领导方法的若干问题》《组织起来》《在中央党校第二部开学典礼上的讲话》《抗日根据地的十大政策》,1953 年的"社会主义改造"路线,《改造资本主义工商业的必经之路》《关于农业互助合作的两次谈话》《革命的转变和党在过渡时期的总路线》,1963 年的《人的正确思想是从哪里来的?》等。其五,丰富拓展研究视野和路径,重视跨学科研究,进一步深入"扎根中国、融通中外"。

| 要目一览 |

2022 年毛泽东研究论文要目

一、期　刊

陈希、邓淑华:《论毛泽东思想研究学术生产的分布格局和发展态势——基于国家社科基金毛泽东思想研究立项的统计分析(1991—2020)》,《毛泽东思想研究》2022 年第 1 期。

郑钧蔚:《"毛泽东与中国社会主义现代化建设"理论研讨会暨四川省毛泽东思想研究会 2021 年年会综述》,《毛泽东思想研究》2022 年第 1 期。

《韶山毛泽东图书馆馆藏珍品推介(十七)——延安时期毛泽东主持编辑的〈马恩列斯思想方法论〉》,《毛泽东研究》2022 年第 1 期。

车宗凯:《中国共产党建党百年与毛泽东思想研究新进展——2021 年度国内学界毛泽东思想研究述论》,《毛泽东研究》2022 年第 1 期。

唐青:《毛泽东与伟大建党精神——第十四届全国"毛泽东论坛"综述》,《毛泽东研究》2022 年第 1 期。

王永魁等:《2021 年毛泽东等老一辈革命家思想生平研究系列学术会议综述》,《党的文献》2022 年第 1 期。

赵丛浩:《毛泽东:"不要割断历史"》,《党的文献》2022 年第 1 期。

翁文艳:《青年毛泽东"人民至上"价值领导力的形成历程与当代意义》,《甘肃社会科学》2022 年第 1 期。

史家亮:《毛泽东对传承弘扬伟大建党精神的重要贡献》,《山东师范大学学报(社会科学版)》2022 年第 1 期。

胡为雄:《新发现:毛泽东一篇"自讼"赋》,《毛泽东思想研究》2022 年第 1 期。

黄志坚:《回眸百年:毛泽东关于青年和青年工作思想的研究与传承》,《中国青年社会科学》2022 年第 1 期。

毕京京:《论毛泽东的战略决断》,《毛泽东研究》2022 年第 1 期。

胡为雄:《罗章龙忆毛泽东赠诗及二人联句诗之剖析》,《毛泽东研究》2022 年第 1 期。

黄显中、刘东旭:《为人民服务:中国共产党人的专长——毛泽东为人民服务思想新探》,《毛泽东研究》2022 年第 1 期。

曾晓丽:《延安时期毛泽东家庭建设的思考探索与现实启示》,《毛泽东研究》2022 年第 1 期。

丁俊萍、贾书衡:《毛泽东俄国革命观的演变历程及其鲜明特点》,《毛泽东研究》2022 年第 1 期。

冯务中:《"历史周期率"的沉浮及其原因探究》,《科学社会主义》2022 年第 1 期。

余守萍:《中央苏区时期毛泽东关于"必须注意经济工作"的思考与实践》,《党的文献》2022 年第 1 期。

钟波:《毛泽东谈"去掉盲目性,增加自觉性"》,《党的文献》2022 年第 1 期。

宋泽滨:《毛泽东〈清平乐·六盘山〉最早应公开发表于〈美洲华侨日报〉》,《党的文献》2022 年第 1 期。

王振民:《毛泽东文本中的德波林双重肖像问题解读》,《中共党史研究》2022 年第 1 期。

黄一玲:《毛泽东对中国高等教育发展的实践探索及其启示》,《毛泽东邓小平理论研究》2022 年第 1 期。

胡为雄:《毛泽东对中国教育的重大贡献》,《毛泽东邓小平理论研究》2022 年第 1 期。

段建军:《毛泽东延安文艺观中的审美共同体思想》,《甘肃社会科学》2022 年第 1 期。

时啸鸽:《毛泽东新闻思想的民主意蕴及时代启示》,《毛泽东思想研究》2022 年第 1 期。

李捷:《毛泽东对伟大建党精神的开创性贡献》,《毛泽东思想研究》2022 年第

1 期。

石仲泉:《"两个相结合":毛泽东思想的一个重要特质——学习〈中共中央关于党的百年奋斗重大成就和历史经验的决议〉的体悟》,《毛泽东思想研究》2022年第 1 期。

莱曼·P.范斯莱克、斯图亚特·施拉姆、霍伟岸:《第七卷〈毛泽东文集:1939—1941 年〉导言(上)》,《毛泽东思想研究》2022 年第 1 期。

陈兰英、韩平:《社会主义革命和建设时期毛泽东对国家工业化的探索及基本经验》,《毛泽东思想研究》2022 年第 1 期。

宋俭、杨斐然:《新民主主义革命时期毛泽东对国体问题的思考和理论特点》,《毛泽东思想研究》2022 年第 1 期。

曾荣、曾沁涵:《从延安走向全中国:论毛泽东与马克思主义话语权构建的基本逻辑、实践路径、现实启示》,《毛泽东思想研究》2022 年第 1 期。

常改香:《延安时期毛泽东关于话语权和三种话语形式的论述探析》,《思想理论教育导刊》2022 年第 1 期。

张齐:《论毛泽东哲学思想与发展 21 世纪马克思主义》,《毛泽东思想研究》2022 年第 1 期。

车宗凯:《毛泽东论中共党史资政育人功能》,《湖南科技大学学报(社会科学版)》2022 年第 1 期。

龙潇:《毛泽东著作在日本的传播及其启示》,《湖南科技大学学报(社会科学版)》2022 年第 1 期。

李丽:《毛泽东遗物:中国精神的真实体现和生动教材》,《湖南科技大学学报(社会科学版)》2022 年第 1 期。

孔翠萍:《论毛泽东对底线思维的探索与思考》,《湖南科技大学学报(社会科学版)》2022 年第 1 期。

邓天奇、龙鸿祥:《毛泽东思想国际传播的历史成就及其对新时代中国经验走向世界的现实启示》,《学术探索》2022 年第 1 期。

左雯敏:《农村阶级与农民革命——以毛泽东早期农村调查为中心的分析》,《思想战线》2022 年第 1 期。

黄显中、李盼强:《为人民服务:社会主义文明的创生密码——毛泽东为人民服务思想的文明创生境域》,《湘潭大学学报(哲学社会科学版)》2022 年第 1 期。

张海燕、许筱婷:《毛泽东与"一线二线"制度再探》,《湘潭大学学报(哲学社会科学版)》2022 年第 1 期。

黄志坚、叶子鹏、焦龙:《毛泽东关于青年和青年工作思想的科学体系、理论特征及当代价值》,《中国青年社会科学》2022 年第 1 期。

胡为雄:《青年毛泽东一篇"自讼"赋》,《湘潭大学学报(哲学社会科学版)》2022 年第 1 期。

江大伟、孟珊:《抗日战争时期毛泽东关于模范青年思想的科学意蕴及时代价值》,《中国青年社会科学》2022 年第 1 期。

杨勇:《建国前后毛泽东城市治理方略及时代意义》,《湖湘论坛》2022 年第 1 期。

仲呈祥、何楚涵:《灯塔光耀八十载　返本开新文艺魂——纪念毛泽东同志〈在延安文艺座谈会上的讲话〉发表 80 周年》,《艺术传播研究》2022 年第 2 期。

茅文婷:《毛泽东:"一面工作,一面学习,注意业务,又注意政治"》,《党的文献》2022 年第 2 期。

冯务中:《"历史周期率"对话及其文本若干细节问题之考证》,《毛泽东研究》2022 年第 2 期。

李天航、陈龙:《第十四届全国"毛泽东论坛"在韶山召开》,《毛泽东思想研究》2022 年第 2 期。

姚亚平:《毛泽东江西七年的文化形态、精神气象和历史意义》,《江西社会科学》2022 年第 2 期。

王树荫、欧阳朔:《联合起来——毛泽东早期"民众的大联合"思想述论》,《毛泽东邓小平理论研究》2022 年第 2 期。

黄显中、胡丹:《毛泽东为人民服务思想的伦理蕴含》,《伦理学研究》2022 年第 2 期。

马凌:《"没有调查,没有发言权":调查研究是世界观也是方法论》,《青年记者》2022 年第 2 期。

赵炎秋:《毛泽东文艺思想对中国特色文学理论的形塑》,《中国文化研究》2022 年第 2 期。

杨洸、曹高洋：《论毛泽东对刘备的评价》，《洛阳理工学院学报（社会科学版）》2022 年第 2 期。

曹明臣：《抗战时期毛泽东对报刊工作的思考和指导》，《党的文献》2022 年第 2 期。

张皓、肖娇娇：《毛泽东如何看待九一八事变及其对中国革命的影响》，《党的文献》2022 年第 2 期。

惠晓峰、范晨阳：《延安时期毛泽东论人民军队的政治工作》，《延安大学学报（社会科学版）》2022 年第 2 期。

乔惠波：《探索符合中国国情的社会主义经济建设规律——再读毛泽东〈读苏联《政治经济学教科书》的谈话〉》，《毛泽东研究》2022 年第 2 期。

王仕科：《毛泽东人民信访工作思想及其当代启示》，《毛泽东研究》2022 年第 2 期。

韩喜平、郝婧智：《毛泽东对中国式现代化理论和实践的双重探索》，《毛泽东研究》2022 年第 2 期。

孟永：《道德政治谱系中的毛泽东》，《现代哲学》2022 年第 2 期。

杜家丞：《新中国成立后毛泽东对官僚主义性质的认识演变》，《现代哲学》2022 年第 2 期。

薛庆超：《毛泽东与中美关系的历史性突破》，《毛泽东思想研究》2022 年第 2 期。

孙伟：《毛泽东在井冈山时期执行中央决定的政治能力与历史启示》，《毛泽东思想研究》2022 年第 2 期。

莱曼·P.范斯莱克、斯图亚特·施拉姆、霍伟岸：《第七卷〈毛泽东文集：1939—1941 年〉导言（中）》，《毛泽东思想研究》2022 年第 2 期。

李国亮、唐正芒：《太平洋战争爆发前毛泽东反对绥靖主义的历史考察》，《毛泽东思想研究》2022 年第 2 期。

郭志东：《批转地方经验：毛泽东关于新中国制度创设的探索》，《毛泽东思想研究》2022 年第 2 期。

刘鹤亭：《毛泽东对〈庄子〉几则典故的创造性转化及其当代回响——兼论马克思主义与中华优秀传统文化结合的两个维度》，《毛泽东思想研究》2022 年第

2 期。

张大伟:《毛泽东诗词的"建设诗篇"熔铸共和国精神支柱》,《毛泽东思想研究》2022 年第 2 期。

钮维敢:《论中间游移力量——毛泽东思想"中间地带"理论及其当代意义》,《宁夏社会科学》2022 年第 2 期。

曾敏、李泉霖:《毛泽东领导新中国武器装备现代化建设的实践路径》,《湖南科技大学学报(社会科学版)》2022 年第 2 期。

赵士发、张昊:《论毛泽东对马克思主义哲学的原创性贡献》,《湖南科技大学学报(社会科学版)》2022 年第 2 期。

周直:《毛泽东对中共话语体系的构建及其当代启示——基于概念史的视角》,《湖南科技大学学报(社会科学版)》2022 年第 2 期。

刘洪森、吴爱玉:《毛泽东新民主主义价值观述论》,《湖南科技大学学报(社会科学版)》2022 年第 2 期。

李雅兴、孙雨:《毛泽东政治协商思想的生成逻辑、主要内容和治理意义》,《湘潭大学学报(哲学社会科学版)》2022 年第 2 期。

李依睿:《青年毛泽东的社会空间建构》,《湘潭大学学报(哲学社会科学版)》2022 年第 2 期。

欧阳奇、贺政凯:《中国传统文化浸润下的毛泽东形象——基于国外学者的视角》,《现代哲学》2022 年第 2 期。

张洁:《毛泽东政治免疫力思想及其当代启示》,《湘潭大学学报(哲学社会科学版)》2022 年第 2 期。

赵凌云、黄平森:《中华民族伟大复兴视阈下毛泽东对中国特色革命道路的艰辛探索》,《理论学刊》2022 年第 2 期。

李良明、林立:《中华民族伟大复兴视阈下毛泽东对中国社会主义建设道路的艰辛探索及其当代价值》,《理论学刊》2022 年第 2 期。

励轩:《中国共产党对"中华民族"相关概念的翻译——基于汉文、藏文、维吾尔文版〈毛泽东选集〉的研究》,《中央民族大学学报(哲学社会科学版)》2022 年第 2 期。

徐万发、赵娜娜:《西藏和平解放时期第一代中共领导集体铸牢中华民族共同体意识的历史贡献》,《西藏民族大学学报(哲学社会科学版)》2022 年第 2 期。

肖文明:《文艺与政治——现代性视野下的〈在延安文艺座谈会上的讲话〉精神再阐释》,《开放时代》2022 年第 2 期。

黄江军:《〈毛泽东选集〉著作编排与革命史叙事的经典化》,《党史研究与教学》2022 年第 2 期。

李惠、高锐:《毛泽东〈在延安文艺座谈会上的讲话〉原始口述版考察》,《河北学刊》2022 年第 2 期。

吕成冬:《〈实践论〉〈矛盾论〉是如何影响钱学森的》,《毛泽东邓小平理论研究》2022 年第 2 期。

杨新宾:《"问题与主义"之争中青年毛泽东的思想倾向与胡适关系辨正——以〈问题研究会章程〉为中心的考察》,《中国国家博物馆馆刊》2022 年第 2 期。

李晖:《论毛泽东坚持问题导向的思想方法》,《中国矿业大学学报(社会科学版)》2022 年第 2 期。

《以人民为中心、创造最新最美的中国形象——纪念毛泽东〈在延安文艺座谈会上的讲话〉发表 80 周年研讨会》,《戏剧(中央戏剧学院学报)》2022 年第 3 期。

杜栋:《毛泽东:"努力提高军事文化,壮大人民的军队"》,《党的文献》2022 年第 3 期。

范迪安:《坚持人民立场,描绘新时代的恢宏气象——在纪念毛泽东同志〈在延安文艺座谈会上的讲话〉发表 80 周年座谈会上的发言》,《美术研究》2022 年第 3 期。

彭波、彭玉凌:《全面抗战时期毛泽东对日统一战线思想的顶层设计与历史贡献》,《毛泽东思想研究》2022 年第 3 期。

王玉、王东维:《延安时期毛泽东的思想政治工作艺术》,《毛泽东思想研究》2022 年第 3 期。

孟国丽:《延安时期毛泽东领导全党学习马克思主义理论的经验及当代意义》,《毛泽东思想研究》2022 年第 3 期。

丁国旗:《〈在延安文艺座谈会上的讲话〉"引言"所提问题的当代价值》,《陕西师范大学学报(哲学社会科学版)》2022 年第 3 期。

王凤青:《全国抗战时期中国共产党统筹民族矛盾与阶级矛盾的理论探索》,

《河北学刊》2022 年第 3 期。

张明：《海外学者对毛泽东思想肖像的学术透视——从 20 世纪 90 年代海外毛泽东研究两种路径的争论谈起》，《武汉大学学报（哲学社会科学版）》2022 年第 3 期。

侯爱萍、何惠芳：《〈反对本本主义〉：毛泽东失而复得的著作》，《党建》2022 年第 3 期。

吴志山：《游击战还是运动战：太原会战期间八路军的作战原则及实施》，《抗日战争研究》2022 年第 3 期。

朱继东：《毛泽东对马克思主义中国化的重要贡献》，《毛泽东研究》2022 年第 3 期。

赵士发、宋雅萍：《毛泽东革命话语的内在逻辑和现代化意蕴》，《毛泽东研究》2022 年第 3 期。

樊宪雷：《三个历史决议与毛泽东思想》，《毛泽东研究》2022 年第 3 期。

仝华：《党的第三个历史决议对深化毛泽东思想研究的指导》，《毛泽东研究》2022 年第 3 期。

《韶山毛泽东图书馆馆藏珍品推介（十九）——毛泽东〈论鲁讯〉》，《毛泽东研究》2022 年第 3 期。

米占民：《理性审视施拉姆关于毛泽东群众路线思想观点——兼论毛泽东群众路线思想的生成逻辑》，《毛泽东研究》2022 年第 3 期。

刘超、李世雄：《毛泽东社会管理思想及其当代启示》，《毛泽东研究》2022 年第 3 期。

许冲：《毛泽东阅读经典文本的策略——以读解〈联共（布）党史简明教程〉为中心》，《毛泽东研究》2022 年第 3 期。

杨丽：《毛泽东从思想"大杂烩"到马克思主义坚定信仰者的心路历程》，《毛泽东研究》2022 年第 3 期。

王歆：《根植人民沃土，培育文艺新人——纪念毛泽东〈在延安文艺座谈会上的讲话〉发表八十周年》，《中央音乐学院学报》2022 年第 3 期。

刘顺：《毛泽东处理中美外交的战略思维及时代价值》，《马克思主义理论教学与研究》2022 年第 3 期。

《以人民为中心,创造最新最美的中国形象——纪念毛泽东〈在延安文艺座谈会上的讲话〉发表 80 周年研讨会》,《戏剧(中央戏剧学院学报)》2022 年第 3 期。

蒋晖:《"普遍的启蒙"与革命:〈讲话〉和非洲左翼文学运动》,《现代中文学刊》2022 年第 3 期。

万蕊嘉、邹卫韶:《延安时期毛泽东主持编辑党史文献集的深远考虑》,《党的文献》2022 年第 3 期。

曹应旺:《毛泽东〈论持久战〉蕴含的时代观》,《党的文献》2022 年第 3 期。

王郝维:《抗战时期马克思主义史家对中国社会停滞性问题的论争——从〈毛泽东选集〉一处改动说起》,《历史教学问题》2022 年第 3 期。

张海燕、张佳:《青年毛泽东调查研究思想源流探析》,《湖南大学学报(社会科学版)》2022 年第 3 期。

周兵:《1949 年以前〈在延安文艺座谈会上的讲话〉版本形成和比较研究》,《现代哲学》2022 年第 3 期。

胡为雄:《毛泽东与〈在延安文艺座谈会上的讲话〉》,《现代哲学》2022 年第 3 期。

张树德、张超颖:《毛泽东领导新中国军事实践的思想内涵和理论贡献——〈建国以来毛泽东军事文稿〉编辑札记》,《毛泽东思想研究》2022 年第 3 期。

薛庆超:《愚公移山精神与中国革命、建设、改革和新时代——纪念毛泽东〈愚公移山〉发表 77 周年、"愚公移山,改造中国"批语 65 周年》,《毛泽东思想研究》2022 年第 3 期。

王立胜、李新宇:《从历史决议论毛泽东与毛泽东思想研究的新起点》,《毛泽东思想研究》2022 年第 3 期。

莱曼·P.范斯莱克、斯图亚特·施拉姆、霍伟岸:《第七卷〈毛泽东文集:1939—1941 年〉导言(下)》,《毛泽东思想研究》2022 年第 3 期。

王振民:《毛泽东话语空间中的康德面孔》,《湖南科技大学学报(社会科学版)》2022 年第 3 期。

周鹏:《毛泽东群众路线思想三个维度的再审视》,《湖南科技大学学报(社会科学版)》2022 年第 3 期。

龚宸:《毛泽东辨识"孔子"的理论及其时代价值》,《湖南科技大学学报(社会科学版)》2022 年第 3 期。

　　罗馨:《毛泽东〈同音乐工作者的谈话〉对推进"两个结合"的启示》,《湖南科技大学学报(社会科学版)》2022 年第 3 期。

　　王向清、江名:《毛泽东对"农民革命性"理论的探索及其历史贡献》,《湘潭大学学报(哲学社会科学版)》2022 年第 3 期。

　　罗伯中、彭利凯:《毛泽东哲学思想的"去苏联教科书体系化"阐释研究》,《湘潭大学学报(哲学社会科学版)》2022 年第 3 期。

　　王维佳:《〈毛泽东选集〉的出版对党史研究的推动》,《党史研究与教学》2022 年第 3 期。

　　张大伟:《毛泽东早年上海足迹探寻》,《毛泽东邓小平理论研究》2022 年第 3 期。

　　王洪车:《毛泽东对中国医疗卫生事业的开拓与奠基》,《毛泽东邓小平理论研究》2022 年第 3 期。

　　朱雪微:《辩证法与革命——从黑格尔、马克思、列宁到毛泽东》,《教学与研究》2022 年第 3 期。

　　罗嗣亮、韩伽伽:《从"两个结合"看〈在延安文艺座谈会上的讲话〉》,《毛泽东研究》2022 年第 4 期。

　　覃罗璇:《近十年国内〈在延安文艺座谈会上的讲话〉研究述评》,《毛泽东研究》2022 年第 4 期。

　　周树辉:《解放战争时期毛泽东建立报告制度的历史过程与重要意义》,《毛泽东研究》2022 年第 4 期。

　　李晔晔:《抗日战争时期毛泽东独立自主思想及历史贡献》,《毛泽东研究》2022 年第 4 期。

　　伍洪杏:《毛泽东的廉洁文化观及其当代价值》,《毛泽东研究》2022 年第 4 期。

　　王健:《从〈列宁、斯大林、共产国际论中国〉看毛泽东研究党史的科学方法》,《毛泽东研究》2022 年第 4 期。

　　杨明伟:《关注现实:毛泽东著作及版本研究的基点和魅力》,《毛泽东研究》2022 年第 4 期。

　　段成名、李银兵、文婧:《秋收起义前毛泽东对农民阶级的认知转变及其价值意蕴》,《四川师范大学学报(社会科学版)》2022 年第 4 期。

刘皓昱、吴书林:《贺麟关于毛泽东〈实践论〉研究的理路及价值》,《四川师范大学学报(社会科学版)》2022 年第 4 期。

张小帅:《"五四宪法"中毛泽东人民立宪思想及其启示》,《毛泽东邓小平理论研究》2022 年第 4 期。

范兴旺:《毛泽东领导农民扫盲教育实践的四维路径及其历史意义》,《农业考古》2022 年第 4 期。

聂文婷:《正确处理人民内部矛盾,团结一致建设社会主义——重温毛泽东〈关于正确处理人民内部矛盾的问题〉》,《党的文献》2022 年第 4 期。

陆卫明、任欣:《毛泽东如何读马列主义经典著作》,《党的文献》2022 年第 4 期。

朱清河、王青:《"政治家办报"概念的百年演化与话语创新》,《厦门大学学报(哲学社会科学版)》2022 年第 4 期。

张神根:《中国共产党人建立新中国的宣言书:〈新民主主义论〉》,《马克思主义与现实》2022 年第 4 期。

张皓、杨宁:《毛泽东关于七七事变的分析和应对》,《北京师范大学学报(社会科学版)》2022 年第 4 期。

李洪峰:《战略家毛泽东的道路》,《毛泽东思想研究》2022 年第 4 期。

赵婧文:《毛泽东现代化战略思想的历史演进、理论意蕴与时代价值》,《毛泽东思想研究》2022 年第 4 期。

斯图亚特·施拉姆、齐慕实、霍伟岸:《第八卷〈毛泽东文集:1942—1945 年 7 月〉导言(上)》,《毛泽东思想研究》2022 年第 4 期。

孙帅:《海外视阈下毛泽东思想与马克思列宁主义的关系问题研究》,《毛泽东思想研究》2022 年第 4 期。

蒋辛:《毛泽东推进马克思主义经典著作编译的方法及启示》,《毛泽东思想研究》2022 年第 4 期。

彭冰冰:《毛泽东在推进"两个结合"中的方法论特质》,《毛泽东思想研究》2022 年第 4 期。

任琳、杜俊华:《论新民主主义革命时期毛泽东在根据地的成人民众教育思想》,《毛泽东思想研究》2022 年第 4 期。

李佑新:《毛泽东人民内部矛盾理论研究的新力作——评〈历史发展视域中的毛泽东人民内部矛盾理论研究〉一书》,《毛泽东思想研究》2022 年第 4 期。

孟捷:《毛泽东与社会主义制度经济学》,《复旦学报(社会科学版)》2022 年第 4 期。

乔惠波:《毛泽东对社会主义基本经济制度的探索、贡献及其启示》,《湖南科技大学学报(社会科学版)》2022 年第 4 期。

李留义、潘宁:《毛泽东对马克思主义共同富裕思想的传承发展及其时代价值》,《湖南科技大学学报(社会科学版)》2022 年第 4 期。

张廷广:《毛泽东社会主要矛盾范畴的提出和确立》,《湖南科技大学学报(社会科学版)》2022 年第 4 期。

许可人:《毛泽东处理中印边界问题决策的历史启示》,《湖南科技大学学报(社会科学版)》2022 年第 4 期。

周批改:《路径、品质与价值——论毛泽东调查研究方法》,《湘潭大学学报(哲学社会科学版)》2022 年第 4 期。

刘洪森、黄家皓:《青年毛泽东志气、骨气、底气的养成、内蕴与价值》,《湘潭大学学报(哲学社会科学版)》2022 年第 4 期。

鲁书月:《胡乔木与毛泽东思想活的灵魂三个基本方面的提炼》,《当代中国史研究》2022 年第 4 期。

徐功献、张泽云:《中央苏区时期毛泽东思想政治工作理论及其当代价值》,《毛泽东思想研究》2022 年第 4 期。

贺全胜:《毛泽东"中国应当对于人类有较大的贡献"思想探微》,《毛泽东邓小平理论研究》2022 年第 4 期。

蒋建农:《毛泽东谈中国共产党的"初心与使命"》,《世界社会主义研究》2022 年第 4 期。

汪伟平:《毛泽东与党史学习教育》,《世界社会主义研究》2022 年第 4 期。

柳廷俊:《毛泽东榜样教育思想探析》,《中学政治教学参考》2022 年第 4 期。

赵学华:《新民学会的组建及其对早期党建的影响》,《江西社会科学》2022 年第 4 期。

张明:《文本学方法与深化毛泽东研究的新路向》,《四川师范大学学报(社会科学版)》2022 年第 4 期。

陈池瑜:《指引中国文艺创作的新航向——纪念毛泽东〈在延安文艺座谈会上的讲话〉发表 80 周年》,《中国国家博物馆馆刊》2022 年第 5 期。

高天民:《艺术走向大众——毛泽东〈在延安文艺座谈会上的讲话〉的现代性意义》,《中国国家博物馆馆刊》2022 年第 5 期。

黄宗贤:《延绵于中国现当代艺术中的精神文脉——写在延安〈讲话〉发表 80 周年之际》,《美术观察》2022 年第 5 期。

殷双喜、李超:《人民文艺与时俱进——纪念〈讲话〉发表 80 周年》,《美术观察》2022 年第 5 期。

程美东:《从〈寻乌调查〉看如何做好调查研究工作》,《党建》2022 年第 5 期。

彭锦:《传承毛泽东同志〈在延安文艺座谈会上的讲话〉精神　推动新时代广播电视和网络视听文艺繁荣发展》,《中国广播电视学刊》2022 年第 5 期。

王治涛、公道:《毛泽东论武则天研究》,《河南科技大学学报(社会科学版)》2022 年第 5 期。

赵丛浩:《"先写正楷,后写草书"——毛泽东关于我国核技术研发指示蕴含的工作方法》,《党的文献》2022 年第 5 期。

于化民:《毛泽东在四渡赤水战役指挥中的关键作用》,《党的文献》2022 年第 5 期。

中共南京市委党史办、东南大学团委联合课题组:《俄藏毛泽东参加青年团二大相关史料考》,《党的文献》2022 年第 5 期。

黄立波:《基于语料库的毛泽东著作书面口语体特征英译考察——〈在延安文艺座谈会上的讲话〉三个英译本比较》,《外语研究》2022 年第 5 期。

周溯源:《简论毛泽东的史学观及其实践》,《中共中央党校(国家行政学院)学报》2022 年第 5 期。

郭红军、童晗:《毛泽东政治哲学思想及其现实启示》,《湖南社会科学》2022 年第 5 期。

徐功献:《延安时期毛泽东文艺审美思想》,《湖南社会科学》2022 年第 5 期。

萧延中:《主持人语:哈佛版〈毛泽东文集〉各卷"编者导论"翻译项目顺利结

束》,《毛泽东思想研究》2022 年第 5 期。

周直:《毛泽东思想与人类文明新形态》,《毛泽东思想研究》2022 年第 5 期。

沧南、王松平:《论毛泽东反对"和平演变"及其对党建的意义》,《毛泽东思想研究》2022 年第 5 期。

唐良虎、高盛楠:《延安时期毛泽东的思想政治教育叙事:场景、载体与现实启示》,《毛泽东思想研究》2022 年第 5 期。

李士芹:《毛泽东革命统战思想对唯物史观的创造性运用(1937—1945)》,《毛泽东思想研究》2022 年第 5 期。

斯图亚特·施拉姆、齐慕实、霍伟岸:《第八卷〈毛泽东文集:1942—1945 年 7 月〉导言(下)》,《毛泽东思想研究》2022 年第 5 期。

韩强、刘雨乔:《毛泽东的调查研究思想及其当代启示》,《毛泽东思想研究》2022 年第 5 期。

石磊霞、陈龙:《近十年毛泽东社会矛盾思想研究的回顾与展望》,《毛泽东思想研究》2022 年第 5 期。

代红凯:《生产关系变革还是社会关系变革——关于毛泽东发展生产力思想的再思考》,《现代哲学》2022 年第 5 期。

徐坤:《毛泽东工业化思想的历史逻辑与范式转化》,《现代哲学》2022 年第 5 期。

代红凯:《毛泽东对社会主义前途命运的深切忧思及战略应对——基于新中国成立后两次手书〈三垂冈〉的分析》,《湖南科技大学学报(社会科学版)》2022 年第 5 期。

徐艳红、曾祥云:《论毛泽东"中国化"概念的认识论意蕴》,《湖南科技大学学报(社会科学版)》2022 年第 5 期。

季春芳:《中华人民共和国成立初期毛泽东国家治理的实施路径探析》,《湖南科技大学学报(社会科学版)》2022 年第 5 期。

王蕾:《关于毛泽东对传统文化科学认知的历史考察》,《湖南科技大学学报(社会科学版)》2022 年第 5 期。

杜谆:《统一战线视角下新中国成立以来侨务思想的理论传承与创新——以毛泽东、习近平关于侨务工作重要论述为中心的考察》,《云南师范大学学报(哲学社会科学版)》2022 年第 5 期。

周平远:《毛泽东"两个发扬"论的理论目标与意义》,《文学评论》2022 年第 5 期。

文豪、周向军:《习近平关于毛泽东和毛泽东思想重要论述的真谛要义论析》,《湘潭大学学报(哲学社会科学版)》2022 年第 5 期。

庞立生、王林:《毛泽东对新中国"教育与生产劳动相结合"的探索》,《湘潭大学学报(哲学社会科学版)》2022 年第 5 期。

黄峰、王书慧、姚桓:《民主监督与自我革命相结合——中国共产党打破历史周期率的"两个答案"及其相互关系》,《新视野》2022 年第 5 期。

郑志强:《毛泽东在革命战争年代维护党中央权威的坚定意志及其重要贡献》,《毛泽东邓小平理论研究》2022 年第 5 期。

邹卫韶:《"开篇之作"与"首要问题"——剖析毛泽东对〈中国社会各阶级的分析〉文本修改的深刻内涵》,《毛泽东邓小平理论研究》2022 年第 5 期。

李义天、孔希宇:《马克思主义伦理思想的中国化生成——以毛泽东早期伦理思想的转变与探索为中心的考察》,《思想教育研究》2022 年第 5 期。

高晓晨:《〈整顿党的作风〉版本考略》,《出版发行研究》2022 年第 5 期。

刘友田、李紫嫣:《中国共产党繁荣发展文艺工作的基本方略论析——纪念毛泽东同志〈在延安文艺座谈会上的讲话〉发表 80 周年》,《中国广播电视学刊》2022 年第 5 期。

胡为雄:《毛泽东为何称〈整风文献〉为经书》,《毛泽东邓小平理论研究》2022 年第 6 期。

陈金龙:《毛泽东思想研究的创新性成果——〈毛泽东领导方法及其时代价值研究〉评介》,《山东社会科学》2022 年第 6 期。

安葵:《一唱雄鸡天下白——纪念毛泽东〈在延安文艺座谈会上的讲话〉发表 80 周年》,《中国文艺评论》2022 年第 6 期。

陈玉斌:《毛泽东批驳非马克思主义社会思潮三例》,《思想教育研究》2022 年第 6 期。

孟捷:《制度变迁与社会主义基本经济规律——重读〈苏联社会主义经济问题〉》,《人文杂志》2022 年第 6 期。

唐正芒、张春丽:《毛泽东日常谈话研究的学理探析》,《中州学刊》2022 年第 6 期。

郑凤娇、李佑新:《延安整风运动研究中的"权力斗争"论评析》,《世界社会主义研究》2022 年第 6 期。

王次炤:《音乐评论的基本原则——学习两个〈讲话〉的一点体会》,《中国文艺评论》2022 年第 6 期。

曾繁仁:《试论毛泽东文艺思想的产生、发展及其对我国文艺理论的巨大影响》,《中国文艺评论》2022 年第 6 期。

陈池瑜:《文艺·大众·时代——纪念毛泽东〈在延安文艺座谈会上的讲话〉发表 80 周年》,《中国文艺评论》2022 年第 6 期。

谭好哲:《毛泽东人民美学建构的理论贡献和意义——纪念〈在延安文艺座谈会上的讲话〉发表 80 周年》,《东岳论丛》2022 年第 7 期。

郭宝付、李婧:《毛泽东青年观的核心意蕴及其当代价值》,《思想教育研究》2022 年第 7 期。

方涛:《毛泽东关于"党领导一切"的思想及其当代价值》,《马克思主义研究》2022 年第 7 期。

韩振江:《朗西埃的左翼文论与以〈讲话〉为中心的毛泽东文艺思想》,《学习与探索》2022 年第 7 期。

詹琳、黄佳、王春、刘沛林:《基于景观基因理论的红色旅游资源三维数字化呈现——以清水塘毛泽东杨开慧故居为例》,《旅游学刊》2022 年第 7 期。

杨浩、李晓光:《论习近平对毛泽东"思想建党"理论的继承与发展》,《思想教育研究》2022 年第 7 期。

张希丹:《一脉相承　与时俱进——从纪念毛泽东〈在延安文艺座谈会上的讲话〉发表 80 周年系列展览谈起》,《美术观察》2022 年第 7 期。

张浩:《向毛泽东学习研究中国共产党党史》,《人民论坛》2022 年第 7 期。

Strategic Approaches to Target the Enzymes using Natural Compoundsfor the Management of Alzheimers Disease：A Review，Haroon Khan、Jeandet Philippe、Kaiser Younis、Michael Aschner、Syed Sayeed Ahmad，CNS & Neurological Disorders-Drug Targets，2022 年第 7 期。

曹应旺:《"战胜外寇,复兴中国"——探寻毛泽东初心的民族心》,《毛泽东邓小平理论研究》2022 年第 8 期。

党利奎:《毛泽东诗词对中国当代文学的影响研究——以〈清平乐·六盘山〉为切入点》,《毛泽东邓小平理论研究》2022 年第 8 期。

梁怡:《重视毛泽东生平、思想文献史料学研究的基础作用——从〈毛泽东生平、思想文献史料学研究初探〉一文说起》,《毛泽东邓小平理论研究》2022 年第 8 期。

胡为雄:《从〈讲堂录〉看毛泽东求学时期勤奋学诗》,《毛泽东邓小平理论研究》2022 年第 8 期。

陶光均、黄月圆、王万奇:《〈改造我们的学习〉对新时代党员学习的价值启示》,《广西社会科学》2022 年第 8 期。

侯长林、杨芹:《毛泽东、邓小平同志对马克思主义高等教育思想的贡献——兼论邓小平同志对毛泽东同志高等教育思想的坚守与发展》,《重庆社会科学》2022 年第 8 期。

朱健:《〈毛泽东年谱〉中的浙江情——新中国成立后毛泽东赴浙江的次数、天数"双最"新考》,《浙江档案》2022 年第 9 期。

汪建新:《心有灵犀一点通——毛泽东与李商隐》,《党史文苑》2022 年第 9 期。

柳作林、慎涵:《延安〈解放日报〉改版与毛泽东党报思想探析》,《江汉论坛》2022 年第 9 期。

石仲泉:《党的七大与毛泽东思想指导地位的确立》,《思想理论教育导刊》2022 年第 9 期。

曲向红:《毛泽东诗意画的叙事视角浅论》,《美术观察》2022 年第 9 期。

张品良、张子龙:《新民主主义革命时期毛泽东对马克思主义新闻范畴的创新贡献》,《新闻爱好者》2022 年第 10 期。

杨畅:《毛泽东关于领导干部作风建设思想及其当代启示》,《马克思主义理论学科研究》2022 年第 10 期。

李炼石:《毛泽东思想:"马克思主义中国化的第一次历史性飞跃"》,《机关党建研究》2022 年第 10 期。

刘跃升:《流韵壮东风——读〈毛泽东的教师情愫〉》,《中学政治教学参考》

2022 年第 10 期。

罗宇:《历史的真相,人物的真我,艺术的真理——从毛泽东扮演者唐国强的表演谈起》,《当代电视》2022 年第 11 期。

李泽泉:《中国共产党三个历史决议对毛泽东思想阐释的比较研究》,《理论导刊》2022 年第 11 期。

韩琦、田立年:《毛泽东〈《伦理学原理》批注〉的结构、主旨和影响》,《哲学动态》2022 年第 11 期。

付园园:《绝境重生艰险路　可歌可泣英雄诗——从毛泽东诗词感悟伟大长征精神》,《中国档案》2022 年第 11 期。

胡钰:《马克思主义新闻观的立场、态度与能力——写在毛泽东〈在延安文艺座谈会上的讲话〉发表 80 周年之际》,《青年记者》2022 年第 11 期。

Molecular Targets of Cannabinoids Associated with Depression, Pradeep Paudel、Samir Ross、Xing-Cong Li, Current Medicinal Chemistry, 2022 年第 11 期。

王亦高:《高级互联网时代的舆论形态及其省思——以毛泽东同志"舆论一律又不一律"观点为先导》,《青年记者》2022 年第 18 期。

陈克清:《毛泽东经济思想及其当代价值》,《云南大学学报(社会科学版)》2022 年第 18 期。

杜敏:《连环画〈少年毛泽东〉出版发行历史考察》,《中国出版》2022 年第 19 期。

高泽峰:《青年毛泽东农村社会调查与新时代大学生思想道德建设》,《中学政治教学参考》2022 年第 20 期。

邝宏达、于潇婕:《毛泽东〈寻乌调查〉的方法意蕴与启示》,《中学政治教学参考》2022 年第 20 期。

Label-Free Lc/Hrms-Based Enzymatic Activity Assay For The Detection of Ddc、Mao And Comt Inhibitors, Harfouche Abha、Alata Wael、Leblanc Karine、Heslaut Ghislain、FigadèRe Bruno、Maciuk Alexandre, Journal Of Pharmaceutical And Biomedical Analysis, 2022 年。

Nano-Bioengineered Sensing Technologies For Real-Time Monitoring of Reactive Oxygen Species in In Vitro And In Vivo Models, Kumari Rohini、Dkhar Daphika S.、Mahapatra Supratim、Divya 、Kumar Rahul、Chandra Pranjal, Microchemical Journal, 2022 年。

The Evaluation of N-Propargylamine-2-Aminotetralin as An Inhibitor of Monoamine Oxidase,Meiring Letitia、Petzer Jacobus P.、Legoabe Lesetja J.、Petzer AnéL,Bioorganic & Medicinal Chemistry Letters,2022 年。

Linear α-Olefin Oligomerization And Polymerization Catalyzed By Metal-Organic Frameworks,Alzamly Ahmed、Bakiro Maram、Hussein Ahmed Salwa、Siddig Lamia A.、Nguyen Ha L.,Coordination Chemistry Reviews,2022 年。

Impressive Strides In Antibacterial Performance Amelioration of Ti-Based Implants Via Plasma Electrolytic Oxidation(Peo): A Review of The Recent Advancements,Nikoomanzari Elham、Karbasi Minoo、C.M.A. Melo Wanessa、Moris Hanieh、Babaei Kazem、Giannakis Stefanos、Fattah-Alhosseini Arash,Chemical Engineering Journal,2022 年。

N-Tosylindole-Coumarin With High Fluorescence Quantum Yield And Their Potential Applications,Wet-Osot Sirawit、Pewklang Thitima、Duangkamol Chuthamat、Muangsopa Prapassara、Ngivprom Utumporn、Chansaenpak Kantapat、Ngernsoungnern Apichart、Sritangos Pishyaporn、Chudapongse Nuannoi、Lai Rung-Yi、Kamkaew Anyanee,Journal of Molecular Structure,2022 年。

Environmental Levels of Carbaryl Impair Zebrafish Larvae Behaviour: The Potential Role of Adra2B And Htr2B,Faria Melissa、Bellot Marina、Bedrossiantz Juliette、RamíRez Jonathan Ricardo Rosas、Prats Eva、Garcia-Reyero Natalia、Gomez-Canela Cristian、Mestres Jordi、Rovira Xavier、Barata Carlos、OliváN Leobardo Manuel GóMez、Llebaria Amadeu、Raldua Demetrio,Journal Of Hazardous Materials,2022 年。

In Vitro Inhibition of Acetylcholinesterase And Monoamine Oxidase By Syzygium Cumini Leaves Extract And Preliminary Assessment In Animal Models,Borba Laryssa Alves、Wiltenburg Victor Distefano、Negri Giuseppina、Ibe Mariana Bittencourt、Santos LucinéIa Dos、Mendes FúLvio Rieli,South African Journal of Botany,2022 年。

The Molecular Mechanism、Targets、And Novel Molecules In The Treatment Of Alzheimer'S Disease,Verma Akash、Kumar Waiker Digambar、Bhardwaj Bhagwati、Saraf Poorvi、Shrivastava Sushant K.,Bioorganic Chemistry,2022 年。

Brain Injury And Inflammation Genes Common To A Number of Neurological Diseases And The Genes Involved In The Genesis of Gabanergic Neurons Are Altered In Monoamine Oxidase B.Knockout Mice、Chen Kevin、Palagashvili Tamara、Hsu W.、Chen Yibu、Tabakoff Boris、Hong Frank、Shih Abigail T.、Shih Jean C.，Brain Research，2022 年。

Promising Botanical-Derived Monoamine Oxidase（Mao）Inhibitors：Pharmacological Aspects And Structure-Activity Studies、Das Tuyelee、Saha Suchismita Chatterjee、Sunita Kumari、Majumder Madhumita、Ghorai Mimosa、Mane Abhijit Bhagwan、Prasanth Dorairaj Arvind、Kumar Prasann、Pandey Devendra Kumar、Al-Tawaha Abdel Rahman、Batiha Gaber El-Saber、Shekhawat Mahipal S.、Ghosh Arabinda、Sharifi-Rad Javad、Dey Abhijit，South African Journal of Botany，2022 年。

二、报　纸

马步飞:《毛泽东著作的传播与世界影响》,《中国社会科学报》2022 年 10 月 28 日。

范雪娇:《在饰演伟人中坚定理想信念》,《中国艺术报》2022 年 8 月 24 日。

陆航:《毛泽东哲学思想中汲取智慧和力量》,《中国社会科学报》2022 年 7 月 8 日。

计亚男:《〈红星照耀中国〉何以历久弥新》,《光明日报》2022 年 7 月 1 日。

《遍数风流还看今朝》,《人民日报》2022 年 6 月 8 日。

《电影界纪念毛泽东同志〈在延安文艺座谈会上的讲话〉发表 80 周年》,《中国电影报》2022 年 5 月 25 日。

刘源隆、刘淼:《坚持文艺为民　紧跟时代步伐　讲好中国故事》,《中国文化报》2022 年 5 月 25 日。

《中国文联纪念毛泽东同志〈在延安文艺座谈会上的讲话〉发表 80 周年理论研讨会在京召开》,《中国书法报》2022 年 5 月 24 日。

张影:《〈在延安文艺座谈会上的讲话〉与延安鲁艺人》,《中国文化报》2022 年

5 月 23 日。

王觅、罗建森:《中国作家协会召开纪念毛泽东同志〈在延安文艺座谈会上的讲话〉发表八十周年研讨会》,《文艺报》2022 年 5 月 23 日。

李星棋、谷嫦瑜:《新时代延安文艺再出发》,《延安日报》2022 年 5 月 23 日。

陆航:《奋力续写时代文艺华章》,《中国社会科学报》2022 年 5 月 23 日。

周玮、施雨岑、史竞男、王思北、蔡馨逸:《把文艺创造写到民族复兴的历史上》,《人民日报》2022 年 5 月 23 日。

李蕊、张斌峰、柏桦、师念、李向红:《为人民创作　为时代放歌》,《陕西日报》2022 年 5 月 23 日。

《以文艺初心为灯,奋力书写人民文艺新篇章》,《中国艺术报》2022 年 5 月 18 日。

陈凌:《既要有远见,也要有预见》,《人民日报》2022 年 3 月 22 日。

祝彦、白晋博:《坚持统一战线与两次国共合作的历史经验及启示》,《吉林党校报》2022 年 3 月 15 日。

Peter T.C.Chang、陈俊安:《美中须重拾 50 年前的务实精神》,《环球时报》2022 年 3 月 11 日。

杜尚泽、刘少华:《"窑洞之问"的答卷人》,《人民日报》2022 年 1 月 14 日。

（李永春　整理）

责任编辑：曹　春

图书在版编目（CIP）数据

　　毛泽东论坛. 2024 ／ 湘潭大学毛泽东思想研究中心组织编写 ；李佑新主编.
北京 ：人民出版社，2025. 7. -- ISBN 978 - 7 - 01 - 027309 - 9

　　Ⅰ . A84

中国国家版本馆 CIP 数据核字第 2025W4E506 号

毛泽东论坛 2024

MAO ZEDONG LUNTAN 2024

李佑新　主编

人民出版社 出版发行
（100706　北京市东城区隆福寺街 99 号）

北京汇林印务有限公司印刷　新华书店经销

2025 年 7 月第 1 版　2025 年 7 月北京第 1 次印刷
开本：787 毫米×1092 毫米 1/16　印张：14.25
字数：244 千字

ISBN 978 - 7 - 01 - 027309 - 9　定价：78.00 元

邮购地址 100706　北京市东城区隆福寺街 99 号
人民东方图书销售中心　电话（010）65250042　65289539